EX LIBRIS
HENRY FOUQUIER

LETTRES DU XVIIe ET DU XVIIIe SIÈCLE

LETTRES

DE

LA PRÉSIDENTE FERRAND

AU

BARON DE BRETEUIL

Il a été tiré cinquante exemplaires numérotés sur papier de Hollande. — Prix : 7 francs.

A LA MÊME LIBRAIRIE

LETTRES DU XVII° ET DU XVIII° SIÈCLE

Lettres Portugaises avec les réponses.

Lettres de mademoiselle Aïssé, suivies de celles de Montesquieu et de Madame du Deffand au chevalier d'Aydie, etc., revues avec le plus grand soin sur les éditions originales, accompagnées de nombreuses notes, suivies d'un Index, et précédées de deux Notices biographiques et littéraires, par EUGÈNE ASSE. Edition ornée d'un portrait de mademoiselle Aïssé, fac-similé d'une gravure du temps. Un vol. in-18 jésus. — Prix.. 3 fr. 50

Lettres de mademoiselle de Lespinasse, suivies de ses autres œuvres et des lettres de Madame du Deffand, de Turgot, de Bernardin de Saint-Pierre, revues sur les éditions originales, augmentées des variantes, de nombreuses notes, d'un Appendice comprenant les écrits de d'Alembert, de Guibert, de Voltaire, de Frédéric II, sur mademoiselle de Lespinasse, d'un Index, et précédées d'une Notice biographique et littéraire, par EUGÈNE ASSE. Edition ornée du fac-similé d'une lettre inédite de mademoiselle de Lespinasse. Un volume in-18 jésus. — Prix... 3 fr. 50

Lettres de la marquise du Châtelet, réunies pour la première fois, revues sur les autographes et les éditions originales, augmentées de trente-huit lettres entièrement inédites, de nombreuses notes, d'un Index, et précédées d'une Notice biographique, par EUGÈNE ASSE. Un volume in-18 jésus. — Prix.............................. 3 fr. 50

Lettres de madame de Graffigny, suivies de celles de mesdames de Staal, d'Epinay, du Boccage, Suard, du chevalier de Boufflers, du marquis de Villette, etc., etc., des relations de Marmontel, de Gibbon, de Chabanon, du prince de Ligne, de Genlis, sur leur séjour près de Voltaire, revues sur les éditions originales, augmentées de nombreuses notes, d'un Index, et précédées d'une Notice biographique, par EUGÈNE ASSE. Un volume in-18 jésus. — Prix...................... 3 fr. 50

LETTRES DU XVIIe ET DU XVIIIe SIÈCLE

LETTRES

DE LA

PRÉSIDENTE FERRAND

AU

BARON DE BRETEUIL

SUIVIES

DE L'HISTOIRE DES AMOURS DE CLÉANTE ET DE BÉLISE

ET

DES POÉSIES D'ANTOINE FERRAND

Revues sur les éditions originales

AUGMENTÉES DES VARIANTES, DE NOMBREUSES NOTES

D'UN INDEX

Et précédées d'une Notice biographique

PAR

EUGÈNE ASSE

PARIS

G. CHARPENTIER, ÉDITEUR

13, RUE DE GRENELLE-SAINT-GERMAIN, 13

1880

NOTICE

SUR LA

PRÉSIDENTE FERRAND

I

Parmi les plus intelligents et les plus actifs auxiliaires qu'ait eus Colbert, dans sa grande œuvre de rénovation commerciale et industrielle de la France, il faut compter François Bellinzani, ou de Bellinzani, comme il se fit plus tard appeler, et auquel le grand ministre confia successivement les importants emplois de directeur des compagnies des Indes orientales, du Nord et du Levant, de la Chambre des assurances de Paris, et enfin d'intendant général du commerce de France. A la différence de ce qui se passe aujourd'hui où l'on prend à tâche d'affubler des titres les plus pompeux les emplois publics, même les plus secondaires, et où les sous-ordres d'un ministre ne sont rien moins que des sous-secrétaires d'État, des directeurs généraux, des directeurs, sans parler des chefs de bureaux et des sous-chefs, jusqu'en 1789, au contraire, les collaborateurs les plus considérables des ministres étaient de simples commis, et Bellinzani qui, en réalité, avait l'importance d'un véritable ministre du commerce et des manufactures, n'était appelé par les contemporains que « le premier commis de M. Colbert ». Ce Bellinzani, d'une famille originaire de Ferrare, était venu, en 1643, s'établir en France, à la suite de l'ambassadeur de Charles II, duc de Mantoue, et voici comment un écrivain, recueillant les bruits publics qui avaient couru sur lui, à l'époque de sa puissance, racontait, en 1711, les débuts et la rapide fortune de cet étranger, compatriote des Concini, des Mazarin et des Particelli.

« Le marquis Canossa ayant été envoyé en France par le duc de Mantoue, il y a environ trente ans, pour y travailler à quelques affaires, ce marquis avoit par hasard entre ses domestiques, un jeune homme, nommé Bellinzani, dont la physionomie ayant plu à M. Colbert, qui étoit alors ministre d'État, il le demanda au marquis et en fit un de ses commis. Ce jeune homme, ayant été employé, sut si bien gagner l'estime et les bonnes grâces de son maître, qu'il devint lui-même, dans la suite, un homme d'importance, et a eu l'honneur de mourir dans la Bastille pour quelques millions, dont on dit qu'il se trouvoit redevable au Roi, en suite de la part qu'il avoit eue dans l'administration de quelques affaires importantes. Ce Bellinzani, dans le commencement de sa fortune, se familiarisa avec une grisette, dont ayant eu un enfant, elle voulut à toute force qu'il l'épousât. Mais comme la fortune se montroit de plus en plus favorable au commis, cette première épouse par force étant morte, il devint enfin libre de prendre un plus gros parti. Pour l'obtenir, Bellinzani n'avoit besoin que de noblesse. Moyennant son argent, on lui fit des lettres à Mantoue, autorisées par des témoignages publics, que sa famille étoit noble. Ceux qui les lui donnèrent crurent qu'ils pouvoient bien user de ce passe-droit pour avancer un de leurs compatriotes, qui faisoit honneur à la ville dans une cour étrangère, et qui, par la faveur où il étoit, pourroit leur donner des marques de reconnoissance. On se souvient d'avoir vu à Toulon, il y a plusieurs années, une des filles de ce Bellinzani, mariée avec l'intendant, à qui on fit plaisir de rendre un témoignage officieux, semblable à celui des magistrats de Mantoue, touchant la noblesse des Bellinzani, dont elle voulut bien prendre information d'un homme qui venoit alors du pays de son père[1]. »

Ce résumé de la vie de Bellinzani contient plus d'une inexactitude que nous avons pu relever d'après les rares documents qui existent sur lui aux Archives nationales. Il résulte, en effet, des Lettres de naturalité, des Lettres de relief, et des Lettres en confirmation de noblesse qui lui furent accordées, en date des 26 mars 1658, 13 septembre 1660,

---

1. *État ancien et moderne des duchés de Florence, Modène, Mantoue et Parme.* Utrecht, 1711, in-12 p. 278. Cité dans le *Dossier Bellinzani*, Bibl. Nat., Cabinet des titres.

et de décembre 1676[1], que François Bellinzani, faisait partie, en qualité de secrétaire, de la suite

1. Lettres de naturalité, du 26 mars 1658 : — Louis, par la grâce de Dieu, roi de France et de Navarre, notre ami et féal conseiller en nos conseils, François de Belinzani, natif de la ville de Mantoue, faisant profession de la religion catholique, apostolique et romaine, nous a fait remontrer qu'il seroit venu en notre royaume dès l'année 1643 avecque le sieur marquis de Nerli, ambassadeur extraordinaire de notre très cher et très aimé cousin Charles second, duc de Mantoue et de Monferrat, auprès de notre personne, en qualité de secrétaire de l'ambassadeur, de quoi s'est très dignement acquitté et à la satisfaction de notre cousin ; il a, depuis le retour du dudit sieur marquis de Nerli à Mantoue, été honoré par notre cousin de la charge d'auditeur général de sa chambre ducale audit Mantoue, et de celle de son conseiller en son conseil établi en notre royaume, où il se seroit si prudemment comporté que, voulant lui donner des marques de la satisfaction que nous avons reçue de sa conduite, nous lui avons accordé les provisions de notre conseiller en nos conseils ; en sorte que notre cousin, étant informé de l'estime que nous faisons de sa personne et [voulant] nous être très agréable, il l'auroit établi son résident ordinaire auprès de nous, au mois d'août de l'année 1655 ; laquelle charge il a exercée pendant un fort long temps et jusqu'il ait été rappelé par notre cousin ; et d'autant que pendant le séjour que l'exposant a fait en notre royaume, il a contracté mariage avec notre chère et bien-aimée Louise Chevreau, notre sujette, native de notre bonne ville de Paris, duquel mariage est issue une fille nommée Anne, et que [desirant avec] sa famille [faire] sa demeure perpétuelle en notre royaume, et passer le reste de ses jours comme notre vrai et naturel sujet, il craint qu'on ne voulusse le prétendre aubain et étranger et qu'on ne le troublasse en la possession et jouissance de ses biens, et qu'après son décès, ses enfants, héritiers ou autres, au profit desquels il en auroit disposé, n'en fussent frustrés, s'il n'étoit pas par nous pourvu de nos lettres de naturalité à ce nécessaires. A ces causes, etc. Donné à Paris le vingt-sixième jour de mars, l'an de grâce mil six cent cinquante-huit, de notre règne le quinzième, signé Louis, et, pour le roi, Phélypeau (Archives nationales, *Lettres patentes*, 1679-80. n° Z. 6012, f. 16).

Lettres de relief, du 13 septembre 1660.— ...Ayant accordé au sieur Belinzani des lettres de naturalité « à la charge qu'il

du marquis de Nerli, qui fut accrédité, en 1643, comme ambassadeur du duc de Mantoue près la cour de France, et qu'ainsi il faut prendre le titre de « domestique », que lui donne l'auteur de l'*État des duchés de Florence, Mantoue*, etc., non pas dans le sens que ce mot a aujourd'hui, mais dans celui qu'on lui donnait au dix-septième siècle, et qui n'impliquait aucune fonction servile. Les services que le jeune secrétaire rendit au marquis de Nerli furent assez importants et assez appréciés, pour que le duc Charles l'en récompensât par le double titre d'auditeur général de sa Chambre ducale, et de membre du conseil qu'il entretenait à Paris, probablement pour la gestion de ses biens de France. L'on sait en effet que Louis de Gonzague, troisième fils de Frédéric II, duc de Mantoue, s'étant établi en France, sous le règne de François Ier, il y avait acquis, par son mariage avec Henriette de Clèves,

ne s'entremettroit ni négocieroit aucune affaire pour les étrangers... Mais parce que ledit sieur Belinzani, qui avoit été ci-devant résident de notre cousin le duc de Mantoue près notre personne, ayant depuis l'obtention de ces lettres servi notre dit cousin en ladite qualité, jusqu'au mois de décembre de l'année 1659, craindroit que lui ou ses enfants et héritiers ne fussent inquiétés en la jouissance des privilèges portés en icelles, sous le prétexte qu'en négociant les affaires de notre dit cousin, il a dérogé à la clause portée en nos lettres, il nous a très humblement supplié de l'en vouloir relever et lui accorder, etc.

A ces causes, et étant informé de la bonne et sage conduite que ledit sieur de Belinzani a toujours tenue en l'administration des affaires de notre cousin le duc de Mantoue et de la fidélité qu'il a rendue en toutes les occasions qui se sont présentées pour le bien de notre service, désirant lui témoigner la considération que nous faisons de sa personne, nous vous mandons et ordonnons, etc. A Paris, le 13e jour de septembre 1660. Signé : Louis Phélypeau. » (*Idem.*, fol. 17.)

la possession du duché de Nevers, du comté de Rethel, et de la baronnie de Donzois, auxquels son fils ajouta le duché de Mayenne, en épousant la fille du célèbre chef de la Ligue. La branche aînée des Gonzague, ducs de Mantoue et marquis de Montferrat, étant venue à s'éteindre en la personne de l'arrière-petit-fils du duc Frédéric II, Vincent II, mort sans postérité, le 26 décembre 1627, la France avait soutenu les droits de la branche cadette, représentée par Charles II, duc de Nevers, fils de Louis, et oncle du dernier duc de Mantoue, et avait réussi, après une guerre contre la Savoie et l'Espagne, à les faire consacrer par le traité de Chérasque, conséquence de la trêve du 4 août 1630, la première œuvre diplomatique de Mazarin. C'est ce Charles II de Gonzague, protégé de la France, qui fut père de la princesse Palatine et de la reine de Pologne, célèbres, celle-ci, par ses amours avec Cinq-Mars, celle-là, par ses intrigues pendant la Fronde. Tout en demeurant un serviteur très fidèle de son maître, le duc de Mantoue, rien ne s'opposait à ce que François Bellinzani ne rendît, dans son poste de secrétaire de l'ambassadeur Mantouan, de bons offices à la France, dont les intérêts et ceux du duc étaient souvent communs. Aussi presqu'en même temps qu'il était appelé, par son souverain, aux deux fonctions que nous venons d'indiquer, la régente Anne d'Autriche, « voulant lui donner des marques de la satisfaction qu'elle avoit reçue de sa conduite », le nommait conseiller du roi en ses conseils. Cette nomination, qui paraît avoir été antérieure à l'année 1655, et avoir suivi un voyage momentané de

Bellinzani à la cour de Mantoue, ou plutôt la faveur royale, dont elle fut le témoignage, semble aussi avoir été la cause déterminante du choix que le duc de Mantoue fit de lui, au mois d'août 1655, pour son résident près la cour de France. Ce fut toujours une règle de la diplomatie d'accréditer auprès des souverains des personnages qui leur soient agréables; et l'on peut croire que le nouveau duc de Mantoue, Charles III, se borna à l'observer en cette circonstance. C'est ce que confirmerait au besoin ce passage des lettres de relief de 1679 : « Notre cousin étant informé de l'estime que nous faisions du sieur Bellinzani, et voulant nous être très agréable, il l'avoit établi son résident ordinaire auprès de nous, au mois d'août 1655, laquelle charge il a exercée pendant un fort long temps, et jusqu'à ce qu'il ait été rappelé par notre cousin ». Nous doutons, ou du moins nous ne voyons pas de traces que Bellinzani soit retourné à Mantoue, postérieurement à l'année 1655; mais il est certain qu'il cessa d'être le résident du duc de Mantoue, en décembre 1659. Naturalisé Français par lettres patentes, du 26 mars de l'année précédente, c'est au service de sa nouvelle patrie qu'il se consacra désormais tout entier.

Nous sommes loin, comme on voit, du récit qui nous représente Colbert, déjà ministre d'État, rencontrant, comme par hasard, le jeune Bellinzani, chez l'ambassadeur de Mantoue, et se l'attachant sur la foi d'une physionomie intelligente. La vérité, c'est que François Bellinzani, fut, dès 1645 ou 1650, distingué par Mazarin, qui pouvait bien avoir quelque penchant pour un jeune homme né dans ce duché de Mantoue, dont le nom était associé au début de sa fortune politique. Le cardinal ne tarda même pas à l'employer dans une affaire toute personnelle : celle de la vente que le duc de Mantoue, Charles III, lui fit, en 1659, des duchés de Nevers, de Rethel et de Mayenne, et de la baronnie de Donzois, héritage qu'il devait léguer en partie à son neveu, Jules Mancini, substitué au nom et aux armes de Mazarin. Sans savoir d'une façon précise quelle part eut Bellinzani dans cette négociation; toujours est-il qu'elle fut considérable. Le début d'une lettre que Colbert adressait à Mazarin, le 10 septembre 1659, prouve que Bellinzani était moins favorable que Colbert à l'emploi en acquisitions territoriales d'une partie importante de l'immense fortune du cardinal. « Je commence cette lettre, écrit Colbert, par ce qui me touche le plus dans celles que j'ai reçues de Votre Éminence, cette semaine, par la matière du duché de Nivernois, sur laquelle Votre Éminence m'écrit que le sieur Bellinzani lui a dit des raisons assez fortes pour lui faire connoître qu'elle ne jouiroit de ce duché que pendant le temps qu'elle seroit dans la place où elle est, et m'ordonne de lui en dire mon sentiment[1]. »

Soit que Bellinzani vît avec peine le duc de Mantoue, son ancien souverain, se défaire de ses possessions françaises, soit, ce qui est plus probable, qu'il redoutât pour Mazarin, son nouveau protecteur, la haine d'ennemis se donnant carrière après

---

1. Lettre à Mazarin, du 10 septembre 1659. (*Lettres de Colbert*, publiées par P. Clément. Paris, 1861, t. I, p. 365.)

sa mort, et cherchant à se dédommager sur les biens du ministre défunt de la vengeance qu'ils n'avaient pu prendre sur sa personne; ce qui est certain, c'est qu'il pensait à cet égard tout autrement que Colbert, mais en entrant peut-être davantage dans les vues premières de Mazarin. « Le cardinal, dit M. Pierre Clément, n'aimait pas les belles terres, il préférait l'argent. Plus grand seigneur en cela, Colbert était d'un avis contraire; et il lui fit acheter le duché de Nevers, du duc de Mantoue qui lui devait près de 1,200,000 livres[1]. »

Cette divergence d'opinions ne nuisit pas cependant à Bellinzani, lorsqu'en 1661, à la mort de Mazarin, Colbert devint tout-puissant. La haute fortune de Colbert ne fit, au contraire, qu'accroître l'importance de l'ancien agent de Mazarin. Bien qu'il fût naturalisé depuis le 26 mars 1658, et que, suivant une clause ordinaire apposée alors aux lettres de naturalisation, celui qui en était gratifié, « ne dût se mêler aux affaires d'aucun étranger, » Bellinzani cependant n'avait cessé ses fonctions de résident du duc de Mantoue que dix-huit mois plus tard, en décembre 1659 : ce qui motiva les lettres de relief qu'il demanda en 1660 et qui lui furent accordées le 25 septembre. C'est pendant ces deux années qu'il s'occupa de la grande affaire des duchés de Nevers et de Rethel, et l'on peut croire que sa position de résident du duc Charles III en facilita la négociation. Quoi qu'il en soit, lorsque, le 9 mars 1661, mourut le puissant cardinal, Bellinzani ne nous

---

1. P. Clément. *Histoire de Colbert*, 1874, t. I, p. 100.

apparaît encore, si nous mettons de côté son titre de conseiller du roi, que comme un personnage très actif, très intelligent, mais un peu subalterne, employé dans la maison de Mazarin dans les fonctions et peut-être avec le titre d'intendant [1].

Désormais sa position va croître rapidement. Le premier emploi important auquel paraît l'avoir appelé la confiance de Colbert jointe à son mérite, est celui de directeur de la compagnie des Indes orientales, reconstituée en août 1664 par le grand ministre qui en fut le président [2]. Sa capacité le fit

---

1. La question serait complètement résolue par ce passage du *Dictionnaire de Jal*, et par l'acte de baptême qu'il contient, si cet acte ne nous paraissait pas concerner plutôt le fils de Bellinzani, que Bellinzani lui-même. On verra, en effet, que Bellinzani eut un fils qui, comme lui, s'appelait François. D'autre part, il est certain qu'Anne Bellinzani, fille aînée de notre Bellinzani, et née déjà en 1658, avait pour mère Louise Chevreau, laquelle ne mourut qu'en 1710, ce qui exclut nécessairement Louise Séveranes, comme épouse de Bellinzani en 1665. Ceci dit, voici le passage de M. Jal :

« Je lis au registre de Saint-Eustache, sous la date du 14 janvier 1665 :

« *Fut baptisé Jules-Armand, fils de François de Bellinzany, intendant de M. le duc de Mazarin, et de Louise Séveranes, sa femme, demeurant au palais Mazarin ; le parrain, haut et puissant seigneur, M. Armand-Charles, duc de Mazarin ; la marraine, dame Marie Charron, femme de J.-B. Colbert, ministre d'État. L'enfant est âgé de douze mois.* »

« Dans l'étude de M. Mouchet, notaire à Paris, sont gardés plusieurs actes passés au nom de Bellinzani, créature de Mazarin, qu'employa beaucoup Colbert, lequel en fit un directeur du commerce. Il mourut en janvier 1684, si j'en crois une note de Laffilard, aux Arch. de la Marine. » (*Dictionnaire de Jal.*)

2. Colbert eut pour successeur dans ce titre son fils Seignelay ; comme cela résulte de la mention suivante : « 29 septembre 1683. Brevet de président de la compagnie des Indes orientales (vacant par la mort de Colbert), pour M. de Seignelay.

bientôt nommer également directeur des compagnies du Nord et du Levant, créées, la première, en 1669, pour commercer avec les pays du nord de l'Europe; la seconde, en 1670, pour faire le commerce exclusif dans les Échelles du Levant. « Ayant reconnu, portent les lettres patentes de 1679, en la personne dudit François de Bellinzani toute l'intelligence, la probité et la bonne conduite nécessaires pour les affaires les plus importantes de notre royaume, nous l'avons choisi pour l'un des principaux directeurs des compagnies des Indes orientales, du Levant et du Nord, dans tous lesquels emplois il nous a toujours donné des marques de sa fidélité, de son zèle et de son affection à notre service[1]. » Placé en la même qualité à la tête de la compagnie des Indes occidentales, qui n'eut qu'une durée éphémère (1664-1674), il nous apparaît comme le second de Colbert dans toutes ces grandes entreprises qui fondèrent le commerce extérieur de la France.

A ces titres s'était ajouté celui de directeur de la Chambre des assurances de Paris, l'une des créations les plus importantes de Colbert. Les assurances maritimes, ce puissant élément de prospérité pour la marine marchande, connues et pratiquées depuis longtemps déjà par les Espagnols et les Portugais, l'étaient encore peu en France; Colbert en favorisa le développement de la façon la plus heureuse, par la création, en 1669, de deux

---

Signé de Croissy. (Archiv. nationales. *Registre du secrétariat*, p. 201.)
1. Voir p. 16, note 2.

Chambres des assurances, l'une à Marseille, l'autre à Paris, et par la fameuse ordonnance de la marine du mois d'août 1681, que notre Code de commerce a reproduite presque sans changement dans son Livre IIe. L'importance de cette création, et par suite de la nouvelle position de Bellinzani, est indiquée dans la circulaire suivante que Colbert adressait, le 25 décembre 1671, aux consuls de France à l'étranger :

« Le roi travaillant continuellement à augmenter le commerce de ses sujets et à attirer à lui des étrangers dans le royaume, Sa Majesté a fait faire l'établissement de la Chambre des assurances à Paris... Mais, comme la plupart des contestations qui arrivent au sujet des accidents de mer, procèdent de la difficulté d'avoir des avis certains des pertes qui se font des vaisseaux et marchandises assurés, ne manquez pas de tenir une correspondance exacte avec le sieur Bellinzani, directeur de la Chambre, et de lui donner avis de tous les vaisseaux qui entreront ou sortiront des ports, même des pertes et naufrages qui arriveront, et généralement de tout ce qui peut concerner le commerce et la navigation, estant important au succès de cet établissement, et même pour le fortifier de plus en plus, que vous excitiez tous les marchands qui négocient dans le lieu où vous résidez à faire faire leur assurance à Paris[1]. »

Chargé d'une partie des intérêts du commerce extérieur, par les fonctions que nous venons d'in-

---

1. *Lettres de Colbert*, publiées par P. Clément, t. II, p. 640.

diquer, Bellinzani le fut aussi du commerce intérieur, par celles beaucoup plus importantes encore d'inspecteur général des manufactures, auxquelles il fut nommé par commission du 29 décembre 1669, et finalement d'intendant général du commerce de France. Dans une instruction que lui adressait Colbert, le 8 octobre 1670, nous voyons qu'il devait « visiter successivement, » à Meaux, les manufactures de moquette, du sieur Leclerc, « homme foible, qu'il faut exciter, mais sans tracasser sa bonne foi »; celles de bouracans, du sieur Lallemand, à la Ferté-sous-Jouarre; de basins et de coutils de Bruxelles, à Saint-Quentin; de toiles et de laines, à Arras; s'entendre à Lille, Tournai, Courtrai et autres villes, avec l'intendant Le Peletier de Souzy, et avec Deriac et Berthelot, fermiers des aides, « sur tout ce qu'il reconnaîtra pouvoir être fait sur la nature du commerce et des manufactures [1]. »

Bellinzani ne restait même pas étranger aux encouragements éclairés que Colbert donnait aux lettres. Nous le voyons, en 1683, faire passer, de la part du puissant ministre, une somme de 2,500 livres à Mabillon, alors chargé d'une mission en Allemagne [2].

Avec les important emplois, étaient venus aussi la fortune et les honneurs. Sans parler des gratifications qu'il reçut du roi, comme celle de 20,000 livres qui lui fut accordée, le 16 mai 1679, en une

---

[1]. P. Clément. *Lettres de Colbert*, t. II, p. 561.
[2]. *Ibid. Histoire de Colbert*, t. II, p. 286.

action de la compagnie des Indes occidentales[1], et qui ne dut pas être la seule, il était devenu acquéreur du domaine de Sompy, et put se qualifier désormais de seigneur de Sompy. Il n'est peut-être pas inutile de faire remarquer que ce domaine était situé dans ce même duché de Rethel[2], naguère encore propriété du duc de Mantoue, et qui de celui-ci était passé à Mazarin, puis à Armand-Charles de la Porte, duc de la Meilleraye et de Mazarin, mari d'Hortense Mancini, l'aînée des nièces du cardinal. A Paris, il habitait, rue des

1. Brevet de don de la somme de 20,000 l., appartenant au roi dans la compagnie des Indes occidentales, en faveur du sieur de Bellinzany. — Aujourd'hui, vingt-sixième jour de mai mil six cent soixante-dix-neuf, le Roi étant à Saint-Germain en Laye, désirant gratifier et favorablement traiter le sieur de Bellinzany, en considération des services par lui rendus dans la compagnie des Indes occidentales en qualité de directeur général, et voulant S. M. le gratifier des effets qui lui peuvent revenir et qui lui sont dus par ladite Compagnie, comme S. M. étant créancière de défunt Jean Pinet, qui avoit dans icelle compagnie une action volontaire de XX^d, à laquelle S. M. a été subrogée par arrêt de son conseil du 18 juillet 1670, S. M. a accordé et fait don audit sieur de Bellinzany de ladite action volontaire que ledit sieur Pinet avoit en ladite Compagnie. Signé Louis et, plus bas, Colbert. (Archiv. nat. *Registres du secrétariat*, p. 158.) Confirmé par lettre de don, à Fontainebleau, le 4 octobre 1675, signé Louis et Colbert. (*Ibid.* p. 156 v°.)

2. Sompy ou Somme-Py, bourg en Champagne, diocèse de Reims, Parlement de Paris, intendance de Châlons, élection de Rethel. On y compte 261 feux. Cette paroisse est à la source de la petite rivière de Py, à deux lieues et demie N.-N.-E. de Soippe, et sept lieues S.-S.-E. de Rethel. La seigneurie est une baronnie qui a été longtemps dans l'ancienne maison de Luxembourg, d'où elle passa dans celle de Brienne (Expilly, *Dict. des Gaules*). — C'est à Somme-Py que, le 17 décembre 1650, Turenne, alors du parti de la Fronde, fut battu par le maréchal du Plessis-Praslin.

Petits-Champs, tout près du palais Mazarin, et de la demeure de Colbert, un fort bel hôtel qu'il s'était probablement fait construire, et qui devint plus tard l'hôtel de Gesvres[1].

Pourvu de fonctions importantes, assez riche pour que les contemporains lui donnassent le nom « d'homme d'affaires, de partisan », Bellinzani ne tarda pas à se piquer de noblesse, et à fermer la bouche aux incrédules, grâce à des lettres patentes qui, en 1676, sur la production de titres, pièces et attestations venues de Mantoue, et constatant son origine nobiliaire, le « maintinrent, conservèrent, et confirmèrent dans la qualité de noble et d'écuyer, avec pouvoir de jouir, ensemble ses enfants et postérité nés et à naître en légitime mariage, des privilèges et exemptions dont jouissent les autres gentilshommes du royaume. » Ces prétentions étaient-elles justifiées? nous ne saurions le dire. Mais en agissant ainsi Bellinzani ne faisait que suivre l'exemple de Colbert lui-même, qui, pendant son ministère, chargea ses agents d'entreprendre sur sa famille des recherches dont le résultat fut de le rattacher, et non sans quelque vraisemblance, à l'ancienne famille des

---

[1]. *Interrogatoire* de la présidente Ferrand, du 12 août 1735. Il est parlé de cet hôtel qui était mitoyen avec l'hôtel de Ferriol, dans les *Lettres de Mademoiselle Aïssé*, 1873 ; p, 167 et 342. — Par un singulier hasard, vers l'année 1815, le comte de Breteuil, de la même famille que ce baron de Breteuil que nous verrons fort lié avec la présidente Ferrand, acheta, de M. de Biancour, un fort bel hôtel, situé alors rue de la Michodière, n° 8, aujourd'hui démoli, pour faire place à la rue du Quatre-Septembre, et dont le magnifique jardin devait confiner avec cet hôtel de Gesvres, où fut élevée Anne de Bellinzani.

Cothbert ou Colbert d'Écosse[1]. Sans attacher plus d'importance qu'il ne faut aux indications accessoires de ces lettres patentes, nous signalerons cependant la mention qu'elles font des services rendus à l'État par François de Bellinzani... « Nous lui avons donné, y est-il dit, la principale direction du commerce du royaume, sous les ordres du sieur Colbert, contrôleur général de nos finances, dans tous lesquels emplois il nous a toujours donné des marques de sa fidélité, de son zèle et de son affection à notre service[2]. »

1. P. Clément. *Histoire de Colbert*, t. I, p. 522.
2. Lettres de noblesse de décembre 1676. — Louis, etc., notre cher et bien-aimé François de Bellinzany, originaire de la ville de Mantoue, ayant résolu dès l'an 1658 de s'habituer en notre royaume... Et comme nous avons reconnu en la personne du sieur François de Bellinzany toute l'intelligence, la probité et la bonne conduite [nécessaire] pour les affaires les plus importantes de notre royaume, nous l'avons choisi pour l'un des principaux [directeurs] de [nos] compagnies des Indes occidentales, du Levant et du Nord, dont il s'est [toujours] très dignement acquitté ; nous lui avons donné la principale direction du commerce de notre royaume, sous les ordres du sieur Colbert, conseiller en notre Conseil royal, contrôleur général de nos finances, dans tous lesquels emplois il nous a toujours donné des marques de sa fidélité et de son zèle, et de son affection à notre service... Après nous avoir fait suffisamment apparoître par bonne et valable [lettre] en bonne forme de notre dit cousin, le duc de Mantoue, que ledit François de Bellinzany est issu de l'ancienne et noble famille des Bellinzany, originaires de la ville de Ferrare, lesquels se sont depuis plusieurs années, habitués en la ville de Mantoue, où ils ont toujours vécu noblement et [possédé] des charges considérables. Ledit François de Bellinzany ayant été honoré de celle d'auditeur général du conseil d'État de notre dit cousin le duc de Mantoue, et depuis encore de celle de son résident près de nous, etc. A ces causes... nous avons confirmé ledit François de Bellinzany dans sa qualité de noble et d'écuyer... Donné à

Si ces lettres de noblesse furent utilisées par Bellinzani, ce ne fut pas, croyons-nous, pour con-

---

Saint-Germain en Laye, au mois de décembre 1676. Signé : Louis, Phélypeau. (Archives nation. *Lettres patentes*, 1679-1680, n° Z. 6012, fol. 18.)

Confirmation de lettres de naturalité pour le sieur de Bellinzany, août 1679. — Louis, à tous présent et à venir, salut, notre cher et bien-aimé François de Bellinzany, écuyer, originaire de la ville de Mantoue, faisant profession de la religion C. A. et R., ayant résolu dès l'année 1658 de s'habituer en notre royaume, nous luy avions accordé nos lettres de naturalité, en date du 26 mars de ladite année, avec la clause ordinaire de ne pouvoir se mêler aux affaires d'aucun étranger. Mais depuis, ayant eu avec notre agrément la principale créance de notre très cher et très aimé cousin le duc de Mantoue, en qualité de son résident par devers nous, nous l'en avions par nos autres lettres du 25 septembre 1660, relevé et dispensé, et comme nous avions reconnu en la personne dudit *François de Bellinzany* toute l'intelligence, la probité et la bonne conduite nécessaires pour les affaires les plus importantes de notre royaume, nous l'avons choisi pour l'un des principaux directeurs des compagnies des Indes orientales, du Levant et du Nord, dans tous lesquels emplois il nous a toujours donné des marques de sa fidélité, de son zèle et de son affection à notre service, ce qui nous avoit convié à luy faire connoître la satisfaction que nous en avons reçue. Mais d'autant que dans lesdites lettres de naturalité il n'auroit point été fait mention de la qualité de noble dudit sieur Bellinzany, ni été exposé qu'il avoit droit de la conserver, suivant l'usage du royaume, par lequel les nobles étrangers, venant à s'habituer dans notre royaume, y conservent la qualité de noble, telle qu'ils auroient droit de la conserver dans leur pays natal, et que, par notre ordonnance sur le fait du commerce, ceux qui sont employés dans le commerce maritime ne dérogent point à noblesse, et que néanmoins il craignoit que l'on vînt à lui objecter à dérogeance de ce qu'en qualité de directeur desdites compagnies, et de président de la chambre des assurances établies en notre ville de Paris, il avoit signé plusieurs actes et polices avec les assurés et négociants de ladite Chambre des assurances, nous lui aurions, à la très humble supplication qu'il nous en auroit fait faire, accordé, au mois de décembre 1676, nos lettres sur ce nécessaires, par lesquelles, après avoir fait

b.

tracter, ainsi que le dit l'auteur de l'*État du duché de Mantoue*, une seconde union plus relevée que la première; pour faire, après la mort de cette « grisette avec laquelle il s'était familiarisé, » un mariage plus en harmonie avec sa nouvelle condition. Cette

voir en notre conseil les titres, pièces et attestations justificatives de sa noblesse attachée sous le contre-scel desdites lettres, nous l'avons maintenu, conservé et confirmé dans la qualité de noble et d'écuyer, avec pouvoir de jouir, ensemble ses enfants et postérité nés et à naître en légitime mariage, des privilèges et exemptions dont jouissent les autres gentilshommes de notre royaume, tant qu'ils vivront noblement et ne feront acte de dérogeance, nonobstant que, dans les lettres de naturalité, par nous cy-devant accordées audit sieur de Bellinzany, il n'ait été fait aucune mention de sa noblesse, etc... Mais d'autant que lesdites lettres de naturalité obtenues par ledit sieur Bellinzany, le 26 mars 1658, n'ont été enregistrées en notre dite Chambre des comptes que le dernier mars de l'année suivante 1659, et qu'elles n'ont été enregistrées en notre Chambre du trésor du Palais que le 10 juillet 1679, et qu'à l'égard desdites lettres du 25 septembre 1660, par lesquelles nous avons relevé et dispensé ledit sieur de Bellinzany de ce qu'il avoit été résident par devers nous de notre cousin le duc de Mantoue, elles ont été enregistrées, le 4 avril 1661, en notre Chambre des comptes seulement, et non en notre Chambre du trésor, et qu'à l'égard desdites lettres de confirmation de noblesse, relief et dispense, du mois de décembre 1673, elles ont été enregistrées le 13 mars 1677, en notre Chambre des comptes seulement, dans la crainte qu'a ledit sieur de Bellinzany que leur enregistrement obtenu ou fait hors du temps et après l'an et jour des dates desdites lettres, ne lui causât ci-après quelques contestations ou difficultés, il nous a fait très humblement supplier de lui vouloir, en tant que de besoin seroit, relever et confirmer nos dites lettres de naturalité, de relief de ladite résidence, et confirmation de noblesse, relief et dispense du 26 mars 1658, 26 septembre 1660, et du mois de décembre 1673. A ces causes... Donné à Saint-Germain en Laye, au mois d'août, l'an de grâce 1679 et de notre règne le trente-septième. Signé: Louis, et, sur le repli, pour le Roi, Colbert. (Arch. nationales. *Registre du secrétariat*, année 1679, p. 282, n° O^1-23.)

seconde union précéda, en effet, les lettres de naturalité de 1658, qui mentionnent formellement qu'à cette époque François Bellinzani était déjà marié à Louise Chevreau, native de Paris, et qu'une fille, nommée Anne, était née de ce mariage. Or, cette Louise Chevreau, dame de Bellinzani, mère de notre présidente Ferrand, mourut seulement le 10 août 1710 ; ce qui ne laisse place à aucune nouvelle union, entre l'année 1658 et l'année 1684, date du décès de Bellinzani. Quoi qu'il en soit, M. et madame de Bellinzani, même avant que les lettres de noblesse de 1676 vinssent leur permettre de timbrer leur argenterie ou leurs carrosses d'un écusson[1], faisaient fort brillante figure dans le monde. Nous voyons qu'en 1665, le duc de Mazarin et la femme même de Colbert, tenaient sur les fonts de baptême, un enfant du fils aîné de Bellinzani[2]. Quelques années plus tard, au mois de février 1671, madame de Bellinzani inspirait assez de confiance au roi, pour qu'il la chargeât de ramener de l'abbaye du Lys, près Melun, la duchesse de Mazarin, qui

---

1. Dans l'*Armorial général* de 1697, Paris, les armes des Bellinzani sont aussi indiquées sur la déclaration de la fille de François Bellinzani : « Anne de Bellinzany, femme de messire Ferrand, conseiller du roy en ses conseils et en sa cour du Parlement, et premier président aux Requêtes du Palais. Porte coupé d'azur et de gueules à trois croissants d'or, posés deux en chef et un en pointe. »

D'un autre côté, nous les trouvons ainsi décrites dans la collection des *Pièces originales*, vol. 170, n° 5906, de la Bible nat. Mss. « Belinzani, porte pour armes, d'azur à trois croissants d'or 2 et 1, coupé de gueules, à un casque de sable, posé de front et grillé d'or. »

2. Voir p. 10, note 1.

s'y était retirée au cours de ses démêlés avec son mari. Ce voyage s'accomplit dans un carrosse de Colbert, et sous la surveillance d'un exempt des gardes du corps [1]. L'on peut penser que ce choix avait été dicté au roi et à Colbert par les rapports qui existaient entre les héritiers de Mazarin et François de Bellinzani, dont le fils était, en 1665, intendant de ce même duc de Mazarin, époux de la belle Hortense Mancini. Les treize années qui s'écoulèrent, de 1670 à 1683, furent celles où la fortune de Bellinzani atteignit son apogée. En 1675, « un de ses fils » fut pourvu de l'abbaye de Saint-Nicolas de Ribemont, située dans le diocèse de Laon, donnant un revenu estimé 10,000 livres et qui était devenue vacante par la mort, selon le *Gallia Christiana* et la *Gazette de France*, par le mariage, selon l'abbé Dangeau, de Guillaume Charron, peut-être un parent de madame Colbert, née Charron de Menars. Ce fils de Bellinzani, sur le prénom duquel nos documents ne sont pas d'accord, ne resta pas longtemps dans les ordres, si tant est qu'il y fût jamais entré. En 1684, par suite de la mort de son frère aîné [2], il se démit de son bénéfice, pour embrasser la carrière des armes.

---

1. *Lettres de Sévigné*, édit. Régnier, t. II, p. 49. Voir aussi les *Œuvres de saint Réal*, t. VI, p. 194. Cette abbaye du Lys, de l'ordre de Citeaux, et dont le revenu était de 20,000 livres, eut pour abbesse, la sœur de Colbert, en 1677, et, en 1698, Marie-Anne de la Porte-Mazarin, fille de cette même duchesse de Mazarin qui s'y était retirée en 1671. Elle relevait de l'archevêque de Sens.

2. « L'abbé de Bellinzani (Joseph), fils de Bellinzani, employé par feu Colbert, dans les affaires du commerce. 10 décem-

Au moment où François ou Joseph de Bellinzani, troquait ainsi, en 1684, le petit collet pour l'épée, la fortune de son père s'écroulait dans un désastre aussi profond que soudain. Colbert, le patron de l'intendant général du commerce, peut-être son ami, était mort, presque subitement, le 6 septembre 1683, abreuvé des dégoûts que lui causait Louvois, depuis longtemps son rival, et sa mort devint le signal de poursuites dirigées contre plusieurs de ses créatures. Dès le 21 décembre, Bellinzani fut arrêté et conduit à la Bastille, où il fut enfermé avec un seul valet de chambre, sans pouvoir communiquer avec personne [1]. Mais, soit que le

---

bre 1672, le Roy lui donne l'abbaye de Saint-Nicolas de Ribemont, vacante par le mariage de Guillaume Charron. Cette abbaye est de la congrégation de Saint-Maur. S'en est démis à 5,000 liv. de pension, et le roi l'a donnée à Pierre-Antoine Batellier. » (L'abbé Dangeau, *Dictionnaire des Bienfaits du Roi*. Biblioth. nationale, Mss. Fond Franç. n° 2655). — La *Gazette de France* donne une autre date : « 1675, 8 mars Saint-Germain ; S. M. a nommé un des fils du sieur Bellinzani, à l'abbaye de Saint-Nicolas de Ribemont, ordre de Saint-Benoît, vacante par le décès du sieur Charron (*Gazette de France*, p. 60). — Le *Gallia Christiana*, qui confirme la *Gazette*, quant à la date de cette nomination, donne ainsi la liste des abbés de Ribemont : — XXIX. Guillaume Charon, sociavit in anno 1647, fato functus anno 1675. — XXX. Franciscus de Bellisani, mox factus abbas, mortuo primogenito fratre militem induit. — XXXI. Petrus-Antonius Batilli, Franciscum abdicantem excepit anno 1684, extinctus anno 1728. (*Gallia Christiana*, t. IX, p. 620.) — Sans nous arrêter à la différence de dates qui existe entre la *Gazette de France* et Dangeau, et qui provient peut-être d'une erreur de celui-ci, nous dirons qu'Edmée de Batilly, femme de François Bellinzani, fils de l'intendant général du commerce, et que nous croyons pouvoir identifier avec l'ancien abbé de Ribemont, portait le même nom que le successeur de celui-ci dans ce bénéfice.

1. Lettre du Roi pour faire recevoir le sieur de Bellinzany à

prisonnier fût déjà atteint de la maladie dont il devait bientôt mourir, soit pour toute autre raison, dès le lendemain ordre était donné au capitaine de Monticourt, de le transférer au château de Vincennes[1], dont le gouverneur était alors le maréchal

la Bastille. — M. de Besmaux, ayant donné ordre de faire conduire le sieur Bellinzany dans mon château de la Bastille, je vous fais cette lettre pour vous dire que vous ayez à l'y retenir avec son valet de chambre pour le servir, sans permettre qu'ils aient communication avec qui que ce soit, mon intention étant que vous laissiez la liberté au sieur Lourlier, président en ma cour des Monnoies, et à son greffier de l'interroger toutes fois et quantes que ledit sieur Lourlier l'estimera nécessaire. Et la présente n'étant à autre fin, etc. Versailles, le 21 décembre 1683. (Archives nationales. *Registres du secrétariat*, fol. 402.)

1. Ordre du Roy pour faire transférer le sieur de Bellinzany du château de la Bastille en celui de Vincennes. — De par le Roy. Il est ordonné au capitaine de Monticourt, lieutenant de la prévôté de l'Hôtel et grande prévôté de France, de faire transférer le sieur de Bellinzany du château de la Bastille en celui de Vincennes. Fait à Versailles, le 22 décembre 1683. (*Ibid.*, fol. 371.)

Lettre du Roi à M. de Besmaux pour lui dire de remettre ès mains dudit Monticourt le sieur de Bellinzany. — M. de Besmaux, je vous écris cette lettre pour vous dire que mon intention est que vous remettiez le sieur de Bellinzany entre les mains du capitaine de Monticourt, lieutenant de la prévôté de mon hôtel, auquel j'ai ordonné de le transférer en mon château de Vincennes, moyennant quoi vous en donnerai décharge, sur quoi je prie Dieu qu'il vous ait, M. de Besmaux, en sa sainte garde. Fait à Versailles, le 22 décembre 1683. (*Ibid.*, fol. 371.)

Lettre au marquis de Bellefonds. — Monsieur le marquis de Bellefonds, ayant donné mes ordres pour faire conduire en mon château de Vincennes le sieur de Bellinzany, je vous écris cette lettre pour vous dire que mon intention est que vous ayez à l'y recevoir et détenir jusqu'à nouvel ordre. Et la présente n'étant à autre fin, je prie Dieu qu'il vous ait, M. le marquis de Bellefonds, en sa sainte garde. Ecrit à Versailles, le 22 décembre 1683. (*Ibid.*)

de Bellefonds. En fort mauvais termes avec Louvois, M. de Bellefonds dut plutôt adoucir qu'aggraver la captivité de celui qu'on plaçait ainsi sous sa garde. L'accusation portée contre Bellinzani, et qui avait motivé son arrestation, était celle de malversation dans l'affaire dite des pièces de quatre sous, à l'occasion de laquelle Louvois, du vivant même de Colbert, avait fait peser des soupçons sur Desmarets, propre neveu du contrôleur général des finances. Pressé d'argent par les nécessités de la guerre de Hollande, Colbert, en 1674, s'était départi de ses sages préventions contre la monnaie de billon susceptible de fraudes fort préjudiciables au public, et avait rendu l'arrêt du 8 avril qui autorisait, pendant trois ans, mais avec cinq balanciers seulement, la fabrication de pièces de 2, 3 et 4 sous, au titre de 18 deniers de fin, et ordonnait que la nouvelle monnaie aurait cours dans tout le royaume. Le bénéfice de l'opération devait être de plus d'un cinquième; 30 livres en pièces de 4 sous, pesant un marc, coûtant à peine 24 livres. Mais afin de s'attribuer une partie de ce bénéfice, les traitants forcèrent la fabrication, en augmentant indûment le nombre des balanciers et le nombre des heures de travail. Ils fabriquèrent ainsi, dit Le Blanc, plus de 300,000 marcs de monnaies au delà de ce qu'ils auraient pu faire, s'il avaient travaillé conformement au bail[1]. Le 7 mars, un arrêt du Conseil, rendu sur le rapport de Colbert, reconnut l'existence de ces fraudes et régla à nouveau la quantité de monnaie

---

1. Le Blanc, *Traité historique des monnaies*, p. 397.

qu'on pouvait donner en payement. Le 29 avril suivant, un nouvel arrêt décida qu'elles ne circuleraient plus que pour 3 sous 6 deniers[1]. On comprend qu'une telle fraude eut besoin de plus d'un complice, et qu'une part dans ces bénéfices illicites fut faite à ceux qui auraient dû ouvrir les yeux et qui les fermèrent. Saint-Simon, recueillant les bruits qui avaient couru à cet égard sur Desmarets, écrivait :

« Tout à la fin de la vie de M. Colbert, on s'avisa de faire à la Monnaie une quantité de petites pièces d'argent d'une valeur de trois sous et demi, pour la facilité du commerce journalier, entre petites gens. Desmarest avoit acquis plusieurs terres, entre autres Maillebois et l'engagement du domaine de Châteauneuf, en Timerais, dont cette terre relevoit, et quantité d'autres sortes de biens. Il avoit fort embelli le château bâti par d'O, surintendant des finances d'Henri III et d'Henri IV. Il en avoit transporté le village d'un endroit à un autre, pour orner et accroître son parc, qu'il avoit rendu magnifique. Ces dépenses si fort au-dessus de son patrimoine, de la dot de sa femme et du revenu de sa place, donnèrent fort à parler. Il fut accusé ensuite d'avoir énormément pris sur la fabrique de ces pièces de trois sous et demi. Le bruit en parvint, à la fin, à M. Colbert qui voulut examiner, et qui tomba malade de la maladie prompte dont il mourut[2]. »

Desmarets fut-il traité aussi sévèrement que l'affirme Saint-Simon, qui le représente exilé par Le

---

1. Pierre Clément. *Histoire de Colbert*, t. I. p. 386.
2. *Mémoires de Saint-Simon*. Hachette, 1871, t. II, p. 89.

Peletier, ou au contraire, fut-il notablement ménagé comme semblent plutôt l'indiquer les fonctions qu'il continua à exercer plusieurs mois encore après la mort de Colbert; nous n'avons pas à approfondir cette question, qui malheureusement n'existe pas pour Bellinzani. La Cour des monnaies, érigée en cour souveraine sous Henri II, et qui connaissait en dernier ressort de tous les délits, malversations, abus commis par les officiers et ouvriers des monnaies, avait été saisie de son affaire. Dès le 26 décembre, le gouverneur de Vincennes reçut l'ordre de laisser un libre accès aux commissaires qu'elle avait nommés pour interroger le prisonnier[1].

Au cours de ses interrogatoires, Bellinzani avoua qu'il avait reçu pendant cinq ans des gratifications s'élevant à 40,000 livres par an, et prétendit qu'il les partageait avec Desmarets[2]. Il ne vit pas d'ailleurs l'issue de son procès. Entré probablement malade

---

1. Lettre du roi au marquis de Bellefonds, pour lui dire de permettre l'entrée à une commission de la cour des Monnoies au château de Vincennes, pour y interroger le sieur Bellinzany. — M. le marquis Bellefonds, je vous écris cette lettre pour vous dire que mon intention est que vous laissiez entrer dans mon château de Vincennes la commission qui sera chargée par ma cour des Monnoies d'interroger le sieur de Bellinzany. Et la présente, etc. Versailles, le 26 décembre 1683. (Archives nat. *Registre du secrétariat*, O^1 27, f. 402). Nous voyons par les mêmes registres (t. XXVIII, f. 5) que, le 5 février 1684, une commission fut nommée pour juger le sieur Braud, commis central et inspecteur des bâtiments du Roi, accusé de malversation. — La Cour des Monnaies se composait d'un premier président, de huit présidents, de trente-cinq conseillers, d'un procureur général, assisté de deux avocats généraux.

2. Archives de la maison de Luynes; Mss. n° 93, carton 3: *Procès des pièces de quatre sols; copie des interrogatoires*. Cité par P. Clément. *Histoire de Colbert*, t. II, p. 390.

dans la prison de Vincennes, il y mourut le 13 mai 1684, après quatre mois et vingt et un jours de captivité[1].

Un mois après, le 28 juin, la Cour des monnaies rendait une sentence par laquelle elle condamnait « les intéressés dans la fabrication des pièces de 4 sols à restituer 529,040 livres, outre le million dont Lucot, le fermier de la fabrication, avait été frappé par arrêt du conseil du 4 décembre 1683[2]. »

On voit que le malheureux Bellinzani avait mal fait de mourir, et qu'il s'en serait tiré à assez bon compte.

II.

Tel fut le père d'Anne de Bellinzani, présidente Ferrand. C'est dans ce monde mi-partie de financiers et de gens d'affaires, d'hommes de robe et d'hommes de cour, qu'elle grandit, élevée pour ainsi dire entre les Mazarin et les Colbert. François Bellinzani était déjà un personnage important lorsqu'elle naquit, vers 1657[3], du second mariage qu'il venait de contracter avec Louise Chevreau, et qui

---

1. *Journal de Dangeau*, t. I, p. 13.
2. P. Clément. *Histoire de Colbert*, t. II, p. 839, d'après les Archives nationales ; Cour des monnaies.
3. Le *Mercure de France* la dit, en effet, âgée de 82 ans à sa mort, en 1740. D'un autre côté, l'acte de naturalité de 1658 mentionne comme déjà née, à cette date. Voir p. 4, note 1.

l'avait fait entrer dans une honorable famille de la bourgeoisie parisienne. Son éducation fut des plus soignées, et jusqu'à un certain point sévère[1]. Les sciences, ce qui d'ailleurs n'était pas rare chez les femmes de cette époque, paraissent avoir eu un attrait particulier pour elle[2], sans que son goût pour les lettres en fût diminué. Fille d'un père italien, c'est probablement dans l'original qu'elle lisait le *Pastor fido*, ce poème du Guarini, alors très répandu en France, et dont madame de Sévigné conseillait la lecture à sa petite-fille. Elle le connaissait assez à fond pour y trouver des allusions à une circonstance importante de sa vie[3].

Plus tard, dans le récit qu'elle a fait de ses aventures, et où elle s'est désignée sous le nom de Bélise, elle dit de cette Bélise « qu'elle avoit l'esprit merveilleux pour un semblable ouvrage[4]. » Mais ce qui la distinguait surtout, c'était une grande vivacité d'impressions et une singulière précocité de sentiments. « Je suis née, dit-elle, avec le cœur le plus sensible et le plus tendre que l'amour ait formé[5]. » A « beaucoup d'esprit » elle joignait beaucoup de « tempérament[6]. » Elle fut du reste mêlée de bonne heure aux plaisirs du monde : le bal, l'opéra, probablement même les fêtes brillantes de la cour, à Saint-Germain, à Fontainebleau, à Versailles, où son père

---

1. *Histoire des Amours de Cléante et de Bélise*, infra, p. 165.
2. *Idem*, p. 169 et 241.
3. *Hist. des Amours*, p. 172.
4. *Hist. des Amours*, p. 221.
5. *Ibid.*, p. 165.
6. *Ibid.*, p. 225.

suivait le roi et les ministres, furent ses distractions ordinaires et peu enfantines [1]. Sa mère n'était pas femme à la priver de ces plaisirs, si nous en croyons la réputation que madame de Bellinzani eut auprès des contemporains. Par son luxe, par son ostentation, celle-ci en effet rivalisait avec les femmes de finance que mettaient le plus en vue leur nouvelle et tapageuse opulence. C'était elle, tout autant que madame de Courchamp, femme du fermier général de ce nom, madame Benoit, dont le mari était intéressé dans le bail Fauconnet, et cette Marguerite Voisin, qui avait épousé Motieu, le riche receveur des parties casuelles, que les contemporains reconnaissaient dans ce portrait tracé par La Bruyère :

« Arfure cheminoit seule et à pied vers le grand portail de Saint***, entendoit de loin le sermon d'un carme ou d'un docteur qu'elle ne voyoit qu'obliquement, et dont elle perdoit bien des paroles. Sa vertu étoit obscure, et sa dévotion connue comme sa personne. Son mari est entré dans le huitième denier (*la ferme du huitième denier, nom donné au droit établi en* 1672, *pendant la guerre de Hollande, sur les acquéreurs de biens ecclésiastiques*). Quelle monstrueuse fortune en moins de six années ! Elle n'arrive à l'église que dans un char; on lui porte une lourde queue; l'orateur s'interrompt pendant qu'elle se place; elle le voit de front, n'en perd pas une seule parole ni le moindre geste. Il y a une brigue entre les prêtres pour la confesser;

---

1. Voir p. 167, 179.

ous veulent l'absoudre, et le curé l'emporte [1]. »

Bien avant que l'emprisonnement de François Bellinzani ne vînt jeter le trouble dans sa famille, la jeune Anne Bellinzani, avait déjà fait de sa vie un roman, qui ne devait pas s'arrêter là. Si nous en croyons les *Amours de Cléante et de Bélise*, elle avait atteint quatorze ans à peine, lorsque, vers 1671, ayant rencontré, à un grand bal donné par une amie

---

1. *Les Caractères*, édit. Servois, Hachette, t. I, p. 250 et 482. Les noms que nous venons de citer sont donnés par la clef de 1697. Sur madame Motieu, voir le *Chansonnier Maurepas*, t. V., p. 243. Aux détails que nous avons donnés, p. 81, note 2, sur les églises à la mode, on peut ajouter ce tableau tracé par Furetière : « Je dirai seulement de cette église que c'est le centre de toute la galanterie bourgeoise du quartier, et qu'elle est très fréquentée, à cause que la licence de causer y est grande. C'est là que, sur le midi, arrive une caravane de demoiselles à fleur de corde... Il n'est pas besoin de dire qu'il y venoit aussi des muguets et des galans, car la conséquence en est assez naturelle : chacune avoit sa suite plus ou moins nombreuse, selon que sa beauté ou son bonheur les y attiroit... Cette assemblée fut bien plus grande que de coustume un jour d'une grande feste qu'on y solemnisoit. Outre qu'on s'y empressoit par dévotion, les amoureux de la symphonie y estoient aussi attirez par un concert de vingt-quatre violons de la grande bande ; d'autres y couroient pour entendre un prédicateur poly... Une belle fille qui devoit y quêter ce jour-là y avoit encore attiré force monde, et tous les polis qui vouloient avoir quelque part en ses bonnes grâces y estoient accourus exprès pour lui donner quelque grosse pièce dans sa tasse : ça c'estoit une pierre de touche pour connoistre la beauté d'une fille ou l'amour d'un homme que cette queste. Celuy qui donnoit la plus grosse pièce estoit estimé le plus amoureux, et la demoiselle qui avoit la plus grosse somme estoit estimée la plus belle. » Et plus loin : « Il avoit déja tout sçeu d'un Suisse François qui chasse les chiens et loue les chaises dans l'église, et qui gagne plus à sçavoir les intrigues des femmes du quartier qu'à ses deux autres mestiers ensemble » (Furetière. *Le Roman bourgeois*, Paris, Janet, 1854, p. 31).

de sa mère, le baron de Breteuil, elle s'éprit pour lui d'une passion aussi prématurée que subite. « Cléante — c'est ainsi qu'elle désigne le baron de Breteuil — y vint avec la foule des autres jeunes gens; mais, mon Dieu! qu'il étoit aisé de le distinguer; il n'avoit point encore paru à mes yeux avec tant de charmes, je sentis, à sa vue, des mouvemens qui jusqu'alors m'avoient été inconnus, j'eus à danser avec lui un plaisir que mon cœur n'avoit point encore senti, et il fit une telle impression sur moi, que l'amour qui jusqu'alors s'étoit déguisé sous d'autres sentimens, s'y fit sensiblement connoître avec toute l'ardeur et toute la tendresse dont on a jamais aimé[1]. »

Appartenant à une famille originaire du Beauvaisis, qui s'était établie à Paris depuis le milieu du seizième siècle, et avait occupé des emplois importants dans la finance et dans la robe, Louis-Nicolas le Tonnelier de Breteuil, né en 1648, était le septième enfant de Louis le Tonnelier de Breteuil qui, successivement conseiller au parlement de Bretagne, puis de Paris, maître des Requêtes, intendant de Languedoc et de Roussillon, avait un instant rempli les hautes fonctions de contrôleur général des finances, sous le surintendant la Vieuville, et mourut, en 1685, conseiller d'État. Alors âgé de vingt-trois ans environ, il nous est représenté sous les couleurs les plus séduisantes; il est vrai que c'est par Bélise elle-même, et que le pinceau qui traça le portrait suivant n'était pas très impartial : « Il avoit alors, dit-elle, tout ce que la première jeunesse a de plus

---

1. *Histoire des Amours*, etc., p. 168.

brillant, et ses actions qui étoient déjà accompagnées de la politesse que vous lui connoissez, l'étoient encore d'un enjouement qui ne sied bien qu'à cet âge [1]. » Treize ans plus tard elle revient encore sur cet enjouement qui paraît avoir été le caractère distinctif de Breteuil. En 1683, alors qu'il était devenu ambassadeur à Mantoue, elle lui écrivait à à ce sujet: « Le caractère enjoué qui a fait l'agrément de vos jeunes années ne doit plus convenir au poste où vous êtes [2]. » Restons-en, pour le moment, sur ce portrait, crayonné par la main de l'amour, nous aurons occasion d'y revenir et d'y ajouter quelques traits fournis par les contemporains.

Bien qu'Anne Bellinzani fût encore presque une enfant, cette passion devint aussitôt une grande passion. Privée, paraît-il, des avantages de la figure, elle voulut racheter son peu de beauté par son esprit, espérant ainsi attirer l'attention de celui qu'elle aimait. « Je n'eus plus, dit-elle, d'autre occupation que la lecture; j'y passois les jours et les nuits [3]. » Les occasions de voir le baron de Breteuil, lié d'ailleurs avec la famille Bellinzani, ne lui manquaient pas : tantôt c'est à Fontainebleau ou à Saint-Germain, que, se méprenant sur quelques paroles de galanterie qu'il lui avait adressées, elle lui donne un *Pastor fido*, en lui disant que « s'il aime la méditation, ce livre pourra lui en donner matière [4]; » tantôt c'est l'enfant d'un ami commun

1. *Hist. des Amours*, p. 166.
2. *Lettres*, p. 114.
3. *Hist. des Amours*, p. 170.
4. *Idem.*, p. 173.

qu'elle tient avec lui sur les fonts de baptême[1]. Breteuil, cependant, restait fort indifférent. Était-ce la faute de la figure de Bélise? L'image qu'elle nous en présente elle-même n'est certainement pas séduisante. « Tenez-vous-en, écrit-elle, à l'idée que vous avez de moi, elle ne me sera pas si désavantageuse que le portrait que je pourrois vous donner[2]. » Et ailleurs encore : « Je céderai à plusieurs l'avantage de la beauté, mais pour les sentimens tendres, je prétends l'emporter sur toutes[3]. » On peut croire cependant que, par une espèce de coquetterie qui n'est pas rare, elle exagère ici sa laideur. Cette laideur n'était pas aussi effroyable, ou du moins elle avait ses compensations. Breteuil ayant un jour fait son portrait à un ami, elle lui écrivait à ce sujet : « Au portrait que vous avez fait de moi au comte de ***, vous n'avez pas eu dessein qu'il démêle ce que je suis, car quoique vous lui disiez que je ne suis pas belle, ainsi qu'il n'est que trop vrai, vous me peignez cependant avec tant d'avantages, qu'une femme ainsi faite auroit suffisamment de quoi se consoler de n'être pas belle[4]. » Sa beauté ou sa laideur, comme on voudra, avait sans doute beaucoup d'analogie avec celle de sa sœur cadette, madame de Vauvré, que madame de Staal de Launay nous représente comme une femme d'une « physionomie singulière, mais de beaucoup d'esprit[5]. »

---

1. *Histoire des Amours*, p. 174.
2. *Lettres*, p. 111.
3. *Ibid.*, p. 119.
4. *Ibid.*, p. 100.
5. *Mém. de Mme de Staal*, édit. Lescure, 1877, t. I, p. 92.

Dans tous les cas la froideur de Breteuil, à cette époque, ne venait pas du défaut d'esprit de Bélise, qui en déployait beaucoup, et dont il avait remarqué l'intelligence et la vivacité. « L'attention qu'il commença à donner à mes discours, dit-elle, flatta tellement ma vanité, que je m'abandonnai au plaisir de le voir [1]. » La vraie raison de cette indifférence, c'est que Breteuil était lui-même occupé ailleurs et engagé dans une aventure qui allait du reste se dénouer fort tristement pour lui. De complexion amoureuse, comme son frère aîné, qu'un contemporain nous représente « gouverné par les dames [2], » comme son autre frère, l'évêque de Boulogne, qui fut chansonné à ce sujet [3], le baron de Breteuil avait été compté au nombre des amants de mademoiselle de Périgny, femme de chambre de la reine [4], puis avait formé avec la galante madame de Lionne, alors veuve du célèbre secrétaire d'État, des affaires étrangères, une liaison qu'atteste ce couplet satirique qui courut en 1675 :

> La Lionne avoit, l'été dernier, envie
> Dans un couvent d'aller passer sa vie ;
>   Mais
> Breteuil l'a trop bien servie
> Pour s'en éloigner jamais [5].

1. *Hist. des Amours*, p. 170.
2. *Depping. Correspondance administrative*, t. II, p. 43.
3. Voir *infra*, p. 325.
4. Bibl. nat. Mss. *Chansons satiriques*, n° 21,619, f. 221.
5. *Infra*, p. 322. Voir encore : *Lettres de Sévigné*, t. IV, p. 321 ; *Mém. de Retz*, édit. Gourdault, t. V, p. 55 ; et le remarquable livre de M. J. Valfrey, *Hugues de Lionne*, 1877, p. 341.

A ces premières aventures, il en avait fait succéder une autre beaucoup plus romanesque, que peut-être même il y avait mêlée. Épris d'une vive passion pour sa cousine, Anne-Marie le Fèvre de Caumartin, appelée mademoiselle de Mormant, de cinq années plus jeune que lui, et dont la beauté, la grâce, la distinction étaient véritablement merveilleuses[1], il s'était marié secrètement avec elle. Orpheline, n'ayant qu'un frère, chansonné lui-même pour sa liaison avec mademoiselle Du Chemin, près de laquelle il avait pour rival le fils du président Tambonneau[2], et qui ne pouvait ainsi avoir une grande autorité sur sa sœur; l'on n'aperçoit pas la raison qui empêcha un mariage régulier entre mademoiselle de Mormant et son cousin. Quoi qu'il en soit, cette passion, au cours de laquelle mademoiselle de Mormant, devenue mère en 1675, se réfugia dans un couvent[3], eut la fin la plus malheureuse. Le 9 août 1679, mourut mademoiselle de Mormant, devenue, trois jours auparavant, la baronne de Breteuil, par un mariage contracté à son lit de mort, mais régulier et public cette fois. En dépit de quelques couplets satiriques dont elle fut l'objet[4], cette première baronne de Breteuil paraît avoir été digne, par son caractère comme par sa beauté, d'une affection profonde.

La découverte des liens qui attachaient à une autre le baron de Breteuil, qu'elle croyait libre, jeta ma-

---

1. *Histoire des Amours*, p. 197.
2. Voir p. 239.
3. *Histoire des Amours*, p. 175 et 204.
4. Voir p. 199 et 202.

demoiselle Bellinzani dans un violent désespoir, elle ne songea à rien moins qu'à entrer au couvent. Après un premier séjour dans une abbaye, qu'on peut supposer être celle du Lys, près de Melun, et où des raisons qui font peu d'honneur aux mœurs de son père[1], l'avaient fait déjà placer pendant une absence de sa mère, elle forma si bien la résolution de s'y renfermer de nouveau, que, sur le refus de ses parents d'y consentir, elle prit le parti d'exécuter ce dessein malgré eux. Mais rattrapée dans sa fuite, elle dut se soumettre, et accepter pour mari celui que sa famille lui destinait sans l'avoir consultée (13 février 1676).

III.

Ce mari était Michel Ferrand, qui venait de succéder à son père dans les fonctions de lieutenant au Châtelet, où il avait d'abord été conseiller. La famille Ferrand, qui possédait cette charge dès 1596, s'était fort poussée depuis moins de cent ans dans la robe, dans l'administration et dans l'armée. Originaire du Poitou, sa fortune remontait à Alexandre Ferrand, né à Champigny-sur-Vesle, médecin de Claude de France, femme de François Ier, et anobli par ce prince en octobre 1554. Cet anoblissement avait été renouvelé par Charles IX, en 1574, au bénéfice de son second fils, Jean Ferrand, médecin du

---

1. Voir p. 177, 185 et 217.

roi de Pologne, plus tard Henri III[1]. Des trois fils de cet Alexandre Ferrand, l'aîné, Michel, lieutenant particulier au Châtelet en 1596, forma une première branche qui, après avoir contracté des alliances avec les familles du Saussay, Tixier, Brochard de Marigny, Lamirault, de Bossu de Beaufort, Gillot, et fourni des lieutenants particuliers au Châtelet, et des conseillers au Parlement, s'éteignit en la personne d'Hélène Ferrand, qualifiée de « riche héritière, » et mariée, le 20 décembre 1677, à Louis Foucault, marquis de Saint-Germain-Beaupré, neveu du maréchal de Foucault, comte du Daugnon. C'est à cette branche qu'appartenait ce jeune Pierre Ferrand, seigneur de Janvry, conseiller au Parlement, si malheureusement tué, pendant la Fronde, dans la terrible journée du 4 juillet 1652, où la populace envahit l'Hôtel de Ville[2]. Une troisième branche, issue de la seconde, dont nous allons bientôt parler, par Nicolas Ferrand, auditeur des comptes, fils d'Antoine II, lieutenant particulier, et de Marguerite Morot, embrassa le métier des armes. C'est à elle qu'appartient Michel Ferrand de Périgny, qui se distingua en Catalogne, et fut fait brigadier en 1696[3].

---

1. *Dictionnaire de la Chesnaye des Bois*, et Bibl. nat., Mss., *Pièces originales*, verbo Ferrand, et Cabinet des titres, *dossier Ferrand*. Les armes de Ferrand étaient des armes parlantes. D'azur à trois épées d'argent posées en pal. Voir p. 278.

2 Voir notre *Appendice*, p. 285 et 288.

3. Michel Ferrand de Périgny, sous-lieutenant aux gardes françaises, en 1669, lieutenant aide major en 1674, achète la compagnie de M. de Menier, en 1678, la vend en 1671, nommé la même année major général de l'armée de Catalogne, où il ser

D'Antoine Ferrand, troisième fils d'Alexandre, le médecin de Claude de France, était sortie la seconde branche qui, après avoir contracté des alliances avec les Vallée, les Morot, les Gayet, les Sanguin de Rocquencourt, et avoir possédé, de père en fils, la charge de lieutenant particulier au Châtelet[1], était représentée à la quatrième génération par notre Michel Ferrand, et ses frères et sœurs, enfants d'Antoine Ferrand, seigneur de Villemillan, et d'Élisabeth le Gauffre, qu'une note contemporaine qualifie de « sœur du célèbre et pieux M. le Gauffre, maître des comptes »[2].

Né en 1605, Antoine Ferrand, après avoir exercé, de 1629 à 1638, les fonctions d'avocat du roi au

---

de 1691 à 1695, brigadier en 1696. (Le Pippre de Neufville *Abrégé chronol. de la Maison du roi*, 1735, t. III, p. 177). Né en 1648, il était fils de Nicolas Ferrand, auditeur des Comptes, auteur de la troisième branche, et de Colombe de Périgny. Marié à Geneviève du Drac, il eut une fille, qui épousa en 1688 le marquis de Rasilly, et deux fils, dont le cadet, Guillaume-Michel, né en 1683, eut avec son cousin Girardin, le duel dont il est parlé plus loin. Voir p. LXXV.

1. La pièce suivante, relative à l'un des beaux-frères d'Anne Bellinzani, rappelle les services rendus par la famille Ferrand, dans ces fonctions :

Confirmation de pension pour le sieur Ferrand, lieutenant particulier, 30 novembre 1683. Ayant pourvu notre ami et féal François-Antoine Ferrand de l'office de notre conseiller, lieutenant particulier en la ville et présidial de Paris, par la résignation de notre ami et féal Michel Ferrand, son frère, et voulant le faire jouir de la pension de mille livres que nous avons ci-devant accordée audit office, et pour lui donner plus de moyens de nous y servir avec la même affection que ses père, aïeul et bisaïeul ont fait en l'exercice d'icelle. (Archives nat. *Registres du secrétariat*, p. 348, n° O¹, 27.)

2. Voir l'Appendice, p. 279.

bureau des trésoriers de France[1], avait succédé à son père, dans celles de lieutenant particulier au Châtelet, qu'il remplit jusqu'en 1675. Représentant d'une branche cadette, père de nombreux enfants, l'on peut croire, malgré la seigneurie de Villemillan dont il prenait le titre, que sa fortune était modeste, et que son fils Michel, en épousant Anne de Bellinzani, fit un mariage d'argent, un de ces mariages grâce auxquels les gens de robe s'enrichissaient en s'alliant aux financiers, aux « partisans », comme on disait alors, aux mississipiens, comme on dira plus tard, à l'époque du système de Law. Les financiers enrichis avaient en effet deux moyens d'acquérir la considération qui leur manquait : acheter des charges de judicature, ou s'allier à des familles de robe. Bellinzani usa de ce dernier moyen en donnant sa fille aînée au fils d'un lieutenant particulier au Châtelet, à qui son père venait de céder sa charge, probablement en vue de ce mariage.

C'est en effet en 1675 que Michel Ferrand succéda à son père au Châtelet, et son mariage eut lieu au mois de février de l'année suivante. On peut donc croire que quelques mois à peine séparèrent ces deux événements.

Bien que la juridiction du Châtelet eût été dédoublée par l'ordonnance de mars 1674, c'était en-

---

[1]. Le bureau des trésoriers de France ou, plus simplement, le bureau des finances, était chargé de tout ce qui regardait l'épargne ou le domaine royal et la répartition des impôts. En 1789, il était composé d'un premier président, d'un second président, de vingt et un trésoriers, et d'un avocat du roi.

core une situation fort importante que celle de Michel Ferrand. Le Châtelet, qui avait à la fois des attributions judiciaires et administratives très étendues, se composait, pendant la période de son dédoublement (1674-1684), d'un prévôt unique, au nom de qui se rendait la justice de la ville, prévôté et vicomté de Paris, d'un seul lieutenant de police, de deux lieutenants civils, de deux lieutenants criminels, et de deux lieutenants particuliers. Le prévôt était Achille de Harlay, depuis 1669, et le lieutenant de police le célèbre la Reynie, pour qui cette charge avait été créée, en 1667, comme un démembrement de celle de lieutenant civil. L'ancien Châtelet, auquel appartenait Michel Ferrand, avait pour lieutenant civil, depuis 1671, Jean le Camus, seigneur de Beaumais et du Port, frère du futur cardinal de ce nom, et successeur de ce malheureux Dreux d'Aubray, sieur d'Offemont, père et victime de la Brinvilliers; pour lieutenant criminel Jacques Defita, depuis 1666. Au nouveau Châtelet, ces deux fonctions étaient remplies par Pierre Girardin, le futur beau-frère de Michel Ferrand, et par Antoine le Féron; celles de lieutenant particulier, par Louis de Vienne. Au-dessous siégeaient soixante-dix conseillers, et comme gens du roi, quatre avocats du roi, deux procureurs du roi, et quatre substituts[1]. Les lieutenants parti-

---

1. Pour l'ancien Châtelet, les trente-cinq conseillers étaient : MM. Claude de Laune, doyen (1624); Jacque Belin (1650); Fr. Bachelier (1653); Jean de la Porte (1658); tous les trois anciens échevins. Claude Bonneau (1660); P. Monerot (1661); Robert Sanson (1661); André Duret (1661); N. Petit-Pied

culiers qui venaient immédiatement, dans la hiérarchie judiciaire, au-dessous du lieutenant civil, le remplaçaient en cas d'absence ou à certaines audiences. Ils présidaient alternativement de mois en mois, l'un l'audience du présidial, lequel connaissait en dernier ressort de toutes les matières civiles, jusqu'à 250 livres tournois en capital ou 10 livres en revenu, et l'autre la chambre du conseil. Ils devaient être âgés d'au moins trente ans, et étaient exemptés de la taille, du guet et autres charges publiques[1].

Tel était dans Michel Ferrand le magistrat. Voyons maintenant quel était l'homme. L'on peut supposer qu'il n'avait pas moins de trente ans, cet âge étant exigé pour occuper cette charge. Il aurait donc eu dix ou onze ans de plus que sa jeune femme. Tout porte aussi à croire qu'il était l'aîné des

---

(1662), curé de Saint-Martial; F. Herbinot (1664); Michel Guillois (1665); Sébastien de Thais de la Tour (1668); Charles le Coigneux (1669); Charles Emery (1670); Th. Talon (1671); Mathieu de Montholon (1671); Denis Lévêque (1671); Jean Doublé (1672); P. Morel (1672); Jean Parent (1672); Ch. L'Huillier (1673); P. Audiger (1673); Augustin Huguet (1674); N. de Laître (1675); Louis Habert de Montmort (1676); P. Hamelin (1676); Louis Garrot (1677); J.-B. Proust du Marroy (1677); Et.-Guy Favereau (1677); A. Gaillard (1677); J.-B. Picques (1677); L. de Launay (1677); Const.-Claude de Ladehors (1678); F. Sénéchal (1679). Les gens du roi étaient: MM. Pierre Brigallier, avocat du roi (1640); J. Armand de Riantz, procureur du roi (1659), et Adrien-Alexandre de Hanyvel de Manevillette (1679), avocat du roi; Imbert, Marié et Palu, substituts. (*Etat de la France* pour 1680). Voir, pour le nouveau Châtelet, l'Appendice, p. 306, note 1.

1. Voir Ludovic Lalanne, *Dictionnaire de la France*; Gérard Constantin, *Hist. du Châtelet et du Parlement de Paris*, 1847 in-4º, et Desmaze, *le Châtelet de Paris*, 1870.

enfánts d'Antoine Ferrand; son père n'ayant dû vraisemblablement se démettre d'une charge s ancienne parmi les siens, qu'en faveur de celui qu avait pour lui une sorte de droit de primogéniture[1]. Quant à son caractère, si les *Lettres* et l'*Histoire des amours de Cléante* nous le montrent sous un jour assez défavorable, et nous donnent l'idée d'un de ces jaloux bourrus et grondeurs, à la façon du Sganarelle de l'*École des Maris*, nous ne saurions cependant former un jugement sur un témoignage d'une impartialité aussi suspecte. Nous nous abstiendrons donc de toute appréciation à cet égard. La situation de fortune des deux époux est moins incertaine. Nous voyons, en effet, qu'ils avaient un train de maison indépendant de celui de leur famille et, qui plus est, assez considérable. Au lieu d'habiter, soit à l'hôtel Ferrand, situé rue Serpente[2], où vivaient alors les parents de Michel, et où lui-même alla plus tard s'installer avec son frère, soit à l'hôtel Bellinzani, rue Neuve des

---

1. Nous ne connaissons, en effet, la date de la mort de Michel Ferrand que par la mention qui en est faite par le *Mercure*, à l'occasion du décès de sa femme; et son âge n'y est pas indiqué. Voir p. LXXIV. L'âge de ses deux frères, morts huit ans plus tard, et âgés, l'un de 83 ans, l'autre de 77, confirme encore nos suppositions. Voir p. 379 et 283.

2. Cet hôtel, qui existait encore il y a quelques années, au n° 7 de la rue Serpente, était occupé par le célèbre libraire De Bure, qui, en souvenir des précédents propriétaires et de la tradition qui s'en était conservée, avait pris soin de recueillir toutes les pièces du procès de la présidente contre sa fille. Voir le *Catalogue* de sa bibliothèque, pages 35 et 40, et le savant commentaire de M. Ed. Fournier, sur le *Livre Commode* de du Pradel. Paris, Daffis, 1878, t. 1, p. 59.

d.

Petits Champs, le nouveau ménage s'était choisi un domicile à part, et était venu s'établir dans l'enclos des Filles-Saint-Thomas, non loin de l'emplacement sur lequel a été construit la Bourse actuelle. C'est là qu'ils demeurèrent sans interruption pendant tout le temps que dura pour eux la vie commune[1]. Quant au pied sur lequel la maison était tenue, nous voyons qu'il comportait un équipage et plusieurs laquais, payés, il est vrai, par François Bellinzani, puisque celui-ci menaçait de les supprimer si sa fille ne se conformait pas à ses ordres. Ce qu'il exécuta en effet ; momentanément, nous l'espérons[2]. La ruine de Bellinzani, devait d'ailleurs apporter à ce genre de vie de grands changements, comme on le verra[3].

La famille dans laquelle entrait ainsi Anne de Bellinzani était nombreuse et bien apparentée. Il convient de la passer en revue, pour mieux connaître le milieu dans lequel celle-ci se trouvait placée par son mariage. C'était d'abord Antoine Ferrand et sa femme, qui devaient mourir, celui-là, en 1689 seulement, celle-ci en 1684, et qui étaient devenus les chefs de la famille Ferrand depuis la mort, en 1666, du dernier représentant de la branche aînée, ce Michel Ferrand, doyen de la Grand'Chambre, dont notre Michel tirait peut-être

---

1. *Interrogatoire de la présidente Ferrand*, et la *Transaction* du 29 mars 1686. Voir p. LXV et LXX.

2. Voir p. 218.

3. D'après la demande formée, le 20 octobre 1723, par la présidente Ferrand, contre la succession de son mari, en raison de ses reprises, celles-ci s'élevaient à 156,000 livres.

son prénom, et qui avait vu mourir avant lui ses deux fils, l'un, Ferrand de Janvry, tué dans les troubles de la Fronde; l'autre, enlevé en 1662 dans toute la fleur de la jeunesse [1]. A côté d'eux nous placerons une tante, Marie Ferrand, femme de Philippe Sanguin, seigneur de Rocquencourt, doyen de la Cour des aides [2], et un oncle, Nicolas Ferrand, de la troisième branche, auditeur des Comptes. Puis venaient les frères et sœurs de Michel Ferrand, sur le nombre desquels nos documents varient [3], sauf à l'égard de deux frères et de deux sœurs, dont l'existence est certaine.

L'aînée des sœurs, Françoise Ferrand, née en 1638, avait, croyons-nous, figuré avec honneur dans la société des Précieuses sous le nom de Felixerie [4]. Elle avait épousé, vers 1660, René le Fèvre de la Faluère, alors président de la quatrième chambre des Enquêtes au Parlement de Paris, et qui, de 1687 à 1703, occupa la haute situation de premier président au Parlement de Bretagne. Madame de

1. Voir p. 287, note 1, et p. 289.
2. Bibl. nat. Mss. Cabinet des titres. *Dossier Ferrand*. Elle mourut le 7 mai 1702, âgée de 85 ans.
3. Voir p. 279.
4. *Dictionnaire des Précieuses*, édit. Jannet, p. 98, 100 et 101. — Ce n'est pas le seul membre de la famille Ferrand, dont le nom, dès cette époque, se lie à un souvenir littéraire. Une tante de Michel le doyen, Claude Ferrand, s'était alliée à la famille de Descartes, par son mariage avec Pierre Descartes, docteur en médecine, dont elle devint veuve en 1567 (ou 1561) et qui fut mère de N. Descartes, conseiller au Parlement de Bretagne. Ce conseiller Descartes était probablement le père de Catherine Descartes, nièce du philosophe, morte en 1706, et dont il est parlé dans les *Lettres de Mme de Sévigné*, t. VI, p. 60. Les Descartes étaient originaires de Tours.

Sévigné les ayant rencontrés à Rennes et reçus aux Rochers, parle du premier président comme de quelqu'un « dont tout le monde est content au dernier point », et de la présidente en fort bons termes, bien que celle-ci fût l'amie de la comtesse de Bury, et, comme telle, s'employât activement dans le procès de son frère, le comte d'Aiguebonne, contre les Grignan[1]. Des deux enfants de la présidente de la Faluère, morte seulement en 1720, l'un fut père de ce jeune Génonville, tant aimé et si éloquemment pleuré par Voltaire; l'autre, une fille, mariée en 1694 à René de Brehant, comte de Mauron, conseiller au Parlement de Bretagne, fut mère de l'héroïque comte de Plelo, mort si admirablement devant Dantzig[2] en 1734.

Par ce dernier mariage, les la Faluère se trouvèrent alliés à la marquise de Sévigné, dont le fils, Charles de Sévigné, avait épousé, en 1684, la propre sœur du comte de Mauron, Jeanne de Brehant[3]. La lettre suivante, adressée par la marquise Charles de Sévigné à son frère, qui paraît avoir été un mari aussi désagréable qu'il fut père égoïste, nous montre sous le jour le plus favorable la présidente de la Faluère, et même sa fille, la comtesse de Mauron, malgré les soupçons jaloux de son mari.

« Je ne sais sur quoi vous fondez l'opinion que vous avez de la personne en question. Voici ce que je sais et ce que je vois : elle est très retirée dans sa famille, occupée de l'éducation de vos enfants,

---

1. Lettre du 3 juillet 1689. Voir p. 297.
2. Voir p. 295, note 1.
3. Voir p. 300, note 1.

qu'elle élève fort bien, très régulière à tous ses devoirs de chrétienne, collée à une mère pleine de vertu et de piété, aimée, estimée (je parle de la fille) de tous ceux qui la voient et la connoissent ; sa conduite est fort approuvée de tout le monde ; du reste, jamais elle ne parle de vous qu'avec amitié ; attentive à tout ce qui peut vous faire plaisir, toutes vos emplettes et vos commissions la font courir avec empressement les quatre coins et le milieu de Paris, pour que vous soyez content. Voilà ce que je dois à la vérité. J'ai même entendu un homme de mérite, et qui a bien de la piété, dire que vous aviez pris l'alarme bien légèrement, et que vous n'aviez pas raison, que rien n'étoit plus simple et plus innocent que tout ce qui vous avoit effarouché. Faites des réflexions, mon cher frère, rapprochez votre cœur de ce pays ici ; que l'éloignement des personnes ne trouble point vos desseins ; encore une fois, vous vous trompez. Je sais bien ce que je dis, non pas par les gens intéressés, mais par des gens dignes de foi, qui nous en ont parlé en secret, par amitié et par esprit de justice. Plût à Dieu que ma sincérité et mes raisons vous persuadassent ! Que vous seriez heureux et moi aussi ! Je règlerois bien votre vie, et vous en feriez une très douce et très agréable, si vous vouliez dissiper vos injustes soupçons. Revenez de vos préventions : rien ne ressemble moins à la reine Éléonore et à Pompéia que qui vous savez. Tout ceci est entre nous, je vous jure[1]. »

1. La marquise Charles de Sévigné au comte de Mauron,

A côté de cette sœur aînée, à laquelle ils ressemblent par la gravité de leur vie, nous placerons deux frères plus jeunes. L'un, Ambroise, né en 1648, deux ans, selon nos conjectures, après Michel, mourut en 1731, doyen du Parlement, où il avait été reçu, le 20 juillet 1684, conseiller à la quatrième chambre des Enquêtes, dont le président était alors son beau-frère le Févre de la Faluère[1]. Il s'était marié sur le tard, en 1702, et après une liaison secrète, qui ne l'était guère[2], avec la veuve de Poncet de la Rivière, président du grand Conseil, sœur de la présidente Molé, dont le frère, croyons-nous, Hugues Bethaut, siégeait comme lui à la quatrième chambre des Enquêtes. L'autre, François-Antoine, né en 1654, eut une carrière beaucoup plus brillante, et devint l'homme important de la famille. Conseiller au Châtelet dès 1677, il avait, en 1683, succédé à son frère aîné dans la charge de lieutenant particulier, lorsque celui-ci la quitta pour siéger au Parlement comme président de la première chambre des Requêtes. Sans s'attarder longtemps dans les fonctions judiciaires, il les avait échangées bientôt pour celles de maître des Requêtes, qui étaient alors la grande voie des intendances. Nommé, en 1694, intendant de cette belle et riche province de Bourgogne, dont les princes de Condé étaient les gouverneurs héréditaires, il

---

6 mars 1709 (*Lettre de Mme de Sévigné*, t. XII, Appendice, p. 198.) — Il y avait alors 15 ans que Catherine de la Faluère avait épousé le comte de Mauron. Elle mourut en 1713.

1. Voir p. 296, note 2.
2. Voir p. 281.

s'y acquit à ce point l'estime du fils du grand Condé, que celui-ci le vit avec un vif regret passer, en 1705, à l'intendance de Bretagne, qu'il ne quitta, en 1715, que pour entrer au conseil de la marine et devenir, en 1719, conseiller d'État. C'est dans ces fonctions qu'il mourut, en 1731, trois mois avant son frère, le doyen. Il avait épousé la fille d'un héraut des ordres du roi, Anne-Geneviève Martineau. En 1709, la marquise Charles de Sévigné, qui l'avait vue à Paris, comme son frère le comte de Mauron, en Bretagne, s'accordait avec celui-ci pour en faire l'éloge : « Vous étiez à Mauron avec madame l'Intendante, qui, par parenthèse, m'a paru aussi aimable qu'à vous[1]. »

De ce mariage naquit une fille unique, héritière fort recherchée, que sa tante paternelle, la très riche comtesse de Canillac, maria, en 1714, au neveu de son mari, le marquis du Pont du Château, en lui assurant la moitié de sa fortune. « Mademoiselle Ferrand, dit Dangeau, fille de l'intendant de Bretagne aura plus d'un million de biens, et le marquis du Pont du Château aura plus de 600,000 livres de rentes en fonds de terres et de belles terres[2]. »

Comme contraste à ces graves figures parlementaires, qu'on se représente en perruques à trois marteaux, fidèles, dans leurs habits, au drap et à

---

1. La marquise Charles de Sévigné au comte de Mauron, 6 mars 1709. *Lettres de Sévigné*, édit. Régnier, t. XII, Appendice, p. 196.

2. *Journal*, t. XV, p. 190. Voir notre Appendice, p. 285 et 310. Cette marquise du Pont du Château mourut, peu de temps après le doyen Ferrand, en 1731.

la laine, nous pouvons maintenant en esquisser d'autres, plus souriantes, plus mondaines, mêlées davantage aux choses de la cour, et même, disons-le, y faisant quelquefois parler d'elles. Nous nous imaginons que ce n'est pas avec cette parenté-là que la présidente Ferrand s'accorda le moins. Il n'y avait pas encore deux ans qu'elle avait épousé Michel Ferrand, lorsqu'un mariage fort brillant eut lieu dans la famille, celui de l'héritière de la branche aînée des Ferrand, mademoiselle de Janvry, avec le marquis de Saint-Germain-Beaupré, mestre de camp de cavalerie, fils du gouverneur de la Marche, neveu du maréchal de Foucault, et, par sa mère, Agnès de Bailleul, personne d'ailleurs peu ménagée par les chansons du temps[1], se rattachant au monde de la robe. Malgré le voisinage de sa belle-mère, et de la sœur de celle-ci, la légère et spirituelle marquise d'Uxelles, il ne paraît pas qu'elle ait cependant alimenté la chronique galante de cette époque. La jeune marquise de Saint-Germain-Beaupré semble avoir conservé, dans le plus grand monde et à la cour, les habitudes et les mœurs de la bourgeoisie. Très liée avec la duchesse de Chaulnes, fille, elle-même, du conseiller le Féron, elle nous est représentée par madame de Sévigné, s'installant auprès de celle-ci « une quenouille à son côté et le fuseau à la main[2]. » Le satirique M. de Coulanges, sourit plus d'une fois de ces façons toutes rondes, et manquant, il faut l'avouer, de délicatesse, sinon de cordialité et

---

1. Voir l'Appendice, p. 290 et 291.
2. *Ibid.*, p. 293.

de libre gaieté : comme, par exemple, à un certain dîner du mercredi, à l'hôtel de Chaulnes, dont, en 1695, il nous trace ainsi le tableau, sans doute un peu chargé : « Madame de la Salle dit cent jolies choses plus délicates et plus françoises les unes que les autres. Madame de Saint-Germain y applaudit avec son air de confiance ordinaire, et madame de la Roche en rit plus haut que jamais, les cuillers sales redoublèrent dans les plats, en même temps, pour servir l'un, et pour servir l'autre; et ayant par malheur souhaité une vive, madame de Saint-Germain m'en mit une des plus belles sur une assiette pour me l'envoyer; mais j'eus beau dire que je ne voulois pas de sauce, la propre dame, en assurant que la sauce valoit encore mieux que le poisson, l'arrosa à diverses reprises avec sa cuiller, qui sortoit toute fraîche de sa belle bouche. Madame de la Salle ne servit jamais qu'avec ses dix doigts; en un mot je ne vis jamais plus de saleté[1]. »

Mais la plus mondaine de la famille était la plus jeune sœur des trois Ferrand et de la première présidente de la Faluère, Élisabeth Ferrand. Lorsqu'Anne Bellinzani devint sa belle-sœur, elle était mariée depuis trois ans déjà (février 1673) à Pierre Girardin, seigneur de Vaudreuil, conseiller au Parlement de Paris, et bientôt pourvu de la charge de lieutenant civil, à la création du nouveau Châtelet, en 1674. Fils d'un « partisan » enrichi sous le règne de Louis XIII, frère d'un marquis de Léry, grand buveur, qui avait étonné les Allemands

---

1. Voir l'Appendice, p. 292.

eux-mêmes, du reste brave soldat, et mort lieutenant général en 1699[1], ce Girardin avait beaucoup voyagé dans sa jeunesse. Cela ne lui nuisit pas, lorsque sa charge de lieutenant civil[2] ayant été supprimée en 1684, par la réunion des deux Châtelets, il se mit sur les rangs pour l'ambassade de Constantinople, et l'obtint, au mois de juin 1685, contre ses concurrents, les marquis de Frontenac, de Breauté et de Saint-Thierry, et le baron de Breteuil, revenu de sa mission d'Italie. Gratifié d'entrée de jeu d'une somme de 45,000 livres pour son ameublement, d'une autre de 18,000, en pur don, le nouvel ambassadeur partit avec la promesse d'être fait conseiller d'État, après quelques années passées dans ce poste. Malheureusement, il se fit suivre de sa femme. Si nous en croyons, en effet, un méchant bruit recueilli par du Rocheret, dans ses annotations médisantes[3], les chagrins jaloux qu'elle lui causa furent pour beaucoup dans l'attaque d'apoplexie à laquelle il succomba le 15 janvier 1689. Mais comme son prédécesseur, Guilleragues,

1. Ce Claude-François Girardin, seigneur de Léry, dit le marquis de Girardin, s'était marié dans des circonstances étranges. (Voir l'Appendice, p. 301.) Madame Dunoyer parle ainsi de sa veuve : « Elle est venue briller ici (*Paris*) quelque temps, logée à l'*hôtel de Brissac*, dans la rue des Deux-Ecus, et se donnant de grands airs de marquise. Je ne la crois pas en grande liaison avec la famille de son défunt époux, dont il ne reste plus ici que l'abbé, qui est un des plus redoutables buveurs qui soit dans l'empire bachique (*Lettres galantes*, t. II, p. 279).

2. Nous trouvons, aux Arch. Nat., *Registres du secrétariat*, n° O¹27, f. 319, une « lettre du Roi à M. F. Girardin, lieutenant civil, pour lui dire de remettre les écrits du sieur Mezeray, qui ont été mis sous scellés à la Bibliothèque. Novembre 1683.

3. Voir p. 307.

était mort tout aussi subitement, l'on peut croire que le climat eut encore plus de part que madame Girardin dans ce funeste événement. Quoi qu'il en soit, sa veuve, qui n'était pas une veuve éplorée, et qu'accompagnait d'ailleurs son beau-frère, l'abbé Girardin, d'humeur non moins joyeuse et tout aussi bachique que le marquis, son aîné, revint en France, où madame de Sévigné la rencontra souvent à l'hôtel de Chaulnes [1]. Grâce aux 200,000 écus qu'elle avait hérité de son mari, dont elle n'avait pas eu d'enfants, elle trouva un nouvel époux de très antique noblesse, Jean de Beaufort-Montboissier, comte de Canillac, de cette même famille qui avait tant occupé les juges des Grands Jours d'Auvergne de 1665 [2]. Bien que le comte de Canillac, ancien familier compromis du duc d'Orléans, frère de Louis XIV, ne vécût guère, en fait de galanterie, que sur sa réputation, et que l'amoureuse veuve eût compté sur plus de réalité, si nous en croyons la chronique du temps [3], il ne paraît pas toutefois que ce mariage, qui eut lieu au mois de février 1697, ait été malheureux. Du moins les époux s'entendirent-ils à merveille pour léguer, à défaut d'enfants, toute leur fortune à leurs neveu et nièce, Michel de Montboissier, marquis du Pont du Château, et Marie-Françoise-Geneviève Ferrand, fille unique de l'intendant de Bretagne. La com-

1. Voir p. 299 et 308.
2. Voir Fléchier, *Mémoire sur les Grands Jours d'Auvergne*, édit. Cheruel, 1856, p. 220-226.
3. Voir p. 307-308, certains vers que nous ne pouvons citer ici.

tesse de Canillac, qui ne mourut qu'en 1739, la dernière de ses frères et sœurs, se souvenait toujours du temps où elle avait été ambassadrice, et voici de quelle façon magnifique elle reçut chez elle, en 1721, l'envoyé du Sultan : « Le 15 de ce mois, raconte Buvat, l'ambassadeur turc étant allé rendre visite à M. le marquis de Canillac, commandant la compagnie des mousquetaires noirs, madame de Canillac, qui avoit épousé en premières noces feu M. de Girardin, ambassadeur de France à la Porte ottomane, reçut cet ambassadeur à la manière des Turcs; en entrant dans la salle on lui jeta un voile de mousseline sur la tête, puis on le parfuma d'odeurs très agréables, ensuite on lui servit une superbe collation à la mode de Turquie, ce qui l'étonna beaucoup pour l'attention singulière que cette dame avoit eue à son égard, et il en fit de grands éloges[1]. »

Le mariage de la plus jeune sœur de Michel Ferrand avec Pierre Girardin, en avait amené un autre, destiné à unir par un double lien les Bellinzani aux Ferrand. Le 5 mars 1680, en effet, quand rien ne faisait encore prévoir la ruine prochaine de l'intendant général du commerce de France, Louise Bellinzani, sœur de la présidente Ferrand, et alors âgée de quinze ans, avait épousé Louis Girardin de Vauvré, frère de ce lieutenant civil au Châtelet, devenu, en 1673, le beau-frère de nos Ferrand. L'âge du mari, qui avait alors trente-huit ans, permet de croire que ce mariage fut surtout

---

1. Buvat. *Journal*, t. II, p. 246.

dicté par les avantages de fortune qui pouvaient en résulter pour Louise Bellinzani.

M. de Vauvré[1] était commissaire général de la marine depuis le mois d'août 1676. Il ne s'arrêta pas là. Nommé intendant de la marine à Toulon en juillet 1684, il acquit une grande réputation d'habileté, et lors du grand désastre de Tourville à la Hougue, en 1692, les marins pensèrent que les choses auraient tourné tout autrement si cette campagne navale eût été préparée par lui au lieu de l'être par M. de Bonrepaus, l'intendant général de la marine. Foucault, alors intendant de Caen, et témoin de la bataille, s'exprime ainsi : « Pour prévenir le mal et pour y remédier, si M. de Vauvré avoit été chargé des soins qui ont été remis à M. de Bonrepaus, on prétend que tout auroit été autrement. Tous les marins généralement disent des biens infinis de lui[2]. » M. de Vauvré prouva ce qu'il savait faire, lorsque, en 1707, Toulon fut assiégé par les armées coalisées de l'Empereur et du duc de Savoie, tandis que la flotte anglaise le bloquait par mer. Il n'hésita pas, pour sauver notre grand arsenal de la Méditerranée, à couler un certain nombre de vaisseaux à l'entrée du port, qu'il rendit ainsi inaccessible. Grâce à son énergie et à celle du maréchal de Tessé et du comte de Langeron, lieutenant des armées navales, l'ennemi dut bientôt lever le siège. Ce glorieux succès consola certainement M. de Vauvré des chansons que

---

1. Voir p. 310 et suiv.
2. *Mémoires de Foucault*, p. 292.

des habitants, plus frondeurs que patriotes, avaient composées sur lui et sur ses énergiques mesures.

> Ils ont coulé bas nos vaisseaux,
> Renvoyé nos galères,
> Et démoli les Frères ;
> Du port ils ont comblé le fond,
> La faridondaine, la faridondon.
> Les ennemis ont-ils fait pis ?
> A la façon de Barbari,
> Mon ami.

Appelé aux fonctions d'intendant général de la marine et de conseiller d'État, qui en faisaient un personnage fort considérable, il prolongea sa longue existence jusqu'en 1724. L'éclat même que donne la richesse ne lui manqua pas. Nous le voyons acheter une charge de cour, celle de maître d'hôtel ordinaire du roi, qu'il revendit 330 000 livres en 1715 ; et la taxe dont il fut frappé, comme « partisan », en 1717, indique bien qu'il n'avait pas laissé de se mêler à d'importantes affaires de finances. Revenu de son intendance de Toulon, il s'était fait bâtir, au faubourg Saint-Victor, un somptueux hôtel, mitoyen du Jardin du roi qui en semblait le prolongement et dans lequel une entrée particulière lui donnait accès. Dans cette demeure, encore embellie par elle, madame de Vauvré, que du Rocheret nous représente comme « une femme d'esprit et de science, libérale et généreuse[1], » recevait une société peu nombreuse, mais des plus spirituelles. Madame de

---

1. Voir p. 311.

Staal, qui y fut introduite par l'anatomiste Duverney, nous en a fait ainsi le tableau :

« M. Duverney étoit intime ami de madame de Vauvray, logée à côté du jardin royal, où il demeuroit; il la voyoit continuellement, et ne manqua pas de lui dire la découverte qu'il avoit faite dans son voisinage, et de lui inspirer d'en faire usage. Elle y consentit d'autant plus aisément, qu'elle avoit peu de ressource dans un quartier si éloigné. Il vint donc me prier de sa part d'aller dîner chez elle, et me dit qu'elle enverroit demain son carrosse me chercher. Je savois bien que ce n'étoit pas l'usage de se présenter de la sorte, mais je n'étois pas en situation d'y regarder de si près. Il me falloit des connoissances, et même des amis, si j'en pouvois faire; cela étoit pressé, et je n'y pouvois mettre la lenteur de toutes ces petites formalités.

Je fus donc dîner chez madame de Vauvray, et j'y fus fort bien traitée. J'y trouvai une femme d'une physionomie singulière, mais de beaucoup d'esprit; une belle maison qu'elle avoit fait bâtir, un gros domestique, bien des équipages, une table délicatement servie, d'agréables promenades, tant de son jardin que de celui des Singes, dont elle avoit des clefs, et qui communiquoit avec le sien. Tout cela me plut assez, pour être bien aise qu'elle m'invitât de venir souvent chez elle, et d'y faire même de temps en temps quelque séjour. Elle ne tarda pas, en effet, à me renvoyer chercher, et me retint plusieurs jours... Madame de Vauvray voyoit peu de monde, à cause de l'éloignement de sa maison; mais ce qu'elle voyoit étoit de très bonne compagnie. Ferrand, son neveu, qui avoit bien de l'esprit, y étoit souvent; Duverney, tant qu'il en avoit le loisir; enfin, je m'y amusois fort, et j'y réussis assez. M. de Vauvray, quoique peu complaisant pour sa femme, m'y voyoit volontiers. Cependant un jour qu'il avoit invité beaucoup de monde à dîner, entre autres les ducs de La Feuillade et de Rohan, l'abbé de Bussy, madame de Vauvray, doutant qu'il convînt de produire une personne inconnue dans cette compagnie, dit à son mari que, comme je faisois maigre, et que la table seroit servie en gras, je mangerois dans sa chambre où elle resteroit avec moi. C'étoit me sauver le dégoût autant qu'il étoit possible; je ne laissai pas de le sentir sans en faire semblant. Je l'exhortai d'aller dîner, et l'assurai que je savois manger seule; elle ne le voulut pas. Mais quand on se mit à table, on demanda où elle étoit; M. de Vauvray dit qu'elle avoit chez elle une personne, qui n'étoit pas encore accoutumée au monde, avec qui elle dîneroit. On l'envoya prier de venir avec sa compagnie. Le dîner prit un air de gaieté et un tour de conversation fort agréable. Je dis quelques mots qui réussirent si bien que toute l'attention se porta de mon côté, je ne la laissai pas échapper; et ce petit triomphe me fut d'autant plus sensible, qu'il justifioit le parti qu'on avoit pris de me produire, et me vengeoit du dessein contraire. On n'y hésita plus par la suite, et l'on s'en fit sinon un honneur, du moins un plaisir... J'ai eu l'obligation à madame de Vauvray, de m'avoir fait connoître d'un assez grand nombre de gens du monde, et de gens d'esprit. Elle me menoit dans plusieurs maisons, ce que bien d'autres n'auroient peut-être pas voulu hasarder pour quelqu'un d'aussi dénué que je l'étois de tout ce qui fait valoir dans le monde, et la manière dont elle me présentoit m'attiroit toutes sortes d'agréments et de bonne volonté de la part des personnes chez qui elle me menoit[1] »

IV

Le mariage d'Anne Bellinzani avec Michel Ferrand s'était fait, comme nous l'avons vu, sous de fâcheux auspices. « Il fallut, dit-elle, étouffer mes sentimens, et on m'obligea de signer ma mort. » A son ancienne « vivacité » succéda une « grande langueur, » et, si nous l'en croyons, dans la crainte de nourrir un amour que condamnait « la vertu qui ne l'avoit pas encore abandonnée, » elle se tint à l'écart du monde où elle aurait pu rencontrer le baron de Breteuil. Renfermée dans un cercle de famille, ceux qu'elle voit sont surtout des gens de robe. Mais ils commençaient alors à se départir de la gravité qu'ils avaient eue jusque-là dans leur extérieur et dans leurs mœurs. C'est le moment où apparaît ce que l'on appelait le petit-maître de robe, bien différent de l'ancien homme de robe, plus avare encore que ménager, plus renfrogné qu'austère.

1. *Mémoires de M*^me *de Staal*, édit. Lescure, Paris, 1877, t. I, p. 92.

Furetière qui nous a fait un portrait de l'un et de l'autre, nous représente ainsi ce dernier: « Nous avons en notre voisinage un homme de robe fort riche et fort avare, qui a une calotte qui luy vient jusqu'au menton, et quand il auroit des oreilles d'asne comme Midas, elle seroit assez grande pour les cacher. Et j'en sçais un autre dont le manteau et les éguillettes sont tellement effilés que je voudrois qu'il tombast dans l'eau, à cause du grand besoin qu'elles ont d'estre rafraichies [1]. »

Bien différent était le magistrat à la nouvelle mode : « Portant le matin la robe au Palais pour plaider ou pour écouter, le soir il portoit les grands canons, et les galonds d'or, pour aller cajoler les dames. C'estoit un de ces jeunes hommes bourgeois qui, malgré leur naissance et leur éducation, veulent passer pour des gens du bel air, et qui croyent, quand ils sont vestus à la mode et qu'ils méprisent ou raillent leur parenté, qu'ils ont acquis un grand degré d'élévation au-dessus de leurs semblables. Cettuy-ci n'estoit pas reconnoissable quand il avoit changé d'habit. Les cheveux assez courts, qu'on luy voyoit le matin au Palais, estoient couverts le soir d'une belle perruque blonde, très fréquemment visitée par un peigne qu'il avoit plus souvent à la main que dans sa poche. Son chapeau avoit pour elle un si grand respect, qu'il n'osoit presque jamais luy toucher. Son collet de manteau estoit bien poudré, sa garniture fort enflée, son linge orné de dentelle; et ce qui le paroit le plus estoit que, par bonheur,

---

1. Voir p. 188 et 192.

il avoit un porreau au bas de la joue, qui luy donnoit un honneste prétexte d'y mettre une mouche[1]. »

Madame Ferrand ne trouva donc pas là, si tant est qu'elle l'ait cherchée, la sécurité qu'elle espérait. L'ennemi était dans la place. « Pendant que je me tins renfermée, dit-elle, dans ma famille, je fus assez malheureuse pour plaire à tous ceux que je ne pouvois empêcher de me voir, et, comme si ce que je cachois d'amour dans le fond de mon cœur eût répandu un mal contagieux sur tout ce qui m'approchoit, je me vis bientôt autant d'amans que de parens proches, et il n'y eut pas jusqu'à un vieil ami de mon père qui ne se coiffât de cette belle fantaisie à soixante ans passés[2] » Il est vrai que cet ennemi n'était pas toujours très dangereux ni très entreprenant. Aussi madame Ferrand qui, toute vertueuse qu'elle se dît, ne manquait pas de coquetterie, ne se fit pas faute de jouer à la Célimène avec ses adorateurs domestiques. « Je me faisois une maligne joie d'essayer le pouvoir de mes charmes sur des objets que je ne pouvois aimer, dans l'espérance que ces mêmes appas, secondés de la plus violente passion du monde, trouveroient peut-être un jour le moyen de faire le même effet sur le cœur de Cléante[3]. »

---

1. Furetière, le *Roman bourgeois*, Jannet, 1854, p. 35 et 68. Voir encore *infra*, p. 250, note 3, et Belin, *la Société française au dix-septième siècle*, 1875, p. 58.

Malgré cette retraite, le baron de Breteuil n'était pas oublié. Dans le cœur de madame Ferrand le feu couvait sous la cendre, et cette belle passion éclata plus vive que jamais, lorsqu'en 1679 la mort de mademoiselle de Mormant, devenue, à son lit de mort, madame de Breteuil, vint lui rendre une espérance que les sentiments qu'elle nourrissait pour son mari ne combattaient certainement pas. « Le dégoût, dit-elle, que j'eus pour mon époux dès le premier moment que je le vis, s'étoit changé, en peu de jours, en une haine insupportable[1]. » Nous ne suivrons pas la présidente Ferrand dans les phases diverses de cet amour qui fait l'objet des Lettres que nous publions et du récit qui les suit. Il nous suffira de dire qu'après avoir inspiré au baron de Breteuil une passion aussi vive qu'autrefois sa froideur avait été grande, n'avoir consulté, en le recevant chez elle, ni la prudence ni les convenances, elle fut, paraît-il, la première à se détacher. L'indifférence qu'elle finit par lui témoigner amena une rupture ouverte, aggravée, si nous en croyons la troisième partie de l'*Histoire des Amours*, par une infidélité d'autant plus injurieuse pour Breteuil que l'objet en était moins relevé. Qu'y a-t-il de vrai dans ces accusations, de quel côté vinrent les premiers torts? L'ambition, d'ailleurs fort légitime, qui porta Breteuil à accepter, au commencement de 1682, les fonctions d'ambassadeur près le duc de Mantoue[2], son ab-

---

1. *Hist. des Amours*, p. 193.
2. Il remplaçait l'abbé Morel, dont parle Saint-Simon (t. XI, p. 193), et eut pour successeur Gombault.

sence prolongée pendant deux ans, certains bruits d'aventures amoureuses revenus d'Italie à la présidente, les susceptibilités d'une vanité fort développée chez l'amant, et surtout les douloureux événements de famille qui, à cette époque, troublèrent profondément l'existence de la présidente, eurent-ils la plus grande part dans ce changement? Cela semble bien résulter des *Lettres*, et être confirmé jusqu'à un certain point par les faits authentiques, et par le portrait que les contemporains font du baron de Breteuil. Quant à son ardeur de se pousser, sans la croire suffisamment attestée par la charge de lecteur du roi, qu'il acquit de M. de Mesmes, en 1677, par son ambassade de Mantoue, même par la poursuite qu'il fit, en 1684, de celle de Constantinople, et par la charge d'introducteur des ambassadeurs qu'il remplit de 1698 à 1715, elle donna lieu au noël suivant qui courut sur lui en 1696, vers l'époque de son second mariage avec mademoiselle de Froulay, mariage qui l'alliait à la famille de Guise, et plus tard à ce même duc de Mantoue, près duquel il avait été accrédité, de 1682 à 1684[1].

> L'introducteur habile
> De nos ambassadeurs,

[1]. Cette seconde femme, Gabrielle-Anne de Froulay, était en effet fille du comte de Froulay et d'Angélique de Baudéan, dont la sœur, Suzanne, mariée à Philippe de Montaut, duc de Navailles, était mère de la duchesse d'Elbeuf. La fille de cette duchesse d'Elbeuf, Suzanne-Henriette de Lorraine, née en 1686, et sœur de la princesse de Vaudemont, épousa, en 1704, le duc de Mantoue, dont elle devint veuve en 1708, et mourut le 16 décembre 1710.

De toute la famille
Vint faire les honneurs :
« Pour augmenter mon bien
Vous savez mes menées,
Seigneur, je vous réponds,
   Don, don,
D'envahir tout l'État
   La, là,
Si je vis vingt années. »

Ne manquant ni d'esprit ni de savoir, comme on le voit par ses mémoires, aimant assez les choses d'art pour figurer sur la liste des « plus célèbres curieux » de cette époque, protecteur des lettres, comme le prouvent ses rapports affectueux avec madame Deshoulières [1] et avec J.-B. Rousseau [2], il avait cependant certains travers qui gâtaient un peu ses bonnes qualités. C'est lui que ses contemporains nommaient devant ce portrait tracé par La Bruyère :

« Celse est d'un rang médiocre, mais des grands le souffrent ; il n'est pas savant, il a relation avec des savants ; il n'est pas habile, mais il a une langue qui peut servir de truchement, et des pieds qui peuvent le porter d'un lieu à un autre. C'est un homme né pour les allées et venues, pour écouter des propositions et les rapporter, pour en faire d'office, pour aller plus loin que sa commission et en être désavoué, pour réconcilier des gens qui se querellent à leur première entrevue ; pour réussir dans une affaire et en manquer mille ; pour se

---

1. *OEuvres de M*^{me} *Deshoulières*, 1802, t. II, p. 93.
2. *OEuvres de J.-B. Rousseau*, 1753, t. II, p. 69, Épître VI, *Sur la Mode*.

donner toute la gloire de la réussite, et pour détourner sur les autres la haine d'un mauvais succès. Il sait les bruits communs, les historiettes de la ville; il ne fait rien, il dit ou il écoute ce que les autres font, il est nouvelliste; il sait même le secret des familles : il entre dans de plus hauts mystères; il vous dit pourquoi celui-ci est exilé, et pourquoi on rappelle cet autre; il connoît le fond et les causes de la brouillerie des deux frères, et de la rupture des deux ministres. N'a-t-il pas prédit aux premiers les tristes suites de leur mésintelligence? N'a-t-il pas dit de ceux-ci que leur union ne seroit pas longue? N'étoit-il pas présent à de certaines paroles qui furent dites? N'entra-t-il pas dans une espèce de négociation? Le voulut-on croire? fut-il écouté? A qui parlez-vous de ces choses? Qui a eu plus de part que Celse à toutes ces intrigues de cour? Et si cela n'étoit ainsi, s'il ne l'avoit du moins ou rêvé ou imaginé, songeroit-il à vous le faire croire? auroit-il l'air important et mystérieux d'un homme revenu d'une ambassade[1]? »

De son côté Saint-Simon a écrit de lui : « Breteuil qui pour être né à Montpellier, pendant l'intendance de son père, se faisoit appeler le baron de Breteuil, étoit un homme qui ne manquoit pas d'esprit, mais qui avoit la rage de la cour, des ministres, des gens en place ou à la mode, et surtout de gagner de l'argent dans les parties en promettant sa protection. On le souffroit et on s'en moquoit. Il se

---

1. *Caractères*, édit. Servois, t. I, p. 166.

fourroit fort chez M. de Pontchartrain, où Caumartin, son ami et son parent, l'avoit introduit. Il faisoit volontiers le capable, quoique respectueux, et on se plaisoit à le tourmenter[1]. »

Quant aux malheurs privés qui étaient venus fondre sur madame Ferrand, ils ne justifient que trop bien la lettre où elle écrivait à Breteuil que ses infortunes domestiques « lui avoient donné des sentimens si tristes, qu'elles avoient dégoûté pour longtemps son cœur et son esprit de tout ce qui auroit pu lui faire plaisir. »

En effet, l'emprisonnement et la mort de son père, arrivés l'un à la fin de 1683, l'autre au commencement de 1684, peu de temps avant le retour à Paris du baron de Breteuil, avaient, en ruinant les espérances de fortune que son mari fondait sur François Bellinzani et sur sa grande situation administrative, achevé de détruire la concorde entre les époux. Michel Ferrand fut plus sensible à ce malheur qu'à une autre espèce d'infortune conjugale, et il semble bien que le désastre de François Bellinzani eut alors la plus grande part dans la mésintelligence si grave qui éclata entre lui et sa femme, et qui amena bientôt une séparation de fait. Le gendre n'ayant plus de ménagements à garder envers une famille ruinée, ne se priva pas de faire valoir tous ses griefs. Pour décider Breteuil à une séparation, madame Ferrand lui disait alors « que la mort lui ayant ravi ceux qui lui servoient d'appui dans sa famille, elle avoit trop lieu de

---

1. *Mémoires*, t. I, p. 410.

craindre de se voir désormais livrée à la fureur d'un mari qui ne cherchoit depuis longtemps qu'à la perdre [1]. »

La nouvelle position de Michel Ferrand qui, depuis 1683, était président de la première chambre des Requêtes, n'apporta aucune amélioration à cette situation d'hostilité réciproque. Deux ans s'étaient à peine écoulés depuis la mort de François Bellinzani et de son fils aîné [2], les défenseurs naturels de madame Ferrand, lorsque, le 29 mars 1686, une séparation de fait intervint entre les époux à la suite d'une transaction [3].

---

1. *Histoire des Amours*, p. 235.
2. Nous pensons en effet, qu'en parlant de la « mort de *ceux* qui lui servoient d'appui, » madame Ferrand fait allusion à ce frère dont la mort, selon le *Gallia Christiana*, fit quitter les ordres à l'abbé de Ribemont.
3. Transaction du 29 mars 1686. — « A tous ceux qui ces présentes, etc. Par devant maîtres Jean Chuppin et Charles Sainfray, notaires, etc., furent présents en leurs personnes, Messire Michel Ferrand, président, etc., d'une part; et Dame Anne de Bellinzani, son épouse, de lui autorisée à l'effet des présentes, d'autre part, *demeurant ensemblement* dans l'enclos des Filles-Saint-Thomas, paroisse Saint-Eustache, disant que l'antipathie de leur humeur et les rixes qui arrivent tous les jours, et qui peuvent augmenter dans la disposition où se trouvent leurs esprits, qui obligeroient ladite Dame de demander en Justice la séparation, et ledit Sieur de la consentir, pour éviter qu'il ne parût par des enquêtes respectives des chagrins et des contestations qui doivent demeurer dans le secret domestique, principalement entre personnes de qualité, ils ont cru ne pouvoir mieux faire que de suivre, en une occasion si fâcheuse, le conseil de leurs amis communs, et de se faire justice à eux-mêmes, en se séparant volontairement *jusqu'à ce qu'il ait plu à Dieu de réconcilier leurs esprits;* pourquoi lesdits Sieur et Dame sont demeurés d'accord de ce qui suit : C'est à savoir que ladite Dame pourra se retirer dans telle maison de Religion ou Séculière, en cette ville de Paris, ou à la cam-

Si cet acte invoque exclusivement pour motiver la séparation, « l'antipathie d'humeur » des époux et « les rixes qui arrivent tous les jours, et qui peuvent augmenter dans la disposition où se trouvent leurs esprits, » les mémoires publiés lors du procès de 1735, insistent sur d'autres raisons plus précises et plus conformes à celles que nous avons précédemment indiquées. « M. Ferrand, écrivait le grand avocat Cochin, épousa en 1676 Anne de Bellinzani. La paix a accompagné ce mariage pendant dix an-

pagne, et en tel lieu que bon lui semblera, pour y vivre séparément, *où néanmoins ledit Sieur Ferrand pourra la visiter* ; et pour la subsistance et entretien de ladite Dame et de ses domestiques, sera ledit Sieur Président tenu, promet et s'oblige de payer à ladite Dame en cette ville de Paris ou au Porteur des Présentes, la somme de 4,000 livres de pension par chacun an, qui est mille livres par quartier, à commencer du premier avril prochain, et continuer de quartier en quartier et par avance; au payement de laquelle pension viagère le Président a affecté et hypothéqué tous et chacun de ses biens meubles et immeubles, présents et à venir; et afin que ce ne soit pas à chacun des payements une nouvelle occasion de contestation, si ladite Dame étoit obligée de s'adresser audit Sieur Président son mari, a été accordé que ledit Sieur Ferrand donnera à ladite Dame une caution rességante en cette ville de Paris, suffisante et solvable ;... et parce que ladite Dame a été obligée de faire quelques dépenses pour son entretien jusqu'à présent, ledit Sieur Président, son mari, sera tenu de lui fournir la somme de 6,000 livres, une fois payée, si mieux il n'aime acquitter lesdites dettes jusqu'à une pareille somme ;... s'oblige en outre ledit Sieur Président, de se charger de l'éducation, nourriture et entretien de leurs enfants suivant leur condition, et d'en user comme un bon père de famille, reconnoissant ladite Dame que ledit Sieur Président lui a fourni des meubles et bijoux jusqu'à la somme de... suivant mémoire signé... En foi de quoi nous avons fait sceller ces Présentes, faites et passées à Paris en la maison desdits Sieur et Dame, l'an 1686, le 29 mars avant midy. Signé, Chuppin et Sainfray. (Bibl. nat. Cabinet des titres. *Dossier Ferrand*.)

nées entières. C'est dans ce temps de calme que madame Ferrand est accouchée de trois enfants et est devenue grosse du quatrième. L'orage qui fondit en 1684 sur la famille Ferrand, altéra l'union qui avoit toujours régné entre M. Ferrand et elle. Les vertus du magistrat ne purent le garantir des foiblesses de l'homme. Cette épouse chérie ne parut plus à ses yeux que comme la fille d'un proscrit; l'aigreur, les reproches injustes, le dédain, succédèrent à la tendresse, et les choses furent portées à une telle extrémité, que madame Ferrand se crut en droit de demander sa séparation. Après avoir donné à l'intégrité et aux lumières de M. Ferrand les éloges qui leur étoient dus, elle a été obligée de reconnoître que l'homme le plus pur dans les fonctions publiques n'est pas toujours exempt, dans l'intérieur de sa maison, des passions qui agitent les particuliers[1]. »

Le passage suivant de ces débats judiciaires n'est pas moins formel :

« Les vertus du magistrat ne garantirent pas M. Ferrand des foiblesses de l'homme. Comme sa fortune ne répondoit point à son rang, et qu'il la voyoit ébranlée par ce cruel revers, il ne fut pas maître de la douleur qu'il lui causa, et il le fit ressentir à madame Ferrand. Leur union fut altérée, mais non pas sans espérance que le calme pût être rétabli, et s'ils consentirent à une séparation volontaire, ce fut parce que M. Ferrand se trouvoit dans

---

1. *Mémoire pour la demoiselle Michelle Ferrand*, par Me Cochin, 1736.

l'impossibilité de tenir une maison, et d'y faire la figure que demandoient son rang et son état. Il se retira dans sa famille, où il vécut en pension jusqu'à son décès, et madame Ferrand dans un appartement qu'elle loua rue du Bac. M. Ferrand reconnoît dans la séparation que les torts venoient de lui, que madame Ferrand auroit eu droit de demander sa séparation, et qu'il n'auroit pu refuser d'y consentir[1]. »

Tandis, en effet, que le président Ferrand se retirait dans cet hôtel de la rue Serpente, où habitait encore son père, et où il vécut avec son frère, le conseiller, jusqu'à sa mort, arrivée le 30 août 1723, la présidente Ferrand, à laquelle un revenu de 4,000 livres était assuré, indépendamment d'une somme de 6,000 livres destinée à sa nouvelle installation, madame Ferrand, disons-nous, alla s'établir dans un appartement de la rue du Bac. C'est là, le 27 octobre, sept mois après la cessation de la vie commune, qu'elle accoucha d'une fille qui, le lendemain, fut présentée au baptême par deux mendiants, et inscrite sur les registres de la paroisse Saint-Sulpice sous le seul nom de Michelle, nonobstant la déclaration qu'elle était née de la présidente Ferrand[2]. Après une protestation assez faible

---

1. *Causes célèbres*, Paris, 1739, t. XIII, p. 384.
2. « Le vingt-huitième dudit mois d'octobre mil six cent quatre-vingt-six, a été baptisée Michelle, née le vingt-septième dudit mois. Le Parrain Nicolas Chery, mandiant, la marraine Nicole Grisard, Veuve, aussi mandiante, qui a déclaré ne sçavoir signer, avec le Parrain, le père absent. » — Et au-dessus est écrit de la main dudit sieur curé, ainsi qu'il l'a déclaré et reconnu : « Nous avons cru qu'on ne devoit mettre

du président, lequel ne donna pas suite à cette tentative de désaveu, rassuré qu'il était sans doute par le défaut de mention des père et mère sur l'acte de baptême, cette enfant fut confiée à madame de Bellinzani, qui la fit passer pour une fille naturelle de son fils.

Élevée sous les noms divers de Batilly, de Baillé et de Vigny, d'abord à Puiseaux, dans le Gatinais, chez les parents de la demoiselle Prevost, femme de chambre de madame Ferrand, puis successivement aux Annonciades de Melun (1690), aux Jacobins de Rodez (1693), à Nemours (1703), à Corbeil (1708); placée enfin de 1708 à 1725 à l'abbaye de Saint-Aubin, près Gournay en Brie, la pauvre Michelle rencontra, dans ce dernier séjour, la belle-sœur du notaire Carnot, qui avait rédigé la protestation du président Ferrand. Ayant acquis de lui la preuve certaine de son identité avec l'enfant née en 1686, elle fut ainsi amenée à intenter à sa mère un procès qui se termina, en 1738, par sa reconnaissance comme fille légitime, et sa réintégration dans ses nom, droits et héritage[1].

aucun nom de père et de mère à la susdite Michelle baptisée ce jourd'huy, d'autant que le père ne s'y étant pas rencontré, il n'a paru personne digne de foi pour nous justifier qui sont les vrais père et mère de ladite Michelle. Fait les jour et an que dessus. Signé C. B. de la Barmondière. » (Bibl. nat. Cabinet des titres. *Dossier Ferrand*).

1. Introduite le 11 juillet 1735 « contre les héritiers collatéraux de MM. Ferrand, le président et le doyen » (*ces héritiers étaient : la comtesse de Canillac, le marquis du Pont du Château et son épouse, et le président de la Faluère*), l'instance en réclamation d'état se termina, le 24 mars 1738, par un arrêt de la Grand'Chambre, qui reconnaissait Michelle comme fille

Par une coïncidence étrange, à la même époque où ce procès s'engageait, la fille légitime du baron de Breteuil, la marquise du Châtelet, s'occupait beaucoup « d'une fille de feu son père » dont elle avait pris le parti contre le reste de sa famille, et qu'elle dit être religieuse et âgée de cinquante ans. Comme le baron de Breteuil n'eut d'autre fille légitime que la marquise du Châtelet, et que de plus Michelle, l'enfant née en 1686, avait précisément atteint en 1736 sa cinquantième année, l'on peut supposer, non sans vraisemblance, que la protégée de l'Emilie de Voltaire était cette même enfant, dont le baron de Breteuil se serait attribué la paternité avec quelque raison, et dont après la mort de madame de Bellinzani, en 1710, et à défaut de la présidente, il aurait pris soin, au moins indirectement, jusqu'à sa mort en 1728[1].

Est-il vrai que la présidente Ferrand soit restée, comme elle le prétend, dans l'ignorance de l'existence de cette fille qu'on lui avait enlevée dès sa naissance, et que madame de Bellinzani lui aurait dit être morte[2]? C'est peu vraisemblable. Toutefois,

---

unique et légitime du président, et ordonnait la communication des inventaires dressés après décès de MM. Ferrand. Il s'ensuivit (13 sept. 1738) un second procès en réclamation d'héritage du président pour le tout, et du doyen pour un quart. Une première sentence, rendue le 2 mars, fut frappée d'appel le 7. L'arrêt définitif est de juillet 1742.

1. Voir p. 216, note 1.
2. *Interrogatoire sur faits et articles du 12 août* 1735 :

D. A elle demandé si ladite fille qu'elle dit être née en 1686, est actuellement morte ou vivante. A répondu que la dame de Bellinzani, mère d'elle répondante, a pris soin de cet enfant dès sa naissance, et qu'elle a dit qu'elle étoit morte ; qu'elle

il est très exact que de nouvelles traverses vinrent subitement enlever la présidente Ferrand à sa fa-

répondante, M. le président Ferrand et toute la famille l'ont cru. — D. A elle demandé si elle a eu connoissance personnelle que ladite enfant soit morte. A dit, qu'étant absente et éloignée par ordre du roi, elle n'a pu prendre aucune connoissance par elle-même de tout ce qui s'est passé à l'égard de ladite enfant. — D. Enquise si elle se souvient du nom qui a été donné à cet enfant lorsqu'il fut présenté au baptême, a dit ne s'en pas souvenir ; ce qui n'est pas étonnant, parce qu'elle étoit très malade, et emmenée, l'étant encore par ordre du roi, à l'abbaye de Saint-Lo, par delà Chartres.—D. Enquise s'il n'est pas vrai que l'enfant fille dont elle est accouchée en 1686 est ladite demoiselle Michelle Ferrand. A dit avoir répondu. — D. Interpellée de s'expliquer plus nettement sur notre demande, et d'y répondre par *oui* ou par *non* ; a répondu que cette question est étonnante après la lecture de l'acte, et qu'elle assure de nouveau que c'est madame de Bellinzani sa mère qui lui a fourni tout ce qui lui étoit nécessaire. — D. A elle demandé le nom de sa femme de chambre au tems de son accouchement de ladite fille. A répondu qu'elle s'appeloit Beauvais ; qu'elle ne suivit point elle répondante à l'abbaye de Saint-Lo, parce qu'elle s'alloit marier. — D. Enquise si cette femme de chambre ne s'appeloit pas Prevost. A répondu qu'une nommé Prevost lui fut envoyée à l'abbaye de Saint-Lo au commencement de janvier 1687, qu'elle ne l'avoit jamais vue auparavant. — D. Enquise si cette femme de chambre n'est pas aujourd'hui mariée au sieur Fondfroid. A dit que oui. — D. Enquise si depuis 1686 jusqu'en 1690 ou 1691, elle, répondante, et M. le président Ferrand, n'ont pas pris soin de l'enfant. A dit avoir répondu ci-dessus. — Enquise dans quel lieu elle a été nourrie, et par qui. A dit avoir répondu. — Enquise s'il n'est pas vrai que depuis 1690 jusqu'à la fin de 1692, ladite enfant a été envoyée dans le monastère des Dames Annonciades de Melun sous le nom de mademoiselle Batilly. A répondu n'avoir eu aucune connoissance des lieux où ladite dame de Bellinzani peut l'avoir mise. D'ailleurs, en 1690, on avoit déjà annoncé la mort de cette fille. — D. Enquise si, au commencement de 1693, ladite demoiselle n'a pas été transférée au couvent des Jacobins de la ville de Rodez. A dit ne pouvoir fixer une date dans le moment, mais elle déclare que la dame de Bellinzani, sa mère, engagea ladite Prevost, mariée au sieur Fondfroid,

mille, l'éloigner de Paris, et contribuer peut-être à lui faire perdre la trace de la petite Michelle.

A peine, en effet, était-elle relevée d'une couche qui mit sa vie en danger, qu'un ordre du roi, dont les suites de l'accusation dirigée contre son père paraissent avoir été la cause, l'exila à l'abbaye de Leau Notre-Dame. « Madame Ferrand, disent les mémoires judiciaires, fut enlevée par des ordres supérieurs et conduite à l'abbaye de Lo par delà Chartres, c'étoit une suite de la disgrâce de son père. Ces ordres ayant été révoqués en 1691, madame Ferrand reparut dans le monde[1]. »

Rentrée à Paris en 1691, la présidente Ferrand avait alors trente-quatre ans environ, et si l'on en juge d'après cette expression : « la Bellinzani » par laquelle on la désignait encore en 1708, il ne semble pas qu'elle ait vécu à cette époque dans la retraite où elle se renferma vers ses dernières années, et qu'atteste son décès, en 1740, au couvent du Cherche-Midi, faubourg Saint-Germain. Des trois enfants qu'elle avait eus avant sa séparation d'avec le président Ferrand, en 1686, deux filles furent perdues de bonne heure pour elle : l'aînée par son mariage, en 1698, avec Michel de Combes, lieutenant général au présidial de Riom, et par sa mort prématurée l'année suivante ; l'autre

---

de mener une fille audit couvent de Rodez, qu'elle lui déclara être la fille du sieur de Bellinzani, frère de la répondante, et la dame de Bellinzani recommanda un grand secret, disant avoir de justes raisons de la soustraire audit sieur de Bellinzani. (Bibl. Nat. Cabinet des titres. *Dossier Ferrand.*)

1. *Mémoires judiciaires.*

par son entrée en religion au couvent de Sainte-Marie de la rue du Bac. Quant à son fils Antoine Ferrand, né en 1678, et auquel elle devait survivre vingt ans, versé dans la société lettrée et galante du temps, ami des Chaulieu, des La Fare, de tous ces épicuriens que le grand prieur de Vendôme recevait au Temple, émule de J.-B. Rousseau dans l'épigramme et surtout dans la poésie légère, il dut être l'orgueil de sa mère. On peut aussi supposer que la présidente ne resta pas étrangère à la société de sa sœur, madame de Vauvré, et que l'hôtel du faubourg Saint-Victor ne la voyait pas moins souvent que son fils. Mais ce sont là des conjectures. Le seul témoignage que nous ayons recueilli sur elle, pendant cette dernière partie de sa vie, où, en 1712, avait pris place un nouveau procès avec son mari à l'occasion de la vente que celui-ci avait faite de sa charge de président, nous la montre mêlée à la conspiration de Cellamare, en 1718. Dangeau écrivait dans son journal, à la date du 29 septembre : « Avant-hier, le lieutenant de la prévôté ou des maréchaux de France alla chez la vieille présidente Ferrand et lui dit qu'il falloit qu'elle vînt parler à M. Le Blanc, et qu'il avoit là un carrosse pour l'y mener ; elle fit d'abord quelques difficultés et enfin elle obéit. Elle fut longtemps enfermée avec M. Le Blanc ; ensuite on la mena ailleurs, où on prétend qu'elle fut confrontée avec d'autres gens ; mais, toute l'affaire bien examinée, on a trouvé qu'il valoit mieux ne pas pousser les choses plus loin, et on la ramena le soir chez elle. On a fait beaucoup de différentes raisons sur cela. » Nous croyons volontiers que l'interrogatoire qu'elle subit avait pour objet cette célèbre conspiration dont le ministre de la guerre Le Blanc, nommé le 20 septembre précédent, s'occupait déjà beaucoup, et qui éclata peu après. Quoi qu'il en soit, à partir de cette époque jusqu'à sa mort, arrivée le 18 novembre 1740[1], à l'âge de quatre-vingt-deux ans, elle ne nous est plus connue que par son procès avec sa fille Michelle, dont nous avons parlé, et au cours duquel nous la voyons, en 1735, habitant rue Saint-Honoré.

V.

Si depuis vingt-cinq ans la présidente Ferrand ne faisait plus parler d'elle que dans les études de procureurs et dans les chambres du Palais, les siens avaient plus d'une fois occupé la cour et la ville. L'aimable madame de Vauvré avait été la moins bien partagée dans ce réveil de la curiosité publique.

---

1. « Le 18 novembre 1740, dame Anne Bellinzani, veuve depuis le 31 août 1723, de Michel Ferrand, président honoraire des Requêtes du palais du Parlement de Paris, avec lequel elle avoit été mariée en 1676, mourut dans le monastère du Cherche-Midi, au faubourg Saint-Germain, où elle s'étoit retirée, âgée d'environ 82 ans. Elle étoit fille de François Bellinzani, conseiller du Roy en ses conseils, intendant général du commerce de France, auparavant résident du duc de Mantoue en France, mort en 1684, et de Louise Chevreau, morte le 10 août 1710. » (*Mercure de France*, décembre 1740, p. 2752.

En 1715, son fils aîné, le chevalier de Girardin, alors âgé de trente ans, et capitaine aux gardes françaises depuis 1711, eut, avec son cousin Etienne Ferrand, capitaine au régiment du roi, un duel qui eut d'autant plus d'éclat, qu'indépendamment du caractère fâcheux que lui donnait la parenté des deux adversaires, il fit renaître cette rage des combats singuliers à laquelle la rigueur de Louis XIV avait mis un terme, mais qui allait sévir pendant toute la Régence et plus longtemps encore. Voici comment Dangeau rapporte le fait à la date du 12 novembre : « Girardin, capitaine aux gardes, fils de Vauvré, et Ferrand, capitaine au régiment du roi, se battirent le matin devant les Tuileries ; Girardin reçut un coup d'épée dans le corps, qu'on croit mortel. Il y a grande apparence que cela est regardé comme un véritable duel, et M. le duc d'Orléans a fait dire à la famille qu'il ne falloit point lui en parler, et que c'étoit l'affaire du Parlement[1]. »

Saint-Simon, qui s'est aussi occupé de ce duel, nous peint très bien l'étrange conduite du Régent, affectant la sévérité, mais au fond assez peu irrité contre cette humeur querelleuse qui n'était pas le moindre défaut de ses roués : « Ferrand, capitaine au régiment du roi, dit-il, et Girardin, capitaine au régiment des gardes, se battirent familièrement sous la terrasse des Tuileries le mardi 12 novembre. L'un étoit de ces Ferrand du Parlement, l'autre fils de Vauvray, qui étoit du conseil de la marine comme

---

1. *Journal de Dangeau*, t. XVI, p. 234.

en ayant été longtemps intendant à Toulon. Ce dernier fut blessé. C'étoient deux hommes faits tout exprès, par leur conduite et leur petit état, pour servir d'exemple à toute la sévérité des duels. Le Régent parut d'abord le vouloir ; sa facilité se laissa bientôt vaincre. Ils perdirent leurs emplois, et leurs emplois n'y perdirent rien. Ce mauvais exemple réveilla les duels, qui étoient comme éteints. L'étrange est que M. le duc d'Orléans n'en fut pas trop fâché[1]. »

Un peu plus loin, à propos du duel du duc de Richelieu et du comte de Gacé, fils du maréchal de Matignon, suivi bientôt du duel de Villette et de d'Aubeterre, Saint-Simon revient ainsi sur celui de Ferrand et de Girardin : « Ce fut le premier fruit de l'impunité effective du premier duel de la Régence, sur le quai des Tuileries, en plein jour, de la plus grande notoriété, entre deux hommes qui ne valoient pas, en quoi que ce fût, la peine d'être ménagés, et qui en produisit bien d'autres... Cette affaire (*de Villette et d'Aubeterre*) réveilla celle de Girardin et de Ferrand, qui furent obligés de s'absenter, et qui à la fin furent condamnés, effigiés, et perdirent leurs emplois. Ce fut un remède qui vint beaucoup trop tard[2]. »

Bien que blessé grièvement, Girardin n'en mourut pas, et même, malgré la sentence qui le condamnait à mort en effigie ainsi que Ferrand[3], il ne

---

1. *Saint-Simon, Mémoires*, t. VIII, p. 316.
2. *Mém. de Saint-Simon*, t. VIII, p. 341.
3. 1716, avril, 4, à Paris. — Le Parlement a condamné à mort Girardin et Ferrand pour s'être battus, et ils ont déjà été

quitta pas la carrière des armes. Nommé brigadier en 1719, il mourut chevalier de Saint-Louis en 1745. Quant à Ferrand, il alla prendre du service à l'étranger, où il fut successivement chambellan du roi de Prusse, le père de Fréderic II, et colonel dans les armées du roi de Pologne[1].

effigiés. La compagnie aux gardes qu'avoit Girardin a été donnée à Arbouville, premier lieutenant et premier aide major de ce corps. (*Journal de Dangeau*, t. XVI, p. 355.)

1. G.-Etienne Ferrand, ancien capitaine aux gardes du régiment du Roi, infanterie, chevalier de Saint-Louis, ancien chambellan du roi de Prusse, et colonel au service du roi de Pologne, est désigné dans l'acte de tutelle des enfants du comte de Plélo, du 14 mai 1737, comme cousin paternel. (Bibl. nationale, Cabinet des titres. *Dossier Ferrand*.) — Voici les autres indications que nous avons recueillies sur ces Ferrand, soldats :

1689, mai. — Ferrand veut acheter le gouvernement du Quesnoy, ou la compagnie aux gardes de M. de Montmont. (*Journal de Dangeau*, t. II, p. 395.) — 1691, 16 janvier. Ferrand, capitaine aux gardes, vend sa compagnie 77,000 liv. à d'Hanyvel. (*Journal de Dangeau*, t. III, p. 274.) — 1694, 15 juin. Liste des brigadiers nouveaux : Ferrand (*Ibid.*). — 1698, 14 décembre. Promotion d'officiers des galères : Ferrand fait capitaine-lieutenant de *la Réale*. (*Ibid.*) — 1738, 18 février. « J'appris avant-hier que le Roi avoit accordé à M. de Lesparre, fils de M. le comte de Gramont, une compagnie aux gardes ; c'est celle de M. Ferrand. Ces compagnies se vendent 80,000 livres ; mais pour que le capitaine ait permission de vendre, il faut qu'il vienne lui-même la demander au colonel. Ainsi M. Ferrand, quoique très malade, a été obligé de se faire porter chez M. le duc de Gramont. » (*Mém. du duc de Luynes*, t. II, p. 33.) — 1744, 29 août. Metz. « Mesdames Ferrand, de Lusbourg, de Custine et de Laval furent présentées ces jours passés à la Reine. » (Luynes, *Mém.*, t. VI. p. 56.) — 1744, 26 septembre, Metz. « Le Roi a donné une pension de 400 livres à madame Ferrand, femme d'esprit et de mérite, qui demeure vis-à-vis le gouvernement ; c'est la veuve d'un ancien officier de cavalerie, lequel est mort il y a environ un an, avec une pension de 600 livres. » (Luynes,

Depuis vingt ans l'oubli semblait s'être fait sur le nom de Bellinzani, lorsqu'en 1703 l'attention publique fut de nouveau attirée sur lui. Celui qui le portait alors était un frère de la présidente Ferrand, ce même François de Bellinzani, auquel la vieille madame de Bellinzani, qui pensait sans doute que la réputation de ce fils n'en souffrirait guère, avait donné la petite Michelle pour enfant naturel. Une note de du Rocheret le qualifie de « mauvais sujet, toujours éloigné[1]. » L'âge, paraît-il, ne l'avait pas rendu plus grave que n'avait fait autrefois son passage rapide dans les ordres, si nous devons reconnaître en lui cet abbé de Ribemont, qui quitta le froc en 1684. Tel est le personnage, assez peu sympathique, qui, dans sa vieillesse, fut le héros d'une aventure que Dangeau a ainsi racontée[2] : « On a arrêté, à Paris, une bâtarde du marquis de Sablé que l'on a mise aux Madelonnettes; elle étoit en carrosse avec son père, et l'on a mis à Saint-Lazare le vieux Bélizani, qui vouloit l'épouser. » Ce marquis de Sablé, dont il est ici question, n'était autre que le fils aîné du célèbre

Mém., t. VI, p. 84.) — 1755, mai. « A la députation du Parlement du 19, il y avoit entre autres conseillers un M. Ferrand qui a une croix de Saint-Louis avec sa grande robe. Il a été officier aux gardes ; il étoit à la bataille de Fontenoy, il y eut une cuisse amputée ; se trouvant hors d'état de servir le Roi dans ses armées, il voulut lui marquer son zèle d'une autre manière ; il se fit recevoir au Parlement, et il demanda pour toute grâce de pouvoir porter la croix de Saint-Louis. » (Luynes, *Mém.*, t. XIV. p. 135.)

1. Bibl. nat. Cabinet des titres, et *pièces originales*.
2. *Journal de Dangeau*, samedi, 28 juillet 1703, t. IX, p. 254.

Abel Servien, l'habile plénipotentiaire de la France au congrès de Munster, mort surintendant des finances en 1659, et dont la fille avait épousé le duc de Sully. Avec autant d'esprit que son frère, l'abbé Servien, cet épicurien de la société du Temple, que Voltaire a connu et célébré, le marquis n'avait pas des mœurs moins relâchées. Héritier des magnifiques domaines de Sablé et de Meudon, il avait fini par tout vendre, pour satisfaire à ses plaisirs.

« Sablé, dit Saint-Simon, s'étoit ruiné dans la plus vilaine crapule et la plus obscène, quoique fort bien fait et avec beaucoup d'esprit, et l'abbé Servien, son frère, qui n'en avoit pas moins, et avoit été camérier du pape, ne fut connu que par ses débauches, et le goût italien qui lui attira force disgrâces[1]. » Et ailleurs encore, parlant des deux frères, inséparables dans leurs goûts pour la débauche : « Rien de si obscur ni de si débordé que la vie de ces deux frères, tous deux d'excellente compagnie et de beaucoup d'esprit... L'abbé ne paroissoit jamais à la cour, et peu à Paris en compagnies honnêtes. Ses goûts ne l'étoient pas, quoique l'esprit fût orné et naturellement plaisant, de la fine et naturelle plaisanterie, sans jamais avoir l'air d'y prétendre. Il mourut comme il avoit vécu, d'une misérable façon, chez un danseur de l'Opéra, où il fut surpris[2]. »

---

1. *Mémoires de Saint-Simon*, t. II, p. 324.
2. *Idem*, t. VI, p. 317. A un autre endroit, il dit encore, en parlant du surintendant : « Il avoit marié sa fille au duc de Sully, frère de la duchesse du Lude, et laissé ses deux fils, Sablé et l'abbé Servien, si connus tous deux par leurs étranges

C'est de la fille naturelle de ce marquis de Sablé, que François de Bellinzani, seigneur de Sompy, et veuf de sa première femme, Edmée de Batilly[1], s'était pris de belle passion. Malgré sa retraite forcée à Saint-Lazare, où l'on mettait alors les fous et les prodigues, Bellinzani ne céda pas, et nous avons la preuve parfaitement authentique qu'il épousa

débauches, avec beaucoup d'esprit et fort aimable et orné. Sablé vendit Meudon à M. de Louvois, sur la fin Sablé à M. de Torcy, mangea tout, vécut obscur, et ne fut connu que par des aventures de débauche, et par s'être fait estropier lui, et rompre le cou à l'arrière-ban d'Anjou qu'il menoit au maréchal de Créqui. » (t. V, p. 305.) — La duchesse de Sully mourut en 1702, laissant deux fils dont l'un fut le duc de Sully, dont Voltaire fut le commensal au château de Sully-sur-Loire. Le marquis de Sablé mourut le 29 juin 1710, sans avoir été marié, et l'abbé en 1716. Quant à la fille naturelle du marquis de Sablé, elle s'appelait Marthe-Antoinette Servien. (*Dict. de la Chesnaye des Bois.*)

1. Bibl. nat. Mss. *Pièces originales*. — De ce premier mariage, naquit un fils, Pierre-François, seigneur de Sompy. Ce nom de Batilly était celui de l'abbé de Ribemont, successeur de F. Bellinzani. Nous le retrouvons encore dans l'*Armorial général* : Lorraine, « N. de Batilly, dame de Montoy : D'argent au chef de sable, chargé d'or au cœur d'argent. Paris. Pierre Batilly, bourgeois de Paris. D'azur à un chevron flanqué de deux tours d'or. » Le recueil des *Pièces originales* mentionne encore, pour la généralité de Caen (1705), un Julien Batilly, seigneur de Longvaye, paroisse de Lolif, époux de Françoise Geoffroy, dont la fille, Louise Batilly, épousa Jullien Le Chaud, sieur de Visical. — Outre ce François de Bellinzani, madame Ferrand eut-elle un autre frère? C'est ce qu'on pourrait conclure de cette note, d'ailleurs fort obscure, du Cabinet des titres : « L'une de ces deux filles a épousé N. Bellinzani, frère de la femme de son frère. » Quelles sont ces deux filles? La place de la note semblerait indiquer qu'il s'agit de deux filles de F.-Antoine Ferrand, l'intendant : Suzanne et Marie. Mais il faudrait alors que cette Suzanne fût morte avant sa mère, décédée en 1711, laissant pour *fille unique*, Marie-Françoise-Geneviève, mariée, en 1714, au marquis du Pont-

cette demoiselle Servien. De son premier mariage il avait eu une fille, mariée, en 1727, au vicomte de Melun, capitaine au régiment d'Espaux, de la même famille que le jeune prince d'Espinoy, mort si malheureusement, en 1724[1], d'un coup d'andouiller, dans une chasse à Chantilly.

du-Château. (Voir p. 284.) Signalons enfin cette autre note écrite à propos de M. de Sompy : « C'est peut-être M. de Bellinzani, conseiller au Parlement, qui refusa ses chevaux au nonce Delci, parce qu'ils étaient trop jansénistes. » L'entrée du nonce Delci eut lieu le 5 août 1732, mais à cette date aucun des membres du Parlement ne portait le nom de Bellinzani ou de Sompy.

1. « Haut et puissant seigneur Messire Barthélemy-Joachim de Melun, chev., seigneur de Brumetz et autres lieux, épousa par contrat passé les 2 décembre 1726, 12, 15, 16 et 24 janvier 1727, devant du Lion et Fromont, notaires au Châtelet de Paris, damoiselle Louise-Renée de Bellinzany, fille majeure de François de Bellinzany, écuyer, et de feue dame Edmée de Batilly, son épouse en premières noces, en présence et de l'avis d'illustrissime et révérendissime seigneur, monseigneur Louis Antoine de Noailles, cardinal-archevêque de Paris, duc de Saint-Cloud, pair de France, cousin dudit seigneur futur époux; messire Michel des Fossés, ch., seigneur dudit lieu, grand bailli de Villers-Cotterets, son allié, et de dame Marie-Madeleine Parfait des Tournelles, veuve de M. le marquis de Maupertuis, aussi alliée, et ladite demoiselle, future épouse, de son père, de Pierre-François de Bellinzany, seigneur de Sompy, son frère, de dame Anne de Bellinzany, veuve de M. le président Ferrand, sa tante paternelle, de dame Louise de Bellinzany, veuve de messire Jean-Louis Girardin de Vauvré, chevalier, conseiller d'État, ses tantes. » (Bibl. nat. Mss. Cabinet des titres. *Dossier de Melun.*) — Louise-Renée de Bellinzany, vicomtesse de Melun, mourut le 10 février 1780, âgée de 79 ans, et fut inhumée dans l'église de Saint-Crépin, de Brumetz. Elle était veuve depuis le 17 juillet 1749, comme il appert de cette note : « Barthélemy-Joachim de Melun, chevalier, vicomte de Melun, devenu chef des noms et armes de la maison de Melun par la mort du dernier prince d'Espinoy, seigneur de Brumetz, de Sompy et autres lieux, baptisé le

Par le mariage de son oncle maternel, François de Bellinzani, avec la fille naturelle du marquis de Sablé, Antoine Ferrand, le fils de notre présidente se trouvait allié à l'abbé Servien et au duc de Sully. L'on peut croire que c'est par le premier qu'il fut introduit dans la société du Temple, où il connut certainement Voltaire qui s'est souvenu souvent de lui dans ses œuvres, et où il se lia étroitement avec La Fare, avec le riche financier Sonning, qu'il visitait dans sa belle demeure de Neuilly, avec Chaulieu qui lui a adressé plusieurs lettres [1], et avec l'abbé Courtin. Fils du doyen du Grand Conseil, après Pussort, frère de la présidente de Rochefort, dont la belle-fille fut l'aimable comtesse de Rochefort, née Brancas, qui, sur la fin de sa vie, épousa le duc de Mancini-Nivernais, et de madame

---

15 octobre 1684 dans l'église de Saint-Médard de Bezu-les-Fèves (diocèse de Soissons), fils de Joachim-Henry, seigneur de Brumetz, de Sommelan, etc., et de Françoise des Lyons, fille de Nicolas, vicomte d'Espaux, successivement lieutenant de dragons au régiment de Poitiers le 5 mai 1701, capitaine dans celui d'Espaux, son cousin germain, le 30 mars 1704, mort le 17 juillet 1749, âgé de 67 ans, inhumé à Brumetz. Il avait épousé par contrat des 2 décembre 1726 et 24 janvier 1727 (*alias*, le 28 janvier 1728), Louise-Renée de Bellinzany, fille de François de Bellinzany, écuyer, et d'Edmée de Batilly, sa première femme. » (*Ibidem.*) — De ce mariage naquirent : 1º Adam-Joachim-Marie, vicomte de Melun, né le 30 octobre 1730, à Brumetz, marié à Françoise Artaud, mort le 29 novembre 1797, à Brumetz. D'où : Anne-Joachim, né en 1785, marié à Amélie de Faure, lequel fut père d'Anatole, vicomte de Melun, né en 1807. — 2º Alph.-Claude-Marie, comte de Melun. — 3º Adélaïde-Louise, morte sans alliance. Ce prince d'Épinoy, dont il est parlé plus haut, est le héros du roman de madame de Genlis, *Mademoiselle de Clermont*.

1. *Œuvres de Chaulieu*, 1757, t. 1er, p. 18 et 20.

de Varangeville, femme de l'ambassadeur de France à Venise, et mère de la belle maréchale de Villars[1], qui s'intéressa si vivement à la première représentation d'*Œdipe*, cet abbé Courtin n'était pas moins épicurien que ses confrères Chaulieu et Servien, et sa liaison avec une certaine demoiselle Potenot, de l'Opéra, l'avait fait assez maltraiter par les chansonniers :

> Avec un teint de plastre
> Potenot sait charmer,
> Un abbé plein d'emplastre
> Qui n'est bon qu'à berner[2].

Pourvu, en 1702, d'une charge de conseiller à la cour des Aides[3], Antoine Ferrand fut un magistrat ami des lettres et des plaisirs, comme le président Hénault, comme le conseiller Fieubet, comme son jeune cousin, Génonville, l'ami de Voltaire et son rival près de mademoiselle de Corsembleu de Livry, charmante fille, que l'auteur de *la Henriade*, avait connue au château de Sully, et qui devint plus tard la marquise de Gouvernet. Dès 1708, nous le voyons faire d'agréables vers pour une fête donnée à la duchesse de Bourgogne, et célébrer dans ses madrigaux la comtesse de Rupelmonde, qui inspira également Voltaire. Sachant

---

1. La sœur aînée de la maréchale, Marie-Charlotte Roque de Varangeville, fut mère de J.-René de Longueil, marquis de Maisons, président à mortier, et ami de Voltaire.

2. Bibl. nat. Mss. *Chansons satiriques*, n° 12621, f. 82.

3. Il faisait partie de la troisième Chambre. D'après l'*Almanach royal*, il habita successivement, en 1705, rue Serpente (chez son père, très certainement, à l'hôtel Ferrand), en 1710, rue Saint-Louis au Marais, et enfin rue de Thorigny.

décocher l'épigramme à ses heures, il ne laissait pas parfois d'être atteint à son tour, témoin ce couplet, où l'on fait allusion à la galante présidente Ferrand :

> Si tu veux, suivant la chimère,
> Régner sur le sacré vallon ;
> Parmi les galants de ta mère,
> Ferrand, dis-moi, quel est ton père ?
> Et tu seras mon Apollon.

Il ne paraît pas cependant s'être fait d'ennemis. Comme poète, ses contemporains appréciaient surtout dans ses vers la délicatesse du tour et de la pensée, et s'il eût vécu davantage, peut-être eût-il été un rival heureux de J.-B. Rousseau et de Chaulieu. Du Rocheret, dans ses notes, l'appelle « un aimable poète[1]. » Dangeau, enregistrant sa mort, le 18 novembre 1719, ajoute : « C'étoit un savant bel esprit, et qui avoit fait beaucoup de poésies fort agréables[2]. »

Voltaire, enfin, en fait plusieurs fois l'éloge dans ses ouvrages : tantôt à l'occasion de ses lettres charmantes, paraît-il, et malheureusement perdues : « Il y a longtemps, écrit-il à Cideville, en 1755, que je ne réponds qu'en vile prose à vos agaceries poétiques, qui ont si fort l'air des lettres de Chaulieu, de Ferrand, ou de la Faye ; » tantôt à propos de ses poésies : « On a de lui de jolis vers, dit-il dans l'article qu'il lui a consacré dans son *Siècle de Louis XIV* ; il

---

1. Biblioth. nat. Mss. Cabinet des titres. *Dossier Ferrand*, n° 6863.
2. *Journal de Dangeau*, t. XVIII, p. 158.

joutait avec Rousseau dans l'épigramme et le madrigal... Ferrand mettait plus de naturel, de grâce et de délicatesse dans ses sujets galants, et Rousseau plus de force et de recherche dans ses sujets de débauche [1]. »

Très lié avec Charlotte de Pelard de Sivry, comtesse de Fontaines, Antoine Ferrand pourrait bien

---

1. Ailleurs il dit encore : « On a mille petits ouvrages charmants de MM. d'Ussé, de Sainte-Aulaire, de Ferrand, de La Faye, de Fieubet, du président Hénault. » (*Conseils à un journaliste*, dans les *Mélanges littéraires*.) Citons encore ce passage d'une lettre en vers adressée à M. de La Faye en 1716.

> La Faye, ami de tout le monde,
> Qui savez le secret charmant
> De réjouir également
> Le philosophe, l'ignorant,
> Le galant à perruque blonde ;
> Vous qui rimez, comme Ferrand,
> Des madrigaux, des épigrammes,
> Qui chantez d'amoureuses flammes,
> Sur votre luth tendre et galant ;
> Et qui même assez hardiment
> Osâtes prendre votre place
> Auprès de Malherbe et d'Horace,
> Quand vous alliez sur le Parnasse
> Par le café de la Laurent.

Enfin dans le recueil des *Chansons satiriques* (Biblioth. nat. Mss. n° 12627, f. 226) se trouve une pièce de vers composée, à propos de l'*Ode de M. de La Motte au duc d'Aumont*, par un M. de Bercos, où on lit le passage suivant :

> Hélas ! je reconnois mon crime,
> J'ai préféré le sentiment,
> La justesse, le jugement
> A la rareté de la rime,
> Et le naturel au sublime ;
> Séduit par La Fare et Ferrand,
> Par Chaulieu, l'élève fidèle
> Du simple et gracieux Chapelle,
> Je ne les vanterai plus tant.

h

avoir été pour quelque chose, sinon pour beaucoup, dans le roman qu'elle publia, en 1726, sous le titre *la Comtesse de Savoie*, mais qui était composé depuis plusieurs années[1]. Ce qui est certain, du moins, c'est que peu de temps avant sa mort il écrivait avec elle le poème d'un opéra. On lit, en effet, dans Dangeau, à la date du 23 février 1719 :

« La comtesse de Fontaines et Ferrand ont travaillé à un petit opéra qui n'est qu'un centon des différents poètes françois qui ne sont plus en vie, le prologue et le premier acte sont déjà faits et Colin en a fait la musique. M. le prince et madame la princesse de Conty allèrent l'après-dînée chez madame de Fontaines, où on répéta ce divertissement, qui réussit à merveille ; il y avoit beaucoup de gens[2]. »

Quant au baron de Breteuil, qui occupa tant de place dans la vie de la présidente Ferrand, l'issue assez désagréable de cette histoire d'amour, ne mit pas fin, paraît-il, à ses aventures galantes. Si nous en croyons, en effet, les chansons du temps, il se serait consolé de sa rupture avec la présidente,

---

1. Le président Hénault lui attribue également une part de collaboration, ainsi qu'à La Chapelle, dans l'*Histoire d'Amenophis* (1725), autre roman de madame de Fontaines, et dans l'opéra des *Caractères de l'Amour*, de l'abbé Pellegrin.

2. *Journal de Dangeau*, t. XVII, p. 482. — Avec Antoine Ferrand, le poète, s'éteignit la seconde branche des Ferrand. Leur nom ne s'éteignit cependant pas dans la robe, où ils furent continués par M.-A.-Germanique Ferrand, conseiller au Parlement, qui fut père de ce comte Ferrand, né en 1751, mort pair de France en 1825, et qui, étant conseiller à la deuxième chambre des Enquêtes, demanda, en 1788, la convocation des États généraux.

en nouant de nouvelles amours avec la jeune femme de son oncle, le conseiller au Parlement, Claude de Breteuil. Cette liaison qui ne fait pas honneur aux scrupules du baron de Breteuil, fut d'ailleurs fort éphémère. La sœur cadette de la conseillère, Gabrielle-Anne de Froulay, supplanta bientôt celle-ci dans le cœur de l'inflammable introducteur des ambassadeurs, qui, en 1697, devint son époux. Ce mariage dut au plus haut point flatter sa vanité. Cousine germaine, par sa mère, Angélique de Beaudean, de la jeune princesse d'Elbeuf, mariée, en 1704, à Charles-Ferdinand, duc de Mantoue, la baronne de Breteuil se trouva ainsi plus tard l'alliée de ce prince.

Dans l'édition que nous donnons des Lettres de la présidente Ferrand, nous avons suivi le texte de l'édition originale de 1691 : *Histoire des amours de Cléante et de Bélise, avec le recueil de ses Lettres*, à Leyde, 1691, in-12, de 91 pages (Bibliothèque nationale, v² 467, *a*.), en le corrigeant d'après un manuscrit appartenant à M. Ravenel. Ces lettres, réimprimées depuis à Amsterdam, 1699 et 1702; à Anvers, 1720 et 1722; l'ont été en dernier lieu dans le recueil de *Lettres de tendresse et d'amour*, Paris, Léopold Collin, 1808, 4 vol. in-12. Quant à l'*Histoire des Amours de Cléante et de Bélise*, nous avons reproduit le texte de l'édition de 1689[1], revu

---

1. En tête de l'édition de 1689, se trouve la préface suivante, où l'auteur cherche, comme dans les Lettres, à donner le change sur sa personne.

« Cette petite histoire qu'on met au jour contient des

sur celui de l'édition de 1691, évidemment corrigée par l'auteur lui-même. Nous avons indiqué par les lettres A. N. toutes les anciennes notes.

matières et des maximes d'amour si importantes, qu'on a lieu d'espérer qu'elle ne sera pas inutile au public et surtout aux jeunes gens. Elle vient d'une main dont les ouvrages ont été assez bien reçus dans le monde, et le goût que l'on a eu pour les autres livres que l'auteur a donnés pendant plusieurs années, semble assez répondre du succès qu'on se peut promettre de celui-ci ; du moins on trouve le même esprit, le même zèle et le style simple, aisé, pénétrant, judicieux, plein de douceur et de force du beau langage, qui ont toujours été le caractère de l'auteur, parce que Bélise est d'une qualité relevée, jeune et remplie d'esprit ; je fais voir, dans cette histoire, que Cléante ne l'est pas moins, et tous deux méritent d'être éternisés dans la mémoire de l'empire d'Amour. Si le lecteur trouve du goût à celle-ci, je me dispose à faire voir la suite dans peu de jours. »

EUGÈNE ASSE.

Paris, 25 mars 1880.

AU LECTEUR

Les lettres que je vous présente n'ont point besoin ni d'Épître, ni de Préface, il suffit seulement de dire qu'il n'y a jamais eu de lettres plus galantes et plus agréables. La personne qui les a composées a eu assez de réputation dans le monde pour faire connoître la délicatesse de son esprit. Je dirai, en passant, qu'elles ont été recueillies avec une exactitude très grande, et je crois, lecteur, que vous ne serez pas fâché de lire ce que tant d'honnêtes gens ont trouvé charmant. Je puis vous assurer qu'elles sont très conformes aux originaux, y ayant apporté tout le soin qu'il s'y pouvoit prendre. Il n'y a rien de roman[1] que le nom. C'est

---

1. Dans l'édition originale, ces lettres étaient précédées du récit que nous publions plus loin, p. 159, et avaient pour titre : *Histoire des Amours de Cléante et de Bélise.* Le premier éditeur

tout ce que j'ai pu faire pour votre satisfaction et la mienne. Adieu.

avait cherché ainsi, plus ou moins sincèrement, à dissimuler leur authenticité, non seulement par l'emploi de noms supposés, mais encore en leur donnant le titre et l'apparence d'un roman. Cependant personne ne s'y trompa, et, sans parler des indiscrétions de société, qui y aidèrent, tout le monde reconnut, sous le nom de Bélise, simple abréviation de celui de Bellinzani ou, mieux encore, de Belisani — comme l'écrivent souvent les contemporains, — tout le monde reconnut, disons-nous, la fille de François Bellinzani, l'ancien intendant général du commerce, devenue la femme du président Ferrand. Annotant le passage des *Caractères*, où La Bruyère donne aux femmes la supériorité dans le genre épistolaire, sans cependant citer aucun nom, un contemporain écrivait : « Voyez les lettres de la religieuse portugaise et de madame Ferrand. » *La Bruyère*, édit. Servois, Hachette, 1865, t. I, p. 418.

LETTRES
DE
LA PRÉSIDENTE FERRAND
AU
BARON DE BRETEUIL

LETTRE PREMIÈRE

[1680].

Je ne croyois pas que la tendresse que j'ai pour vous pût augmenter la vivacité qu'elle m'a conservée au milieu du tumulte du monde; je m'étois persuadée que la solitude n'y pouvoit rien ajouter. Mais, hélas! que je me suis trompée, et qu'une vie solitaire dans des lieux où l'on a vu ce que l'on aime, est propre à fortifier une passion. La mienne est ici d'une ardeur que rien ne peut exprimer; chaque arbre de ce bois[1], chaque lieu où je vous

---

1. Peut-être la forêt de Saint-Germain, dont il est parlé dans la lettre XXII. « Les doux momens de Saint-Germain

ai parlé, l'augmente, et je désire de vous y revoir avec tant d'ardeur, que si vous avez autant d'amour que moi, et aussi peu de raison, vous ferez la folie d'y revenir.

ne doivent-ils pas vous assurer pour toujours sur des craintes qui pourroient convenir à d'autres maîtresses, mais jamais à la vôtre. » Dans la lettre II, l'allusion à son retour à Paris indique bien, ce semble, que cette première lettre a été écrite à la campagne, soit pendant les séjours très fréquents que la cour faisait alors à Saint-Germain — Versailles n'étant pas encore complètement achevé — ou à Fontainebleau pendant l'automne, soit dans une terre de la famille de son mari, dont le père se qualifiait seigneur de Villemillau.

LETTRE II

[1680].

Mes derniers malheurs sont si terribles¹, et il me restera désormais si peu de liberté de vous en

---

1. Allusion aux désagréments que lui avait attirés dans sa famille la découverte de ses sentiments pour M. de Breteuil. « Les visites que j'engageois Cléante à me rendre de temps en temps, m'avoient donné une sorte de vivacité qui ne fut pas longtemps sans être remarquée par les importuns que j'avois dans ma famille. Mon père surtout, plus éclairé et plus jaloux qu'un autre, en démêla la raison dès que mes manières lui eurent fait soupçonner que j'avois quelque chose en tête; et la violence dont il étoit sur tout ce qui me regardoit, l'aveugla au point que, sans songer aux conséquences de ce qu'il alloit faire, il me défendit de parler de ma vie à Cléante, et l'alla prier lui-même de vouloir bien ne plus venir chez moi. Le refus que je fis d'obéir à mon père poussa sa colère jusqu'aux dernières extrémités; il m'ôta mon équipage et me fit garder à vue dans sa maison, et ayant surpris une lettre que j'écrivois à Cléante, il la montra à mon mari, sans que la pensée des malheurs qu'il alloit préparer à sa fille pour le reste de ses jours, pût arrêter un moment sa jalousie. » (*Histoire des Amours de Cléante et de Bélise*, IIᵉ partie.) — Ailleurs elle dit encore : « J'en reçois tous les jours des lettres, et je le vois autant que la crainte où je suis, et la jalousie de ma famille, la plus soupçonneuse et la plus féconde en espions qui fut jamais, me le peuvent permettre. Le détail des aventures qui nous sont arrivées pour nous voir est infini... » (*Idem*, IIᵉ partie.)

instruire, que vous apprendrez plutôt par le bruit du monde que par moi, quelle sera ma destinée : mais assurez-vous que vous saurez par moi-même, dès que j'y verrai le moindre jour, que je vous aime plus tendrement que jamais, et que je vous conserverai mon cœur malgré l'absence et les efforts que l'on fait pour vous l'ôter. Par reconnoissance d'une tendresse si parfaite, souvenez-vous quelquefois des malheurs que vous me causez. Si ceux que je souffre présentement vous étoient connus, vous auriez horreur des peines d'une malheureuse, qui n'est infortunée, que parce qu'elle vous aime. Adieu, mon cher, si l'on mouroit de douleur, j'expirerois sans doute en prononçant ce cruel adieu. Sont-ce là les douceurs que j'espérois goûter en arrivant à Paris? Je passe toutes les nuits en larmes, dont il faut même que les traces disparoissent le jour ; rien n'égale mes tourmens, et je n'ai pas seulement la liberté de les pleurer. Que de peines fait souffrir une véritable passion! Adieu encore une fois, mon cher enfant. Un engagement de famille, dont rien ne me peut dispenser, me mènera apparemment demain[1] à l'Opéra[2] ; j'avoue à la

---

1. Ms : Me mènera apparemment à l'Opéra.
2. L'Opéra, introduit en France par l'abbé Perrin, avait été d'abord établi, en 1671, par lui et le marquis de Sourdéac, dans la salle du jeu de paume de la Bouteille, rue Mazarine. Après l'avoir un instant installé dans la salle du jeu de paume

honte de toute ma raison, que je souhaite que vous y soyez témoin de ma tristesse, et de voir dans vos

du Bel-Air, rue de Vaugirard, près le Luxembourg, Lulli, qui en avait obtenu le privilège, en 1672, l'avait transporté définitivement au Palais-Royal, dans la salle occupée auparavant par la troupe de Molière, et que le roi lui avait donnée après la mort du grand poète comique, le 17 février 1673. « Molière étant mort pendant les représentations de *Cadmus*, le roi donna à Lully la salle du Palais-Royal où, depuis le mois de juillet 1673, tous les opéras ont été représentés jusqu'à présent, et les comédiens qui jouoient dans cette salle du Palais-Royal s'accommodèrent du théâtre de l'Opéra, construit par Perrin dans la rue Mazarine, d'où ils sont venus s'établir, en 1688, dans la rue des Fossés-Saint-Germain (maintenant rue de l'Ancienne-Comédie), où ils sont encore aujourd'hui. » (*Histoire du théâtre de l'Académie royale de musique en France*; par Travenol et Durey de Noinville, Paris, 1757, in-8°, p. 29.) — Nous voyons que les opéras représentés de 1671 à 1685 furent : *Pomone*, musique de Cambert, paroles de Perrin (mars 1671); les *Peines et les Plaisirs de l'Amour*, de Cambert et Gilbert (1672); les *Fêtes de l'Amour et de Bacchus*, de Lulli et Quinault (novembre 1672); *Cadmus et Hermione*, des mêmes (février 1673); *Alceste*, des mêmes (janvier 1674); *Thésée*, des mêmes (11 janvier 1675); le *Carnaval*, mascarade, de Lulli (1675); *Atys*, de Lulli et Quinault (10 janvier 1676); *Isée*, des mêmes (5 janvier 1677); *Psyché*, de Lulli, Corneille et Molière (19 avril 1678); *Bellérophon*, de Lulli et Th. Corneille (28 janvier 1679); *Proserpine*, de Lulli et Quinault (15 novembre 1680); le *Triomphe de l'Amour*, ballet, des mêmes (10 mai 1631); *Persée*, des mêmes (17 avril 1682); *Phaéton*, des mêmes (27 avril 1683); *Amadis*, des mêmes (15 janvier 1684); *Roland*, des mêmes (8 mars 1685).

Cette lettre de Bélise étant probablement de 1680, l'opéra auquel assista Bélise fut peut-être celui de *Proserpine*, dans le prologue duquel avait chanté la demoiselle Louison Moreau. L'année suivante on donna le ballet du *Triomphe de l'Amour*, où jouèrent, à la représentation donnée à Saint-Germain, en février 1681, le dauphin et la dauphine, Mademoiselle, la princesse de Conti (fille de la duchesse de La Vallière), le duc de Vermandois et mademoiselle de Nantes, « avec ce qu'il y avoit de jeunes personnes les plus distinguées à la cour, tant

yeux toute la compassion et l'amour que je mérite.
Je crois que je n'ai pas besoin de vous dire, qu'il

hommes que femmes, » et à celle de Paris, le 6 mai, mesdemoiselles Ferdinand (Vénus), Rebel (Amphitrite), Ferdinand cadette (Diane), de Saint-Christophe (la Nuit), et les sieurs Gillegaut (Neptune), Fernon cadet (le Mystère), Morel (un Indien), Arnoux (Mercure), Gaye (Jupiter). A défaut de la distribution des rôles dans ces diverses pièces, nous indiquerons les principaux chanteurs de cette époque. C'étaient : Beaumavielle (mort en 1688), de « figure assez ordinaire, mais de visage gracieux, basse-taille des plus parfaites »; Dumeni (mort en 1715), « d'une très belle représentation, avec le jeu le plus noble et le plus juste, d'une voix de haut-contre magnifique »; Marthe le Rochois (1658-1728) « qui commença à se distinguer dans le rôle d'Aréthuse, de l'opéra de *Proserpine*, en 1680, et devint la plus grande actrice et le plus parfait modèle pour la déclamation qui fut jamais sur le théâtre »; et mesdemoiselles Moreau, Desmatins et Maupin. Pour la danse il y avait mademoiselle Fontaine, « très belle et très noble danseuse, la première qui ait dansé sur le théâtre de l'Académie royale de musique où, avant le *Triomphe de l'Amour* (1681), où elle parut pour la première fois, les rôles des femmes étoient remplis par des hommes habillés en femmes. » (*Histoire du théâtre de l'Académie royale de musique*, IIe partie, p. 52 et suiv.) — La direction de Lulli se fit remarquer par la part moins grande qu'elle accorda aux décorations et aux machines. « L'Opéra jusqu'à ce jour, écrivait La Bruyère, en 1688, n'est pas un poème, ce sont des vers; ni un spectacle, depuis que les machines ont disparu par le bon ménage d'*Amphion* (Lulli) et de sa race (Francine) : c'est un concert, ou ce sont des voix soutenues par des instruments. » Et il ajoutait : « Je ne sais pas comment l'Opéra, avec une musique si parfaite et une dépense toute royale, a pu réussir à m'ennuyer. » (*Caractères*, édit. Servois, Paris, Hachette, 1865, t. I, p. 133.) — Les représentations avaient lieu les mardis, vendredis et dimanches, et quelquefois les jeudis, lorsqu'on donnait des pièces nouvelles. « Lorsqu'une pièce commence à vieillir, dit du Pradel, le théâtre est fermé les jeudis. On paye à la porte un louis d'or pour les places des premières loges, un demi-louis pour celles des secondes, et trente sous pour celles du parterre et du second amphithéâtre. » (Du Pradel, *le Livre*

faudroit[1] agir avec moi comme avec une personne qui vous seroit inconnue.

commode des adresses de Paris pour 1692, édit. Ed. Fournier. Paris, Daffis, 1878, t. I, p. 269.) — Un contemporain nous donne ainsi, à propos du Théâtre-Français, les raisons qui avaient fait adopter, pour les représentations, ces trois jours, de préférence aux autres : « Ces jours ont été choisis avec prudence, le lundi étant le grand ordinaire pour l'Allemagne et pour l'Italie et pour toutes les provinces du royaume qui sont sur la route ; le mercredi et le samedi, jours de marché et d'affaires, où la bourgeoisie est plus occupée qu'en d'autres ; et le jeudi étant consacré en bien des lieux pour un jour de promenade, surtout aux académies et aux collèges. » (Chappuzeau, *le Théâtre-Français*, 1674, p. 92.) Chaque théâtre avait une couleur spéciale pour ses affiches ; elles étaient, jaunes pour l'Opéra, vertes pour le théâtre Guénégaud, rouges pour l'Hôtel de Bourgogne (*Idem*, p. 248). L'heure des représentations, quoique fixée à deux heures par ordonnance, était habituellement quatre heures et même quelquefois cinq heures. En 1713, le règlement de l'Opéra porte que tout le monde doit être à son poste à cinq heures, et que la pièce commencera à cinq heures un quart. (Voir Eugène Despois, *le Théâtre-Français sous Louis XIV*, Paris, Hachette, 1874, p. 146.)

1. Éd. 1699 : *Faudra*.

LETTRE III

[1680].

Puis-je mieux vous convaincre de votre crime, qu'en trouvant dans la bouche d'un autre des secrets qui ne doivent jamais être sus que de vous? Je vous le redis encore, il y a des choses répandues dans le monde que l'on ne peut savoir que par l'un de nous deux; je suis sûre de ne les avoir point dites, elles sont d'une nature à porter cette assurance avec elles, cependant elles sont sues[1], et vous m'accusez d'injustice et de simplicité, quand je crois ceux qui me parlent contre vous. Ah cruel! veux-tu encore redoubler mes supplices, et tes cruautés par les protestations d'une feinte inno-

---

1. Si la discrétion ne fut pas une des vertus de Bélise, dont l'ami de Cléante qui raconte la fin de ses amours dira « qu'elle a été si imprudente, qu'elle n'a pas eu plus de discrétion pour cacher la suite de son histoire, qu'elle en avoit eu pour taire le commencement », le baron de Breteuil n'était pas lui-même beaucoup plus discret, et nous voyons qu'en Italie il faisait très minutieusement le portrait de sa maîtresse à un comte de ses amis. (*Histoire des Amours de Cléante*, etc., IIIe partie, et la lettre XLVI, p. 100.)

cence, qui toute fausse qu'elle est, n'affoiblit que trop mes justes ressentimens? Mais ne te flatte pas de triompher seul par ton esprit de la plus tendre amante qui ait jamais été, le temps de ma foiblesse est passé, et si je suis assez malheureuse pour être exposée désormais à la honte de t'aimer encore, au moins sera-ce une honte secrète, aucune de mes actions ne la découvrira, et tu n'entendras plus parler d'une femme qui a reçu de toi un traitement si peu digne de son amour. Enfin j'ai lieu de vous croire indiscret; par là je ne doute pas que vous ne me soyez infidèle. Un repentir ne peut effacer tant de crimes, il suffit d'en avoir été coupable pour perdre mon estime, sans laquelle mon cœur ne peut agir.

Si je ne vous avois pas estimé, aurois-je pu vous aimer d'une passion si violente? Mais vous m'ôtez enfin la consolation que j'avois dans ma douleur, de penser que si le mérite d'un amant pouvoit excuser les foiblesses[1] d'une femme, les miennes devroient l'être. Hélas! je n'ai plus cette douce consolation; tout ce que j'ai fait contre mon devoir, contre ma raison, et contre la nature même, en donnent des chagrins si sensibles à ma famille, qu'ils se présentent à moi comme des bourreaux qui viennent

---

1. Toutes les éditions portent : *la foiblesse*, faute matérielle évidente que nous croyons devoir corriger.

m'assassiner. Je suis remplie de honte, de repentir et de désespoir, et si la mort a jamais été désirable, c'est sans doute dans le malheureux état où vous me réduisez.

Je ne dis plus comme autrefois, que si[1] ce que je souffre vous étoit connu, vous y seriez sensible, puisque vous l'avez été si peu[2] à tout ce que j'ai fait pour vous. Je dois perdre l'espérance de vous le rendre jamais ; c'est cette malheureuse assurance qui m'empêchera désormais de chercher à vous voir, car j'avoue, à ma honte, que s'il me restoit[3] encore quelque espoir de me faire aimer de vous, il n'y a rien que je ne fisse pour y parvenir[4], et pour vous faire sentir ensuite, par des duretés semblables aux vôtres, quelles sont les douleurs que je souffre à présent. Quel plaisir de te voir, ingrat ! vivement touché d'une femme que tu as si mortellement offensée ! Que tu le serois alors des

---

1. Éd. 1691 et suiv. : Si *tout* ce que je souffre.
2. Éd. 1691 : Vous l'avez *si peu été*.
3. Ms. : *S'il restoit*.
4. Le ton de cette lettre indique qu'elle se rapporte à cette période des amours de Bélise, l'année 1681 environ, où, quoiqu'il ne lui restât plus rien à accorder à Cléante, elle n'avait pas encore vaincu la froideur de son amant. « La reconnoissance et la pitié de mes malheurs étoient la seule chose qui faisoit agir Cléante ; l'amour n'avoit encore aucune part à ce qu'il faisoit pour moi, et j'eus le malheur d'éprouver *pendant plus d'une année* que les marques de tendresses les plus vives ne suffisoient pas pour toucher un cœur qui se prend par l'inclination naturelle. » (*Histoire des Amours*, etc., IIe partie.)

peines que je souffre aujourd'hui; elles te paroîtroient ce qu'elles sont effectivement, c'est-à-dire insupportables; je ne les puis plus souffrir, j'en mourrai, ou j'en perdrai le peu de raison qui me reste. Le moyen d'en conserver dans des malheurs si terribles! J'ai perdu les bonnes grâces de ma famille, et me suis fait un enfer de mon domestique, pour un amant qui ne mérite que ma haine. Mais Dieu! c'est là le comble de ma misère, je ne puis le haïr, je le méprise, je l'abhorre, mais je sens que je ne le hais pas. N'espère pourtant rien, ingrat, de ce reste de foiblesse; j'avalerois ce poison que tu me demandes, et que tu sais bien que tu ne recevras jamais de ma main, si je me croyois capable de la bassesse de faire à l'avenir aucun pas vers toi. J'avois résolu de te paroître modérée et froide, et j'y étois, ce me semble, parvenue dans la lettre que je t'ai écrite cette nuit; mais celle que je viens de recevoir de toi, me tire de cet état apparent d'indifférence; je ne puis considérer sans fureur le plaisir que tu te fais de te jouer de moi. Qu'en veux-tu faire, puisque tu ne m'aimes point? Je sais qu'il est des choses d'usage, même sans amour, avec d'autres femmes, mais pour moi qui ne te verrois pas, quand tu serois aussi fidèle que perfide, et que je serois aussi contente de toi que je m'en plains, que peux-tu gagner par tes manèges? Cherches-tu le plaisir de me tromper? Je t'assure que tu ne l'auras de ta vie. Je vois clair enfin, je connois par une malheureuse expérience que la vanité seule fait agir la plupart des hommes; il les faut haïr et mépriser tous, si l'on veut conserver quelque tranquillité. Si la haine que j'aurai désormais pour tous les autres m'en pouvoit acquérir pour toi, que je serois assurée d'être bientôt heureuse! Adieu, monsieur; une pareille lettre écrite tout d'un trait avec des sentimens si pénibles, et un bras nouvellement saigné, n'est pas une petite affaire. Vous avez apparemment appris par celui qui vous a rendu ma lettre, quelle est ma maladie, mais apprenez par moi que je n'oublierai rien pour la rendre considérable et capable de finir une vie que je trouve trop longue, quoiqu'à peine commencée. J'ai trop vécu, puisque j'ai pu vous dire que je vous aime, et que je n'ai pu me faire aimer de vous.

LETTRE IV

[1680].

N'avez-vous point de meilleur conseil à me donner pour prévenir les nouveaux malheurs que la jalousie me prépare, que celui de vous abandonner? Ah! j'y périrai! si je n'en puis sortir que par cette voie, les nouveaux tourmens où je vais être exposée feront sur moi le même effet qu'ont déjà fait ceux que j'ai soufferts; je vous en aimerai avec plus d'ardeur. Un cœur véritablement touché ne cède point aux difficultés, et un amant qui ne cesse point d'être aimable, doit toujours être aimé. Soyez donc persuadé, mon cher enfant, que rien ne détruira l'amour que j'ai pour vous, puisque vous êtes sûr de mon cœur.

Pourquoi vous abandonner au désespoir? Et pourquoi renoncer aux douceurs de l'espérance? La jalousie avec toute sa vigilance, a-t-elle pu parvenir jusqu'à présent à m'ôter les moyens de vous voir? Il y a deux ans que l'on y travaille[1], et il n'y a que deux jours que nous nous jurions une fidélité éternelle. Ah! mon cher amant, il ne faut que s'aimer toute la vie pour être assuré d'être toujours heureux! Nos plaisirs mêmes ne sont pas éloignés; j'ai une fermeté qui me fera passer sur toutes les difficultés, et une tendresse qui ne cédera plus à d'inutiles bienséances. Il me semble que vous devez être touché de me voir tant de courage dans le fort du péril même; que sera-ce quand il sera passé? Gardez-vous bien de vous affliger, vous n'êtes pas en état de le faire sans danger. Pensez à votre santé, mon cher enfant, et n'ayez d'autre soin que de la rétablir; votre maladie est pour moi le plus pressant des malheurs, guérissez-vous, et laissez faire le reste à l'Amour, qui n'abandonne pas des amans si dignes de ses faveurs.

1. Allusion à la défense que lui fit son père de voir le baron de Breteuil, dès qu'il s'aperçut, par une « vivacité » toute nouvelle dans sa personne, de ses sentiments pour celui-ci. « Mon père, dit-elle, plus éclairé et *plus jaloux* qu'un autre, en démêla la raison dès que mes manières lui eurent fait soupçonner que j'avois quelque chose en tête. » (Voir plus loin, *Histoire des Amours*, etc., IIe partie.)

LETTRE V

[1680].

Vous êtes trop malade pour m'écrire de longues lettres, mais vous ne l'êtes pas assez pour manquer à m'écrire quatre lignes tous les jours. Votre maladie vous a-t-elle ôté et les désirs et les craintes? N'en devez-vous point avoir de perdre mon cœur? Je lui remarque depuis peu des foiblesses qui m'épouvantent; votre présence est nécessaire pour le remettre à son devoir, et si vous êtes encore malade longtemps, je ne vous réponds de rien. Il y a longtemps que je suis blessée du peu de disposition que vous avez à devenir jaloux : je suis lasse de ne vous pas paroître digne des soins et des sentimens qui peuvent rendre une maîtresse fidèle ; je ne veux pas que la jalousie d'un amant vienne d'une mauvaise opinion qu'il ait de sa maîtresse, mais de la violence de sa passion, et si vous demeurez davantage dans une profonde certitude de ma fidélité, je vous ferai bien voir qu'un cœur qui manque d'ardeur et de délicatesse[1], n'est pas digne du mien, et qu'il faut le regarder comme un bien précieux que l'on doit toujours craindre de perdre. Enfin soyez jaloux, si vous voulez me faire croire que vous m'aimez, et si vous voulez que je ne cesse pas de vous aimer ; car je trouve votre tranquillité si injurieuse[2], que l'excès de la jalousie la plus terrible ne me paroît pas un mal si dangereux.

Je n'ai jamais été qu'à vous, et j'y veux être toute ma vie : mais soutenez ma constance, faites qu'elle soit un effet de ma passion, et non pas de ma vanité ; venez, par votre vue, fortifier des sentimens qui s'affoiblissent ; vous me trouverez avec des empressemens et des ardeurs qui vous persuaderont mieux ma fidélité que tout ce que je pourrois vous écrire. Guérissez donc promptement

---

1. Une certaine jalousie faisait alors partie de la délicatesse en amour et en prenait le nom. La Bruyère a dit : « Le tempérament a beaucoup de part à la jalousie, et elle ne suppose pas toujours une grande passion. C'est cependant un paradoxe qu'un violent amour sans délicatesse. » (*Caractères*, chapitre, *Du cœur*, édit. Servois. Paris, Hachette, 1865, t. I, p. 203.)

2. Bélise pourrait justifier La Rochefoucauld d'avoir dit : « Il y a dans la jalousie plus d'amour-propre que d'amour. » Et encore : « Ce qui rend les douleurs de la honte et de la jalousie si aiguës, c'est que la vanité ne peut servir à les supporter. » Il est vrai qu'ailleurs il se corrige ainsi : « La jalousie est, en quelque manière, juste et raisonnable, parce qu'elle ne tend qu'à conserver un bien qui nous appartient ou que nous croyons nous appartenir, au lieu que l'envie est une fureur qui ne peut souffrir le bien des autres. » (*Maximes*, nos. 324, 446 et 28, édit. Gilbert. Paris, Hachette, 1868.)

pour venir goûter les douceurs que vous promet l'amour, n'ayez d'autres soins que celui d'avancer votre bonheur en avançant le retour de votre santé; conservez-en et ma vie et la vôtre; elles sont jointes inséparablement. Enfin, je reconnoîtrai votre amour, aux soins que vous prendrez de guérir. N'est-il pas juste que vous travailliez à diminuer le malheur que vous me causez, et que vous veniez m'aider à supporter ceux qui ne dépendent point de vous.

LETTRE VI

[1680].

Oui, je crois que vous m'aimez, vos discours et vos yeux m'en ont donné des assurances trop tendres pour me laisser aucun lieu d'en douter; mais puisque je rends justice à votre cœur, rendez-la au mien, et soyez fortement persuadé que je n'ai jamais aimé M. [Ferrand]. Le goût que j'ai pour vous, n'est-il pas une suffisante preuve que je ne puis en avoir eu pour lui[1]; faites réflexion à votre bizarre jalousie, mon cher amant, et vous serez assurément honteux de l'avoir conçue, elle

---

1. Son mariage, en 1676, avec M. Ferrand, alors lieutenant particulier au Châtelet, plus âgé qu'elle de huit ou dix ans, avait été surtout un mariage d'argent et de convenance, sur lequel elle n'avait pas même été consultée. « Mon père, dit-elle, m'engagea sans m'en parler ; il m'apprit qu'il ne falloit plus pour consommer cette terrible affaire qu'un consentement qu'il ne croyoit pas qu'il me dût demander. » Elle refusa d'abord, « mais, ajoute-t-elle, mon père et ma mère voulurent être obéis : ils employèrent, après tant d'inutiles tendresses, les menaces et l'autorité, et l'on m'obligea à signer ma mort. » (*Histoire des Amours de Cléante et de Bélise*, Ire partie.)

me fait une mortelle injure, et je m'en plaindrois fort sérieusement, si je ne vous trouvois assez puni par la pensée d'être le maître d'un cœur qui auroit pu être si méprisable.

Je suis bien obligée à la pitié de mon amie : mais je ne sais si une personne qui est sûre de votre cœur doit en inspirer, quelque malheureuse qu'elle soit. D'ailleurs, pour moi je me trouve digne d'envie : vous êtes aimable et vous m'aimez ; en faut-il davantage pour paroître heureuse et pour l'être en effet ? Il n'y a de sensible et de vrai bonheur au monde que dans l'union de deux cœurs dignes l'un de l'autre, et tout ce qui ne la détruit pas, ne peut être un malheur considérable. Je crois même être redevable aux persécutions que l'on me fait souffrir depuis longtemps de la vivacité de vos sentimens[1] ; vous m'aimiez moins quand il vous étoit permis de me le dire, l'amour qui a voulu me venger et punir votre orgueil, vous a

1. Ces persécutions avaient été la première cause des sentiments de Cléante pour Bélise : « Il fut touché des maux dont il ne put douter qu'il ne fût la cause, il commença pour les soulager à m'écrire des lettres plus tendres ; et enfin, vaincu par mes empressemens et par la suite des malheurs que la jalousie rendoit tous les jours plus terribles, il consentit à me voir en secret... La reconnoissance et la pitié de mes malheurs étoient la seule chose qui faisoit agir Cléante. » (*Histoire des Amours*, etc., IIe partie.) Cette phase de l'amour par reconnaissance était depuis longtemps dépassée, quand Bélise écrivait cette lettre ; alors les persécutions ne faisaient plus naître l'amour, elles lui donnaient « plus de vivacité ».

rendu plus sensible à mesure que je suis devenue plus captive. La connoissance que j'ai de cet effet de mes souffrances me les a rendues si chères, que je regarde sans envie les commerces pleins de liberté; je suis presque persuadée que vous cesseriez de m'aimer si je cessois d'être malheureuse. Gardez-vous bien de m'ôter cette opinion dans l'état où je suis, elle adoucit de beaucoup les maux que je souffre, et n'altère point l'amour que j'ai pour vous.

LETTRE VII

[1680].

Je viens de passer la plus heureuse nuit que j'aie passée depuis que je n'en passe plus avec vous : je vous ai vu, mon cher amant, je vous ai parlé avec une entière liberté et dans des lieux charmans ; la vérité ne fait pas une plus forte impression qu'en a fait cette agréable illusion.

Pourquoi la réflexion m'en désabuse-t-elle ? Que j'aurois été heureuse, si je ne m'étois point éveillée ! j'aurois toujours cru vous voir, et vous dire tout ce que je sens pour vous : il me semble même que je vous parlois avec plus d'ardeur et de tendresse que je n'ai jamais fait, que la crainte n'avoit point de place dans nos cœurs, et que nous n'avions que les émotions et les transports que donne un amour parfaitement heureux. Mais ces plaisirs ne seront jamais pour nous qu'un songe, et je suis trop observée pour espérer d'en connoître jamais la vérité.

LETTRE VIII

[1680].

Le moyen de garder sa colère avec vous. J'avois raison de ne vouloir plus vous voir, c'étoit assurément le moyen de garder ma fierté. Dieu ! que je me trouve foible. Est-il possible que j'aie si facilement cédé, moi, que deux mois d'absence et de résolution sembloient avoir rendue invincible? Mais vous êtes un homme terrible à qui rien ne peut résister : il faut l'avouer, je ne vous ai pas plutôt vu, que j'ai souhaité d'être vaincue, et mes réflexions n'ont fait que me persuader que vous êtes digne de votre victoire. Aimez-la, je vous en conjure; que je vous sois à l'avenir plus chère que je ne vous l'ai encore été. Aimez-moi, s'il est possible, autant que je vous aime.

LETTRE IX

[1680].

Tu m'accusois, ingrat! et tu me réduis à me justifier : tu as mille torts à mon égard. Ah! que tu connois bien mon cœur, tu sais qu'il ne peut rien souffrir qui blesse sa délicatesse, et que c'est un moyen sûr de le faire parler que de l'accuser d'infidélité. La manière dont je suis touchée de tes injustes reproches me fait sentir mille maux, et je vais te faire connoître que je t'ai trop aimé pour cesser de t'aimer de ma vie. Après une dissimulation de plusieurs jours, et des efforts qui m'avoient persuadée que mon amour étoit affoibli, je viens t'avouer que je t'aime encore avec une violence qui ne peut être comparée qu'à ton injustice ; et la honte d'avouer ce que je croyois te cacher le reste de mes jours, cède sans résistance à la douleur de me voir accusée par un homme que j'ai aimé huit ans entiers[1] sans en être aimée, et sans espérance de l'être.

Non seulement je n'ai jamais aimé que toi, mais je n'ai jamais eu une pensée ni une complaisance qui ait pu te déplaire : j'en jure par la peine que j'ai à cesser de t'aimer malgré les justes sujets que tu m'en donnes. Je suis prête à t'en donner toutes les marques que tu voudras ; garde mes lettres, et surtout celle-ci, et rends-les publiques, si tu trouves, quand tu daigneras t'éclaircir de ma conduite, que j'aie jamais aimé un autre que toi ; oui, je consens si tu me trouves infidèle, d'être déshonorée par un horrible éclat! Mais après que je t'aurai fait voir mon innocence, n'attends plus de moi que des marques de mépris et de haine : je ne veux point te persuader sans fondement que tu es un perfide, les preuves que j'en ai ne sont que trop sûres. Cependant, quoique ma raison soit convaincue, je sens que mon cœur ne l'est pas encore et que sa foiblesse cherche à te donner des moyens de te justifier.

---

1. Dans l'*Histoire des Amours de Bélise*, Cléante parlant de Bélise dit de son côté qu'elle « lui faisoit croire qu'elle l'avoit aimé dix ans sans espérance d'être aimée. » (IIIe partie). Dans la lettre LXVI, p. 141, Bélise, faisant, en 1682, allusion à son amour pour Cléante, lui donne une durée de douze ans. On doit en conclure d'une part que ce fut en 1669 ou 1670 que Bélise commença à aimer Cléante, et d'autre part que la lettre IX doit être datée de 1680 ou environ.

J'accorde à l'empressement que j'ai de vous paroître innocente, la conversation que je refuse depuis tant de jours à vos prières ; je vous verrai, s'il m'est possible, dès ce soir ; je vais mettre tout en usage pour aller au bal à l'Hôtel de***. Ne manquez pas de vous y rendre, il me convient si peu d'y aller, dans l'état où est mon cœur, que je serois inconsolable si je n'avois pas le plaisir de vous y confondre. Vous savez de quelle conséquence il est de vous déguiser si bien, que personne ne puisse vous reconnoître ; je ne veux point vous dire de quelle manière je serai masquée, pour vous laisser le mérite de me démêler dans la foule ; mais comme votre cœur est un mauvais guide pour vous conduire vers moi, prenez garde de vous méprendre.

LETTRE X

[1680].

Vous me faites paroître la plus injurieuse jalousie que l'on puisse témoigner à une femme délicate, vous m'accusez de manquer à tous les sermens que je vous ai faits, et d'accorder à mon mari ce qui doit être consacré à l'amour. Si je l'aime, pourquoi entretiens-je un commerce avec vous, qui trouble tout le repos de mon mari? Je suis si outrée de vos indignes soupçons, que je ne veux pas me donner la peine de vous faire voir combien ils sont injustes; je veux que vous doutiez encore quelques heures de ma fidélité, pour vous punir de ne la pas connoître aussi exacte qu'elle est.

Adieu. Mes dernières lettres que vous dites que vous avez lues avec tant d'attention, vous ont pu faire voir que les inquiétudes que j'ai eues pour votre vie ont été sans mélange, et que je n'ai pensé dans ces terribles momens à rien moins qu'à la sûreté de mes lettres. Mais dois-je encore craindre quelque chose pour votre santé? Grands dieux! tremblerai-je toujours pour une vie qui m'est mille fois plus chère que la mienne? Si vous vous portiez bien, je vous verrois un quart d'heure aujourd'hui chez la bonne femme[1], où je vous assurerois que je vous aime plus que je ne vous ai jamais aimé, malgré les cruels soupçons que vous me faites paroître; je les donne aux chagrins de votre maladie; je vois bien que vous ne connoissez pas tout ce que je suis capable de faire pour ce que j'aime.

1. Ce détail, qui ne messeyerait pas à un roman réaliste de notre temps, est complété par le passage suivant : « Après avoir épuisé toutes les inventions qu'ont ordinairement des amans pour se voir dans les promenades, dans des carrosses et dans des appartemens loués exprès pour ces sortes de commerces, après s'être vus dans les maisons de campagne où la famille de Bélise l'emmenoit assez souvent, ils trouvèrent qu'il étoit moins dangereux de se voir chez Bélise même. » (*Histoire des Amours de Cléante et de Bélise*, IIIe partie.)

LETTRE XI

[1680].

On vient de m'apporter une lettre de vous qui détruit entièrement mes résolutions, et qui me met en état plus que jamais d'être le jouet de l'amour et de vos injustices. Vous avez un si puissant ascendant sur mon cœur, que ma raison s'oppose toujours en vain à ses mouvemens; je ne puis tenir contre vos soumissions feintes ou véritables, et j'ai beau connoître de quelle conséquence il est de soutenir sa fierté, que je n'en puis conserver pour vous. Bon Dieu! que vous me faites de plaisir de m'ôter ma colère, je n'en savois plus que faire! Je ne suis point née pour vous gronder, je ne sais comment m'y prendre dans le moment que j'ai plus de sujet de le faire. Il n'y a que vous d'amant au monde qui puisse s'offenser de la jalousie de sa maîtresse : mais ne parlons plus de rien, on doit faire de bonne grâce ce que l'on a promis de faire; je vous pardonne de bon cœur, et comme le pardon que je vous accorde remet les choses dans une égalité de tendresse entre nous, je vous prie, mon cher amant, de me pardonner aussi les chagrins que je vous ai causés.

Je ne saurois vous en avoir donné d'aussi sensibles que ceux que me donne votre maladie; l'opinion qu'il me semble que vous avez que c'est moi qui vous la cause, me met au désespoir. Vous n'avez déjà pas trop de tendresse pour moi; vous n'en aurez bientôt plus aucune, si vous continuez de me regarder comme une femme qui vous accable de maux, et qui augmente par la bizarrerie de ses sentimens les malheurs que vous cause la fortune.

LETTRE XII

[1680].

Tirez-vous au bâton[1] avec une pauvre femme qui n'a pas la liberté de suivre ses volontés? Parce que vous avez été un jour sans recevoir de mes nouvelles, vous m'en laissez deux sans m'en donner des vôtres, quoique vous n'ignoriez pas que c'est la seule chose, dans l'état où je suis, qui puisse adoucir mes douleurs. Je ne sais si je ne me flatte point, mais il me semble que j'entrevois des remèdes, et une fin à tout ce que je souffre.

Je puis espérer de vous donner encore une fois en ma vie des marques de ma tendresse; mais aurez-vous bien la patience d'attendre un temps qui n'est pas trop proche, quand j'aurai vaincu tous les obstacles qui m'environnent? N'échapperez-

---

1. Tirer au bâton, au court bâton avec quelqu'un, c'est-à-dire « contester avec lui sans vouloir se relâcher sur rien. Il ne faut pas tirer au court bâton avec ses amis. » (Littré, *Dictionnaire de la langue française.*)

vous point à ma victoire, et retrouverai-je encore votre cœur tendre et fidèle? Hélas! il n'étoit ni l'un ni l'autre dans le plus fort de nos plaisirs. M'aimerez-vous invisible et malheureuse, si vous ne m'avez pas aimée quand vous avez reçu des témoignages d'une passion si particulière, que vous pouvez vous vanter d'être l'homme du monde le plus tendrement aimé?

LETTRE XIII

[1680].

Il est nécessaire que les mêmes choses qui conviennent à l'indifférence, puissent aussi être attribuées à un excès d'amour, pour que ce qui se passa avant-hier entre nous ne m'ait pas fait mourir de honte et de dépit. C'est vainement que je m'efforce de me flatter, je ne puis me défendre de certains soupçons qui troublent entièrement mon repos; l'amour que vous dites avoir pour moi devoit-il paroître sous une forme si languissante? Ah, Monsieur! vos vivacités sont dans votre tête, et non dans votre cœur : vous avez trop d'esprit, quand il n'est plus temps d'en faire paroître, et vous n'aimez pas enfin comme on aime quand l'amour est violent. Cependant je vous aime, sans que les difficultés de votre passion puissent affoiblir la mienne.

LETTRE XIV

[1680].

C'est en vain que nous nous flattons d'avoir un jour la liberté de nous voir, la vigilance de ma famille est infatigable : je tremble à chaque pas que l'amour me fait faire, sans que la raison et la crainte puissent m'empêcher de faire tous les jours de nouveaux projets pour vous voir. Mais cette crainte, hélas! n'est pas toujours le plus grand de mes maux, j'en crains un que j'ai éloigné autant qu'il m'a été possible, et dont la seule idée me fait frémir. Mon mari renouvelle ses persécutions, à peine en suis-je hier échappée[1]. Il n'y a point d'effort que je ne veuille faire pour me conserver toute à vous; mais enfin, il n'y a plus de bonnes

1. Dans la lettre LIX, revenant sur ce sujet délicat, ou plutôt peu délicat, elle écrira à Cléante, absent en Italie : « Il me traite à présent d'une manière tout opposée à celle que vous lui avez connue : il est presque devenu galant avec moi, mais s'il est assez malheureux pour pousser ses prétentions plus loin, ma vengeance est certaine; je vous jure une fidélité à l'épreuve de tout. »

raisons pour autoriser un si long refus, et je serai bientôt contrainte ou à céder, grands dieux! ou à pousser les choses dans une dernière extrémité. Je suis prête à m'exposer à tout, plutôt que de vous déplaire : examinez ce que vous devez exiger de moi dans ce péril, et soyez sûr que, quand même ce seroit des choses injustes, je m'y soumettrai aveuglément.

Je ne reconnois pour guide que la volonté de ce que j'aime, et je crois que c'est seulement dans un amour de ce caractère, que l'on peut trouver des excuses aux foiblesses dont j'ai été capable : il y a longtemps que je me crois justifiée de l'attachement que j'ai pour vous par l'impossibilité de m'en détacher, et que je ne me reproche plus une passion involontaire. Peut-être que si vous m'aimez véritablement, vous me conseillerez ce que la raison devroit m'inspirer; peut-être aussi qu'une semblable marque d'amour ne me plairoit pas. Enfin, je suis incertaine dans toutes mes pensées et mes projets, je n'en sais qu'un sûr, qui est de vous aimer toute ma vie. Adieu, je forme tous les jours mille desseins pour vous voir; mais la réflexion me fait aussitôt connoître qu'ils sont tous impossibles à exécuter.

LETTRE XV

[1680].

Vous voyez bien, par tout ce que je viens de vous dire, que la jalousie et la fureur de ma famille sont venues à un point, qu'il faudra désormais que j'agisse avec vous comme avec l'homme du monde que je haïrois le plus, que je ne songe jamais à vous voir, et que, dans l'inutilité de conserver toujours une passion qui ne peut plus être heureuse, je combatte la mienne, et fasse mille efforts pour vous oublier sans y pouvoir réussir. Jugez vous-même si cette situation n'est pas douloureuse, et s'il y a personne au monde plus à plaindre que moi ! Je n'aurai jamais de liberté que lorsque l'on croira que je ne vous aime plus, et l'on ne perdra jamais l'opinion que je vous aime, parce que je ne cesserai jamais de vous aimer. C'est en vain que l'on se fie sur de l'esprit et beaucoup de finesse, la vérité a un caractère qui n'échappe pas à des yeux fins, et j'ai affaire à des gens qui démêleront toujours mes sentimens, quelque soin que je prenne de les leur cacher.

Enfin, mon cher amant, je ne prévois que des malheurs, et la réflexion me désespère; aussi suis-je dans un état à faire pitié. J'ai eû, dans les autres tourmens que j'ai soufferts, de la constance et de la fermeté, mais je n'ai plus ni l'une ni l'autre, et le dernier coup m'a accablée; je suis pénétrée d'une douleur si vive, que je suis comme hébétée. Enfin je vous toucherois de compassion, quand même vous ne m'aimeriez pas.

LETTRE XVI

[1680].

On continue à me vouloir convaincre de vous avoir hier vu dans le jardin de*** [1]. J'ai répondu jusqu'à présent avec froideur pour gagner du temps, et recevoir de vos nouvelles; mais j'ai reçu trop tard les avis que vous me donnez, et il règne un malheur sur tout ce qui regarde notre amour qui m'épouvante. Il semble que le ciel et la terre soient conjurés pour nous empêcher de nous aimer; mais si vous êtes dans des sentimens semblables aux miens, les dieux et les hommes ne viendront jamais à bout de désunir deux cœurs si dignes l'un de l'autre : j'en ai trop fait, et nos ennemis en font trop pour céder. Je résisterai avec fermeté à une puissance qui ne s'étend pas jusqu'aux volontés, et vous me trouverez toujours telle que vous me vîtes avant-hier.

1. Des Tuileries.

Mais ne nous reverrons-nous jamais, mon cher amant? Y a-t-il lieu de l'espérer après ce dernier malheur? Le peu de certitude que les jaloux avoient de notre commerce, étoit un frein à leurs duretés, mais présentement qu'ils n'en peuvent douter, leur fureur agira dans toute leur étendue, et je vais être la plus malheureuse personne du monde. Vous savez si mon amour redoute les tourmens, et s'il est timide ; je n'en ai point souffert où je n'aie trouvé une secrète douceur, dans la pensée qu'ils pouvoient servir à vous convaincre de la violence de ma passion.

LETTRE XVII

[1680].

Quelque chose que je fasse, je suis une femme perdue. Juste ciel! se peut-il que je sois réduite à de si terribles humiliations? J'en mourrai, et je ne résisterai jamais à ce dernier coup! Le moyen de conserver la constance quand on a perdu tout espoir! Je vois la nécessité de rompre tout commerce avec vous, et je la vois absolue sans pouvoir m'y soumettre; je vous aime plus que je ne vous ai jamais aimé; cependant il faut vous abandonner, et il est impossible de continuer à vous écrire. On ne peut rien concevoir qui approche de mes malheurs; mon cœur est déchiré par mille sentimens différens, mais l'amour est toujours le plus fort, comme le plus malheureux.

Bonsoir, mon cher enfant, je n'ose écrire davantage; on m'épie de tous côtés. Abandonnez une malheureuse dont le commerce ne peut plus avoir de charmes, ni pour son amant, ni pour elle-même. Nous ne pouvons, ni vous ni moi, vaincre ma destinée, et si l'amour est plus fort que la mort, il ne l'est pas tant que la rage d'un jaloux.

LETTRE XVIII

[1680].

La joie que je sens depuis que je vous ai vu, et ce que je viens de hasarder pour vous voir, vous doit assurer pour toujours que mon amour et ma fidélité seront éternels. J'étois perdue sans ressource si l'on m'avoit surprise dans ce jardin, et je pouvois facilement l'être. Je prévois pourtant qu'il peut m'en arriver de nouveaux malheurs; les espions qui me suivent auront pu découvrir quelque chose, mais je ne puis dans ce moment sentir que de la joie; j'en ai si rarement, qu'il est juste que je la goûte aujourd'hui sans mélange.

Bonsoir, mon cher enfant, fortifiez l'opinion que j'ai toujours eue que pour être digne du cœur d'un honnête homme, il faut se conserver une réputation inviolable; je vais donc faire des merveilles, et n'omettrai que cette dévotion dont vous m'avez longtemps soupçonnée¹ avec tant d'injustice. Je n'ai ni le bonheur ni la foiblesse de devenir dévote, et vous pouvez vous assurer que vous ne me verrez jamais que philosophe amante et fidèle. Ce dernier terme paroîtra inutile à quiconque vous connoîtra ; car il est impossible de soupçonner une femme d'esprit, qui aura eu du goût pour vous, d'en avoir jamais pour un autre.

1. Par deux fois cependant elle avait voulu se faire religieuse (Voir l'*Histoire des Amours de Cléante*, Iʳᵉ partie). Il est vrai que c'était par désespoir amoureux, et que depuis, elle changea bien de sentiments, comme on en jugera par l'étrange discours qu'elle tient à M. de Breteuil lors de leur rupture (*Idem*, IIIᵉ partie). Quant à Breteuil il pensait sans doute, tout amant qu'il était, comme La Bruyère qui a dit : « C'est trop contre un mari d'être coquette et dévote ; une femme devroit opter. » (*Caractères*, édit. Servois, t. I, p. 182.)

LETTRE XIX

[1680].

Est-il possible que vous m'aimiez ? N'est-ce point un songe? Hélas! qu'il est doux de se pouvoir flatter de ce que l'on souhaite si ardemment! ne craignez plus mes réflexions, elles sont entièrement détruites, je ne fais plus qu'entrevoir que l'on en a à faire. Achevez de me rendre folle, il n'y a que cet état d'heureux: tant que l'on voit la raison on est à plaindre. Je ne veux plus voir que vous, que la passion que vous dites avoir pour moi, que la mienne, enfin que les douceurs dont l'amour a récompensé ma constance. Qu'elles sont grandes, mon cher! Et que vous êtes à plaindre que je ne les puisse bien exprimer! Vous ignorez encore la plus grande partie de votre pouvoir, et je ne sais comment vous l'apprendre.

LETTRE XX

[1680].

Vous avez raison de me souhaiter dans la solitude où j'ai passé des momens si doux à mon amour, j'y suis encore plus occupée qu'ailleurs de mon amant, et j'y jouis d'une tranquillité que la jalousie ne me permet pas de goûter à Paris. C'est ici que je suis délivrée de mille complaisances pénibles, je puis m'abandonner tout entière aux mouvemens de mon cœur, je suis délivrée de la vue de tout ce que je hais. Mais, hélas ! je n'y vois point et je n'ose espérer d'y voir ce que j'aime. Non, mon cher amant, je me trompe, un vif souvenir vous rend toujours présent à mon esprit, et j'ai cru même plus d'une fois, que vous l'étiez à mes yeux.

LETTRE XXI

[1680].

Je vous avoue que j'ai un déplaisir sensible que vous connoissiez si mal la délicatesse de mon cœur. Vous n'en avez qu'une idée grossière, si vous croyez qu'elle doive être satisfaite quand j'ai évité les crimes. Mais connoissez mieux un cœur dont vous êtes le maître, et sachez qu'il se croiroit indigne de vous, s'il pouvoit avoir de la complaisance pour un homme qui prétend le toucher. La raison veut sans doute que je le ménage, je le fais aussi; mais je mêle tant de froideur dans mes actions, que je trouve le moyen de satisfaire également et ma délicatesse et la prudence : plus de politique ne convient pas à beaucoup d'amour.

LETTRE XXII

[1680].

Quelles assurances puis-je vous donner contre les plus injurieux soupçons du monde, en croirez-vous quatre lignes d'écriture, vous qui doutez encore de la vérité de mes sentimens? Les doux momens de Saint-Germain[1] ne doivent-ils pas vous

1. Saint-Germain était encore le séjour préféré de la Cour, qui ne s'installa à Versailles que vers 1683. Le palais et les jardins avaient été fort embellis, en 1667, par Le Brun, et l'on avait ajouté au château ce large balcon que l'on y voyait encore il y a quelques années, et qui a disparu avec la restauration qu'on en a entreprise, restauration fort intelligente, mais qui fait parfois regretter l'austère et majestueux palais agrandi par Louis XIV. Nous en trouvons la description, à la date de 1669, dans une sorte de relation en vers et en prose d'une visite à ce château, faite par Le Laboureur à mademoiselle de Scudéry. En voici les plus intéressants passages :

> Vous savez bien que ce chemin si clair
> Qu'on voit au ciel pendant la nuit obscure,
> Mène au palais du grand Dieu Jupiter,
> Comme un auteur digne de foi l'assure ;
>   C'est Ovide, et cela suffit.
>   Mais vous ne savez pas peut-être,
> Qu'à Saint-Germain, tant le jour que la nuit,
> Depuis deux ans on en voit apparoître
> Un autre en l'air, qu'a voulu qu'on y fît
> Monsieur Colbert, des Bâtiments le Maître.
> Il est si beau, si belle en est la vue,
> Qu'en y passant, les yeux sont éblouis !
> Et ce chemin mène et sert d'avenue
> Aux cabinets de notre grand Louis.

C'est un haut et magnifique balcon que l'on a fait au Vieux-

assurer pour toujours sur des craintes qui pourroient convenir aux autres maîtresses, mais jamais

Château, le long des appartemens du roi et de la reine, du côté qui regarde le Nord. Cette pièce apporte tant d'ornement et tant de commodité à ce palais, qu'on la croit aussi ancienne que tout le reste du bâtiment. On se persuade qu'elle y a toujours été, parce qu'elle y devoit toujours être : et c'est ainsi que l'on est surpris tous les jours en voyant le succès des ordres de ce génie universel qui prend le soin de ces choses... Toute la Cour donne le nom de terrasse à ce balcon; et en effet il est assez large pour mériter qu'on l'appelle ainsi. Vous pouvez juger, après la promenade que vous avez faite ici pendant la saison des cerises, si nous devons nous connoître en belles vues; quoi qu'il en soit... il n'y en a point de plus riche au monde ni de mieux variée que celle qui se présente devant la terrasse dont je vous parle. De là on a le plaisir de se promener des yeux dans les jardins du roi et à plus de quatre lieues aux environs, dans des vallons et sur des coteaux qui sont une perspective admirable.

Tant de si doux objets, une découverte si avantageuse, le voisinage d'une forêt et d'une grande rivière, la pureté de l'air, et je ne sais combien d'autres belles choses qui se rencontrent heureusement ensemble à Saint-Germain, en font aimer le séjour au roi, et sont causes que le Vieux-Château l'emporte aujourd'hui sur tous les modernes... M. Le Brun, avec qui nous avions fait la partie, nous mena d'abord sur cette terrasse : la compagnie fut surprise et charmée d'une vue si accomplie; et il n'y eut personne qui ne s'imaginât être passé dans l'ancienne Assyrie ou dans l'ancienne Egypte par la machine de quelque songe, et se trouver dans ces jardins suspendus, dont on a fait tant de bruit. Cette vision n'étoit pas si hors de raison qu'on diroit bien, et vous le connoîtrez par la suite. On peut de cette terrasse aller à la chambre du roi, qui s'habilloit alors.

> En ce lieu cependant parurent peu de gardes;
> La liberté s'y trouvoit comme ailleurs;
> Et le nombre des hallebardes
> Le cédoit à celui des fleurs.

Nous y marchions entre deux rangs de lauriers-cerises, de tricolors, de jasmins, et de tubéreuses... Il nous falloit passer devant une porte qui répond de la chambre du roi sur cette terrasse; elle étoit ouverte et si fort assiégée de courtisans, qu'on

à la vôtre? Vous ignorez ce que vous valez, et la

n'y avoit presque point de place pour aller au delà. Le roi étoit alors auprès de cette porte, et c'est d'où venoit une si grande presse... La terrasse finit à trois ou quatre pas au-dessous de cette porte de la chambre du roi, et c'est à cette extrémité que commence de ce côté-là le petit appartement que nous allions voir. Il est rangé sur une autre terrasse, de plain-pied, qui règne sur tout le long d'une autre face du Vieux-Château, et qui regarde les cours du Château-Neuf. Il y a, au bout de la terrasse où nous étions, une porte qui nous fut ouverte ; et alors nous entrâmes dans les lieux tant désirés, où je trouvai encore mille autres sujets d'éblouissement.

En effet, je défie l'imagination la plus riche et la plus heureuse de se former une idée de choses qui puissent montrer tout ensemble tant d'art, tant d'esprit et tant de magnificence. Tous les murs et les plafonds sont revêtus de glaces et de miroirs avec des cadres et des ornemens dont l'or fait la moindre richesse. On y marche sur des planchers qui seroient dignes de faire la pompe des plus belles voûtes... Ce ne sont que des marbres de toutes les couleurs, des ouvrages en mosaïque, et des parquets de pièces de rapport. On y voit en tous les coins et en cent autres endroits de grands vases d'argent chargés de fleurs, des pilastres et des termes de même métal qui portent des filigranes d'or, et tout cela me parut si éclatant, que me ressouvenant de la devise du roi,

> Je crus en vérité, sans pousser trop les choses,
> Être par un miracle, à nul autre pareil,
> Transporté d'ici-bas au palais du Soleil,
> Tel qu'on le voit bâti dans les *Métamorphoses :*
> Mais le soleil qui brille en ces lieux enchantés
>   N'a point ces ardeurs violentes,
> Qui font en mille endroits déserter les cités...
>   L'astre du ciel où nous étions,
> Car d'un céleste nom ces beaux lieux semblent dignes,
>   Ne répand que de doux rayons
>   Et des influences bénignes,
>   Qui font fleurir ces régions...
> Celui-ci fait régner les beaux-arts en nos jours ;
>   Et son Zodiaque pour Signes
>   En ce lieu n'a que des Amours.

Mais ces Amours sont instruits à toutes sortes de belles et grandes choses. Ils jouent avec les lions et les léopards, ils bâtissent, ils travaillent, ils vont à la chasse, ils manient les

force de l'idée que vous laissez de vous, puisque armes, et se montrent capables de tout. On en voit de toutes parts qui sont peints sur des glaces, et dont les différentes postures sont autant de doux emblèmes. Mais ce qui est singulier en tous ces tableaux, c'est qu'étant peints derrière les miroirs, les premiers traits que le pinceau y a couchés forment la figure telle qu'on la voit; au lieu que dans la peinture ordinaire ce sont les derniers coups de pinceau qui l'achèvent et qui la finissent... Ces cabinets font entre eux un petit appartement entier par les pièces qui le composent. Aussi le roi appelle cela sa chambre particulière, pour en faire la différence d'avec l'autre qui est ouverte à toute la Cour... En entrant par la chambre du roi, le premier lieu qui se présente de ce côté-là est une antichambre, dont les lambris sont tout de miroirs enrichis d'or : il y en a partout, comme je vous ai dit, et jusqu'aux plafonds. Au milieu du plafond, qui est sur l'estrade à l'entrée, est le portrait d'une beauté accomplie qui tient une pomme d'or, et à la voûte, qui est au delà de l'estrade et qui est enfoncée d'une manière d'architecture fort riche, il y a au fond la figure de Junon, qui tient un sceptre et qui a un paon auprès d'elle. Cette dernière figure est accompagnée de divers emblèmes qui sont rangés alentour, dans les pans de l'enfoncement de la voûte, » et représentent « les inclinations du roi... Delà, à main gauche, est une chambre destinée au repos du roi, où l'on voit dans l'enfoncement de la voûte, qui est faite en coupe, trois petits Amours qui sont peints d'une manière inimitable. Ils tiennent tous trois, de toutes leurs mains, un même lustre avec un empressement merveilleux... Sur les côtés de la coupe on voit les divertissemens du roi, qui sont représentés par des maisons de plaisance; et l'on y remarque entre autres Saint-Germain, Versailles et Fontainebleau. Mais parce que le roi a bien montré qu'il fait aussi ses plaisirs des travaux de la guerre, on n'a pas oublié d'en peindre une petite image auprès de cette dernière maison, par la représentation du camp qu'il y a fait faire autrefois. Au plafond de l'alcôve, qui est entourée de force jeunes Amours peints sur les glaces du lambris, on voit le tableau d'une déesse, qui n'étale pas seulement tous les charmes de la beauté sur son visage, mais qui répand aussi de ses mains toutes sortes de pièces d'or et d'argent... Cette nymphe représente la Magnificence... Il y a sur l'estrade un lit à la romaine, dont les rideaux, qui étoient retroussés, sont d'un tissu d'or et d'argent qui me parut un ouvrage aussi nouveau qu'il est riche. Le dossier du lit est un relief d'argent à jour, où l'on voit au

vous croyez que je puisse souffrir un autre que mon côté droit un petit Amour qui compte curieusement les dents d'un lion, et un autre de l'autre côté qui tient doucement un léopard au cou. Il y en a un troisième au-dessus d'eux, qui est assis sur un aigle, au milieu du dossier, d'où il menace tout le monde d'une flèche qu'il tient couchée sur son arc... On en voit une quantité d'autres aux glaces du lambris de l'alcôve, qui sont dans une posture paisible, et qui invitent au repos... La dernière pièce de l'appartement est prise dans une petite tour voisine, qui fait le coin des deux terrasses : sa figure est octogone ; et l'on y voit des miroirs dans tous les lambris, et des filigranes d'or et d'argent rangés sur la corniche qui règne tout autour, comme dans les deux autres pièces précédentes. Il y a encore dans ce cabinet deux grandes figures d'argent, qui sont si hautes et si bien faites qu'on en demeure tout surpris en entrant (Apollon et Daphné)... Il y a, dans l'ouverture de la cheminée, un grand vase d'argent qui fait cent petites fontaines jaillissantes à discrétion ; et cela sert, quand on veut, à rafraîchir agréablement le lieu en été. Au manteau de cette cheminée on voit les quatre Elémens en quatre figures séparées qui composent un carré, et dans le milieu est un Amour triomphant... Avouez que vous êtes éblouie de tant de belles choses, et que vous serez bien aise de trouver maintenant quelque grotte où vous pourrez vous délasser, et prendre un peu de rafraîchissement... Eh bien ! vous allez être servie à point nommé ; il y en a une ici proche, où vous verrez, entre autres choses, un jet d'eau de plus de dix pieds de hauteur, et la plus charmante cascade qu'il y ait au monde... » Elle se trouve sur le balcon... « Au delà de l'estrade de l'antichambre, à main droite, vis-à-vis des beaux lieux que je viens de vous faire voir, se trouve cette admirable grotte, où du milieu du plancher, qui est d'un marbre de toutes couleurs, il sort un gros jet d'eau qui va jusqu'au plafond attaquer un petit Amour qui tient un foudre... Au côté le plus apparent de la grotte, contre un mur tout revêtu de marbre, et justement au milieu de ce mur, il y a le relief d'un Neptune, qui est représenté sur son char tiré par des chevaux marins. Cette figure, qui est d'argent, déploie de tous côtés quantité de petites nappes d'eau les plus agréables du monde, et fait ainsi la belle cascade que je vous ai promise.

Mais ce n'est pas tout encore ; cette grotte en produit plusieurs autres, et cela se fait par les miroirs qui sont aux lambris et aux plafonds des chambres, qui représentent tous cette grotte à l'envi l'un de l'autre ; en sorte que, lorsqu'on lui donne

amant, et profaner par un indigne devoir ce qui ne doit être accordé qu'à l'amour.

l'eau, on voit aussitôt cent cascades pour une, et infinis jets qui se reproduisent de tous côtés... Il y a même quantité d'arbres des jardins d'alentour qui se viennent mirer aussi dans les chambres par les fenêtres qui répondent sur le balcon ; ce qui fait autant de tableaux de paysages qu'il y a de miroirs... Le roi vint en ces beaux lieux, comme nous étions si fort occupés à les admirer, et nous fit voir, dans ce temps-là, celui qui est le mieux fait de tout son royaume. Il étoit seul et ne fut jamais vêtu plus simplement ; cependant il effaçoit la pompe et la magnificence même.

> Alors je vis en sa personne
> Tout ce riche appareil de gloire et de splendeur
> Qui peut accompagner une vaste couronne,
> Et par le saint respect que la majesté donne
> Fait la véritable grandeur.
> Je vis dans ses regards, sur son front, à ses gestes,
> Parmi les grâces, les appas,
> Tout ce qu'on peut voir ici-bas
> De fort, d'auguste et de céleste.
> Je ne m'étonnai plus de ses divins exploits,
> De ses succès, de ses conquêtes ;
> Et je dis alors plusieurs fois :
> Louis est un miracle, il est le Roi des Rois,
> Il est né pour ranger l'univers sous ses lois,
> Et mettre sous son joug les plus superbes têtes.
> Avec lui l'Allégresse entre dans tous ces lieux ;
> Et soudain les miroirs avides
> De faire le portrait de ce Victorieux,
> Quittant tout autre objet, eurent leurs glaces vides
> Pour ne plus figurer qu'un Louis à nos yeux.
> Je ne vis plus alors que ce roi glorieux ;
> Son image partout me parut éclatante ;
> Et ravi de la voir si belle, et si fréquente,
> Moi, qui brûle pour lui d'un zèle ambitieux,
> Je crus voir, du ciel radieux,
> Descendre autour de moi la machine roulante,
> Et me trouver parmi les Dieux.

(*La Promenade de Saint-Germain*, à mademoiselle de Scudéry, Paris, Guillaume de Luynes, libraire juré, au Palais, dans la salle des Merciers, à la Justice, 1669.)

LETTRE XXIII

[1680].

Je m'éloigne d'un lieu où vous arriverez dans peu de jours ; un long voyage va nous séparer pour longtemps. La douleur que j'ai de n'avoir plus l'espérance de vous voir est infinie, mais mon amour n'en est pas moins violent, et je vous aime avec une ardeur qui ne cède point à celle qu'inspirent les plaisirs aux amans les plus heureux ; mais hélas ! je crains, et mes craintes me paroissent justes, que vous ne soyez bientôt rebuté d'une passion qui auroit à peine pu faire votre bonheur, quand elle auroit été aussi heureuse qu'elle est traversée par la jalousie. Il faut aimer comme j'aime pour résister à tant de tourmens, et vous ne m'avez jamais véritablement aimée ; et si vous vous êtes donné le soin de me le dire, ç'a été par une compassion que la vérité de mon amour vous a inspirée. Vous avez respecté une passion dont vous êtes l'objet, et vous l'avez voulu flatter par quelques marques de tendresse.

Mais quand j'aurois le malheur de vous être indifférente, de quoi vous pourrois-je accuser? Je ne sais que trop par moi-même que l'amour n'est pas volontaire! Je n'ai point, il est vrai, de véritable sujet de me plaindre de vous; mais en suis-je plus heureuse? Et puis-je m'accommoder de ne toucher que foiblement votre cœur, pendant que vous remplissez le mien tout entier, et que je vous sacrifie mon repos et ma gloire, en aimant jusqu'à la folie un homme dont je ne crois être que médiocrement aimée.

Nous eûmes hier toute la frayeur que donne à des femmes l'apparence d'un grand péril, nous nous crûmes noyées, et nous fûmes effectivement en danger de l'être; l'opinion d'une mort prochaine ne vous effaça pas un moment de mon souvenir et de mon cœur, et ce ne fut que l'idée de me séparer éternellement de vous qui me la fit paroître affreuse : de tout ce que je crus aller perdre, je ne regrettai que vous, et la nature même ne partagea point mes sentimens.

LETTRE XXIV

[1680].

Je m'attendois hier à recevoir de vos nouvelles, et je m'étois flattée que vous continueriez à m'en donner souvent. Ne vous affermirez-vous jamais dans les soins que vous devez prendre de me plaire ? Vos manières sont si inégales, qu'il semble que le personnage d'un amant tendre ne vous soit pas naturel. Ne puis-je vous inspirer l'envie de suivre mon exemple ?

Ah ! si vous saviez quelle douceur l'on trouve à penser toujours à ce que l'on aime, et d'employer à lui rendre compte des plus secrets sentimens de son cœur, ces heures que le commun du monde emploie à une oisiveté ennuyeuse, vous seriez plus exact à me donner des marques de votre amour. L'intérêt du mien veut que je fasse ma lettre fort courte, et que le chagrin que vous en aurez, vous fasse comprendre celui que j'ai de ne point recevoir des vôtres.

LETTRE XXV

[1680].

Je ne puis différer de vous dire combien je suis contente de vous avoir vu, vous ne m'avez jamais paru si aimable, et vous ne m'avez jamais si bien persuadée que vous m'aimiez que cette après-dînée. Votre vue m'a laissé une joie si vive, que la présence de ceux que je dois haïr si mortellement, n'a pu la dissiper; ils n'ont pu parvenir de tout le soir à me mettre de mauvaise humeur, la satire même n'a pu me déplaire, et il me semble que j'aime tout le monde le jour que je vous ai vu.

Adieu, mon cher enfant; les difficultés que nous avons de nous voir, ne servent qu'à augmenter mon amour, en donnant toujours une nouvelle ardeur à mes désirs, et la passion que nous avons l'un pour l'autre, a des plaisirs que les passions communes ne font jamais connoître.

LETTRE XXVI

[1630].

Vous me faites mourir, mon cher enfant, si vous ne me laissez quelques momens en repos. Vous devriez faire scrupules de m'occuper autant que vous faites ; je n'ai pas fermé l'œil de toute la nuit, vos charmes, vos regards et vos discours ne m'ont point sorti de la tête : j'ai pensé à vous avec des transports si violens, que ma santé ne peut plus résister à tous les mouvemens que l'amour me cause. J'entendis parler de vous tout hier, par cette dame que vous veniez de quitter. Un de ses amans étoit avec elle, ses manières si différentes des vôtres, me firent encore mieux connoître votre mérite ; je m'applaudis mille fois en secret d'aimer et d'être aimée d'un amant qui a tant de charmes au-dessus des autres ; votre passion m'a donné un orgueil qui me rend insupportable, et je ne puis plus douter que vous ne m'aimiez[1]. Mille soupçons avoient jusqu'à présent combattu ma passion, je n'en ai plus grâce à l'amour, et je m'abandonne à vous et à la tendresse, sans réserve et sans crainte.

Jouissez de cette victoire, mon cher amant, et souhaitez que le soleil se montre au plus vite, pour aller où l'amour nous doit donner la récompense due aux peines que nous venons de souffrir pour lui. Avez-vous autant d'empressement de la recevoir, que j'en ai de vous la donner? La désirez-vous avec une ardeur égale à la mienne? Ah! que l'amour nous garde de plaisirs pour ce bienheureux jour! je vous en promets qui vous seront plus sensibles que mille lettres. On n'a jamais aimé comme je vous aime.

---

1. Le commentaire de cette lettre se trouve dans le passage suivant, du récit que fait Bélise de ses amours : « A la fin ma persévérance et mes vivacités firent ce que mon peu de beauté et ma tendresse n'avoient pu faire ; depuis un certain temps j'ai lieu de croire que ma passion a triomphé entièrement de ses froideurs : je crois même pouvoir me flatter qu'il m'aime autant que je l'aime. » (*Histoire des Amours*, IIe partie.) Cette période de passion partagée ayant duré, ainsi qu'on le verra plus loin (*Idem*), environ un an et demi, et Breteuil étant parti pour l'Italie, vers le commencement de mars 1682, on peut reporter cette lettre à la fin de l'année 1680.

LETTRE XXVII

[1680].

Je ne pense pas avec moins de plaisir que vous à l'inutilité des soins que la jalousie a pris pour nous séparer. Quelle seroit la rage de l'homme que vous savez, s'il pouvoit savoir ce qui se passe entre nous! Mais, mon cher amant, prenons tant de précautions qu'il n'en puisse jamais rien connoître, et faisons notre principale occupation de notre amour.

Peut-on mieux faire que de travailler à se rendre heureux; et peut-on l'être sans s'aimer, et sans voir une personne qu'on sait qui nous aime uniquement, et qui nous préfère à toute la terre? C'est là le portrait de la passion que j'ai pour vous; que je serois heureuse si, du même trait, j'avois peint la vôtre! L'espérance de vous revoir ce soir m'a guérie; je me porte fort bien aujourd'hui. Bonsoir, mon cher amant, aimez-moi comme je vous aime; je vous adore.

LETTRE XXVIII.

[1680].

La connoissance que j'ai de votre passion, donne une ardeur à la mienne que je n'ai point encore ressentie, et je vous aime jusqu'à la folie depuis que j'ai lieu de croire que votre cœur est tout à moi. Mais est-il bien vrai qu'il y soit, et ne me trompé-je point, quand je m'en flatte? Le style si tendre qui est dans vos lettres, ne seroit-il dicté que par votre esprit[1]? Mais pourquoi douterois-je de votre tendresse? L'excès de la mienne ne m'assure-t-elle pas de la vôtre? Pouvez-vous être assuré du mien, sans être touché d'une maîtresse qui a tant souffert pour vous?

Oui, mon cher amant! vous m'aimez, et je vous

---

1. Ce qui n'est qu'un soupçon chez Bélise devient un reproche dans la bouche de Cléante, qui dira plus tard, par la bouche de son confident, qu'il a été très fâché d'avoir lieu de croire que tout ce qu'elle lui a écrit « n'étoit que l'effet de beaucoup d'esprit. » (*Histoire des Amours*, IIIe partie.)

adore; que les jaloux s'applaudissent de leur vigilance, et qu'ils se remercient de la pensée qu'ils ont d'avoir, par leur fureur, détaché nos cœurs l'un de l'autre. N'admirez-vous pas comme l'amour confond leurs projets? tout ce qu'ils ont fait contre nous, nous est devenu avantageux. Si nous n'avions pas été contraints, nous aurions sans doute laissé trop voir nos sentimens, et j'aurois payé de la perte de ma réputation les plaisirs d'une passion tranquille; mais, grâce à leurs soins, je la conserve tout entière, en goûtant toutes les douceurs de l'amour, et pour quelques momens que vous êtes sans me voir, vous me retrouvez digne de tout l'attachement de votre cœur. Les contraintes et les manèges ont leurs charmes, et depuis huit jours que je vous vois dans des lieux où à peine le langage des yeux est permis [1], j'ai passé des momens que je ne changerois pas pour ceux que l'on croit les plus sensibles.

Quel plaisir, mon cher amant, de se dire impunément qu'on s'aime, en présence de mille gens qui ignorent seulement si nous nous connaissons, et qui se piquent cependant d'une finesse infinie, et de démêler tous les mystères d'amour! Qu'une

---

1. Peut-être à l'église, où nous la voyons se promettre de rencontrer Cléante (voir la lettre XXXVII, p. 80), ou au bal, comme dans la lettre IX, p. 27.

véritable passion est noble, et qu'elle inspire des sentimens élevés ! Si jamais je parviens à avoir quelque mérite, je le devrai à la mienne ; je suis touchée d'émulation pour toutes les femmes qui en ont : l'extrême envie que j'ai de me rendre digne de vous, me fait chercher tous les moyens de leur ressembler, et je ne puis souffrir que ce que vous aimez ne soit pas parfait. Il y a déjà longtemps que cette maladie me tient, et je l'ai depuis que je vous aime, c'est-à-dire depuis que j'ai de la raison ; mais je me trompe, je vous aimois avant que d'en avoir, et elle n'a commencé à se faire sentir en moi que par l'inclination naturelle que j'ai toujours eue pour vous.

LETTRE XXIX

[1680].

Je vous attends avec une impatience qu'on ne peut s'imaginer, sans sentir une passion aussi vive que la mienne ; j'aurois présentement le plaisir de vous voir et de vous donner enfin des marques sensibles de mon amour : mais l'heure s'avance, vous ne paroissez point.

Ah ! que faites-vous ? vous ne m'envoyez personne de votre part, il y a une demi-heure que je suis seule. Faut-il perdre de si précieux momens ? Jamais je ne me suis sentie agitée de mouvemens si violens ; la crainte des choses affreuses qui peuvent nous arriver, et le désir de vous voir..... Mais Dieu ! on me dit que vous arrivez.

LETTRE XXX

[1680].

Je me reprochois mes folies, comme étant sans exemple; mais je loue le ciel d'apprendre que vous êtes encore plus fou que moi. Je n'ai point cessé depuis hier de penser à vous et d'en parler, j'y emploie les nuits et les jours, que j'emploierois bien autrement, si la jalousie ne mettoit des bornes à mes désirs.

Que vous seriez content de moi, si vous saviez ce qui se passe dans mon cœur, et avec quelle application nous pensons, ma confidente[1] et moi, aux moyens de vous voir souvent; je me flatte que notre rendez-vous d'hier vous en a laissé une forte envie. Pour moi je vous adore, et ce que je sens pour vous est quelque chose au delà de l'amour.

---

1. Probablement la nommée Beauvais, que la présidente Ferrand, à propos de la naissance de sa fille Michelle en 1686, déclarait « avoir été à elle pendant de longues années. » (*Interrogatoire sur faits et articles, du 12 août* 1735.)

LETTRE XXXI

[1681].

Je commence à vous écrire aussitôt que vous venez de me quitter. Pourrois-je être occupée d'autre chose que de vous dans les momens qui succèdent à ceux que nous venons de passer ensemble?

Ah! mon cher amant, puis-je en croire les transports que je vous ai vus? Êtes-vous aussi tendre et aussi sensible que moi? Mais, non, personne n'a jamais connu ce que je viens de sentir, et l'amour, pour me récompenser de tant de peines, a fait pour moi des plaisirs tout nouveaux; l'impression qu'ils ont faite sur mes sens est si vive, que je n'ose encore me laisser voir à personne; il seroit aisé de démêler quelle est la paresse où je suis. Mais mon mari entre. Dieux! quelle cruauté, d'être obligée de voir ce qu'on hait, en quittant ce qu'on aime. Comment me présenterai-je à ses yeux, en l'état où je suis? Il me ramène la crainte et la pudeur que vous aviez écartées?

LETTRE XXXII

[1681].

La conversation que je viens d'essuyer est l'épine des roses. Quel supplice, grands dieux ! d'entretenir un homme de sang-froid, quand on est si éloignée d'en avoir. Pleine de vous et du souvenir de nos plaisirs, que pouvois-je lui dire ? Je lui ai dit en deux mots que je m'étois trouvée fort mal toute l'après-dînée, et je me suis mise tout aussitôt à chanter, sans penser à la contradiction qu'il y avoit entre ces mouvemens de joie et ce que je venois de lui dire. Pourrois-je être sage aujourd'hui et penser à autre chose qu'à vous ?

Mais où êtes-vous, mon cher amant, au moment que je vous écris ? Quelles sont vos occupations ? Pour moi je pense à vous dans le même lieu où vous m'assuriez tantôt une fidélité éternelle [1].

1. Chez elle, où Cléante était introduit par sa femme de chambre, confidente de ses amours. (Voir plus loin, *Histoire des Amours*, IIIe partie.)

Qu'il est doux de triompher ainsi de la vigilance des jaloux ! et quelle seroit leur rage s'ils connoissoient notre bonheur ? Il me semble qu'il y manque quelque chose, parce qu'il n'ont pas la douleur de savoir comme nous les trompons. Disons-leur[1] pour nous venger ; mais non, qu'ils n'y ait que nous qui connoissions nos plaisirs ! faisons tout ce qu'il faut pour que le monde nous oublie autant que je l'ai oublié. Je crois qu'il n'y a que vous dans l'univers, et je ne vois plus rien que ce qui a rapport à mon amour.

Adieu, la réflexion augmente les vrais plaisirs, et j'ai une joie si vive, qu'elle éclate dans tout ce que je fais.

1. Édit. 1808 : Disons-*le*-leur.

LETTRE XXXIII

[1681].

Est-il bien vrai que vous m'aimiez aussi tendrement que vous venez de m'en assurer? Ah! je crains de me flatter, et j'en veux douter toujours, pour en recevoir de nouvelles marques. Qu'il seroit doux, mon cœur, d'en recevoir dans un lieu pareil à celui de l'autre jour! que j'en ai d'envie, et qu'il est cruel de ne l'oser suivre! Chaque moment que je vous vois ajoute quelque chose à la vivacité de ma passion. Si vous êtes de mon goût, je vous dois paroître la plus aimable maîtresse du monde; car j'avoue que si j'étois homme, une femme aussi observée que je suis auroit pour moi des charmes capables d'effacer ceux des plus belles personnes du monde.

Parmi les autres amans, les rendez-vous et les plaisirs ne sont pas toujours les preuves d'une forte passion; mais entre vous et moi, jusqu'à un regard, tout a son prix, et nous ne nous voyons jamais que nous ne puissions nous assurer, avec raison, que nous nous aimons plus que notre vie. Ne sentez-vous point votre amour-propre flatté par les réflexions? et quelque chose pourroit-il vous détacher d'une maîtresse que tant de raisons vous doivent faire aimer? Je ne sais d'où me viennent certains mouvemens de jalousie que je combats vainement depuis deux jours, mais je ne suis point contente de vous, sans avoir de véritables sujets de me plaindre. Venez demain aux Tuileries [1] vous justifier, ou rougir de votre injustice par les nouvelles marques que je vous donnerai de mon amour.

1. Les Tuileries n'étaient pas éloignées de l'Enclos des Filles-Saint-Thomas (sur la rive droite de la Seine, au bout de la rue Vivienne), où demeuraient alors M. et madame Ferrand. Pour s'y rendre de la rive gauche, il fallait traverser le Pont-Neuf, ou bien le Pont-Rouge, pont de bois peint en rouge, qui faisait communiquer cette promenade avec le faubourg Saint-Germain, entre les rues du Bac et de Beaune. Le Pont-Royal n'existait pas encore : les fondations en furent jetées le 15 octobre 1685, sous la direction du frère Romain, de l'ordre de Saint-Dominique. — C'est à ces rencontres, fort peu fortuites, aux Tuileries ou au Cours, que faisait allusion Bourdaloue quand il s'écriait : « Qu'auroient dit ces saints docteurs de ces promenades pour lesquelles on se dispose comme pour le bal?... qu'auroient-ils dit de ces promenades dérobées où le hasard en apparence, mais un hasard en effet bien ménagé et bien prémédité, fait de prétendues rencontres et de vrais rendez-vous? » (Sermon sur les divertissements du monde, OEuvres, 1812, t. V, p. 334.)

LETTRE XXXIV

[1681].

La tête vous a-t-elle tourné depuis l'autre jour que je vous trouvai raisonnable? et vous me paroissez aujourd'hui le plus injuste et le plus fou de tous les hommes. Ne vous souvient-il plus des raisons que j'ai de vous refuser ce que vous me demandez? Est-il possible que vous vouliez hasarder, pour un moment de plaisir, ma réputation et ma gloire? Ah! si elle n'a pu chasser l'amour de mon cœur, il n'est pas juste aussi que l'amour en triomphe absolument; et je suis si persuadée [1] qu'une maîtresse décriée n'a point de charmes aux yeux d'un honnête homme et d'un amant délicat, que vous ne m'obligerez jamais à faire des démarches qui puissent entièrement me déshonorer, comme seroit celle d'aller au lieu que vous me proposez. Si pour

---

1. Toutes les éditions portent : *Et je suis persuadée*. Nous ajoutons *si* qu'exige impérieusement le sens et dont l'absence nous paraît une faute typographique.

vous voir, je pouvois hasarder ma vie sans mon honneur, je n'y balancerois pas un moment : je vous aime avec une ardeur à toute épreuve, hors celle de l'infamie.

Vous en conviendrez, si je suis assez heureuse pour que le rendez-vous de demain réussisse.

Que je crains de me flatter en vain du plaisir de vous voir en particulier! Dieux! que je l'attends avec une terrible impatience! Il me semble que depuis la conversation que nous eûmes dans le jardin de *** [1], je ne vous ai point entretenu assez

---

[1]. L'on peut croire, d'après la lettre XXXIII, p. 71, que ce jardin est encore celui des Tuileries ; toutefois comme ce n'est là qu'une conjecture; voici les autres jardins qui, dans Paris, étaient alors les plus fréquentés par le public. C'était d'abord le jardin du palais du Luxembourg, alors appelé Palais-d'Orléans, et servant de résidence à mademoiselle d'Orléans, fille de Gaston, la Grande Mademoiselle, et à sa sœur, la duchesse de Guise. Voici la description qu'en donne Brice en 1684 : « Le jardin étoit autrefois très beau, et rempli de petits bois, d'allées couvertes très agréables; mais les grands hivers ayant ruiné une partie des arbres, on a été obligé de les abattre pour en mettre d'autres en leur place, que l'on a déjà commencé de planter. Au bout de la grande allée qui est devant le parterre, on avoit dessein de faire une fontaine (*aujourd'hui la fontaine Médicis*); ce qui est commencé est d'une très bonne manière d'architecture; c'est une espèce de niche, ornée sur le devant de quatre grosses colonnes rustiques chargées de congélations, sur lesquelles il y a des dieux marins qui tiennent des vases, avec un grand cartouche où sont les armes de France et de Médicis accolées ensemble. Dans le reste il ne paraîtra rien de fort remarquable, si ce n'est la balustrade de marbre blanc qui est sur le devant des terrasses qui entourent le parterre, mais qui n'est pas achevée. » (Brice, *Description nouvelle de Paris*, 1684, in-12, t. II, p. 160.) — Le jardin de l'hôtel de

vivement de mon amour ; je crois que j'avois ce jour-là un secret pressentiment du long silence auquel j'allois être condamnée. Je ne vous ai jamais parlé si tendrement ni si hardiment ; car, je vous l'avoue, je manque souvent de hardiesse quand je vous vois, je ne suis encore familière qu'avec vos idées, et je vous dis des choses sans vous voir, que je n'ose plus prononcer quand vous pouvez m'entendre.

Condé, hôtel alors existant et habité par le prince de Condé et sa famille. Il était tout proche de celui du Luxembourg, et occupait l'emplacement compris aujourd'hui entre les rues de Vaugirard, de Condé et Monsieur-le-Prince. Brice le décrit ainsi : « Ce qu'il faut tâcher de voir, c'est le jardin qui, dans une étendue assez médiocre, fait remarquer tout ce que l'art et la nature peuvent ensemble produire de beau et de singulier. Il y a des cabinets ou des tonnelles de l'ouvrage des Hollandais qui sont faits avec beaucoup d'industrie. Il paraît à l'entrée de chaque allée un petit arc de triomphe du même travail. En été ce jardin est rempli d'orangers et de jasmins qui en rendent les promenades le soir fort agréables. » (*Ibid.*, t. II, p. 162.) — Dans un quartier plus éloigné, et fréquenté surtout par les habitants du Marais, il y avait aussi le jardin de Rambouillet, ainsi nommé du financier Nicolas de Rambouillet, père du poète la Sablière, qui l'avait fait planter. « Voilà, écrivait La Bruyère en 1688, un homme que j'ai vu quelque part... Est-ce au boulevard sur un strapontin, ou aux Tuileries dans la grande allée, ou dans le balcon à la comédie? Est-ce au sermon, au bal, à Rambouillet? Où pouvez-vous ne l'avoir point vu, où n'est-il point? » (*Caractères*, édit. Servois. Paris, Hachette, 1863, t. I, p. 285.) Sauval en faisait ainsi le tableau, vers 1669 : « La principale allée, qui est d'une longueur extraordinaire, conduit à une terrasse élevée sur le bord de la Seine; celles de traverse se vont perdre dans de petits bois, dans un labyrinthe et autres compartiments : toutes ensemble forment un réduit si agréable qu'on y vient en foule pour s'y divertir. » (*Antiquités de Paris*, t. II, p. 288.)

Venez donc, mon cher amant, m'enhardir et triompher d'un reste de prudence qui vous dérobe le plaisir de m'entendre dire tout ce que m'inspire l'amour, et qui vous coûte le chagrin que vous avez de me reprocher quelquefois, que vous me trouvez plus passionnée dans mes lettres que dans mes conversations.

LETTRE XXXV

[1681].

Je ne vous trouvai pas hier dans tous les lieux où je croyois vous rencontrer, mais il n'y a rien de perdu ; le plaisir dont nous aurions joui hier ne seroit plus, et nous sommes assurés de l'avoir aujourd'hui, puisque vous me trouverez vers le soir chez...

Si ce raisonnement vous choque, apprenez que je le tiens de vous, et que je m'en sers par vengeance, et non par aucun goût. Je suis, au contraire, persuadée qu'il faut toujours être impatiente, et vivre pour ce que l'on aime, et que la délicatesse d'une passion, aussi bien que la sagesse, ne permettent pas qu'on préfère l'avenir au présent, et qu'on compte le lendemain pour beaucoup.

LETTRE XXXVI

[1681].

Il est bien vrai que l'amour vend bien cher les plaisirs, mais on ne peut trop payer celui de revoir son amant, et de le retrouver fidèle. Je suis si satisfaite de la conversation que j'eus hier avec vous, et je vous trouvai des sentimens si tendres, que je ne doute presque plus que vous n'ayez pour moi un véritable attachement, et que vous ne méritiez tout le mien. Aussi suis-je résolue à ne plus écouter désormais les discours de ceux que je reconnois qui sont mes ennemis [1], aussi bien que les vôtres, et qui ne cherchent qu'à m'ins-

---

1. Ces ennemis n'étaient autres que les membres de la famille, très nombreuse, de Bélise, comme on l'apprend par son propre récit : « Pendant que je me tins enfermée dans ma famille, pour m'acquérir du repos aux dépens de tout ce qui pouvoit flatter mon cœur, je fus assez malheureuse pour plaire à tous ceux que je ne pouvois empêcher qu'ils ne me vissent;

pirer de la défiance de votre procédé, pour affoiblir la violence des sentimens, qu'ils sont au désespoir que j'aie pour vous. Je vous aime trop pour que ma passion ne soit pas une preuve que vous êtes aimable, et vous ne pourriez l'être si vous manquiez de fidélité pour une maîtresse qui vous aime si constamment, malgré tout ce que vous lui causez de douleur. Si le détail vous en étoit bien connu, vous admireriez la force de la passion qui m'attache à vous, et la folie des précautions des jaloux : car enfin, malgré tous leurs soins et leur vigilance, et pendant qu'ils se flattent d'avoir détruit le penchant que j'ai pour vous, nous nous aimons plus que jamais. Nous nous le dîmes hier, et nous nous le jurerons encore dans peu de jours, au milieu de tous les plaisirs de l'amour.

N'admirez-vous point combien il est difficile de désunir deux cœurs véritablement attachés l'un à à l'autre? Quel triomphe pour deux amans de braver ainsi toutes les précautions de la plus affreuse jalousie! Que l'union qui sera désormais entre nous serve de punition à ceux qui me persé-

je me vis bientôt autant d'amans que de parens proches... Qui m'eût dit alors que c'étoit autant de tyrans et d'espions que ma destinée me préparoit pour traverser un jour mes desseins et ceux de Cléante. » (*Histoire des Amours*, IIe partie.)

cutent, et qu'elle me venge de tout ce qu'ils me font souffrir. Quelle seroit leur rage, s'ils savoient les plaisirs que je vous prépare dans peu de jours? L'idée que je me fais de leur colère ajoute de nouveaux charmes à tout ce que je fais pour vous.

LETTRE XXXVII

[1681].

C'est enfin demain ce jour si ardemment désiré, et si longtemps attendu ; c'est demain assurément qu'après une si longue absence, et tant de tourmens, vous vous verrez entre les bras de l'amour. Oui, ce sera de l'amour même que vous recevrez des faveurs, car jamais mortel n'a fait sentir à un cœur tout ce que je prétends demain faire sentir au vôtre.

Que la sûreté de ce rendez-vous ne vous empêche pas de venir d'assez bonne heure de Versailles[1], pour me voir à la messe[2] ; je prétends

---

1. La cour quitta, le 28 juillet 1681, Versailles, où elle était depuis le 30 avril, — à partir du commencement de l'année jusqu'à cette dernière date, elle avait été à Saint-Germain — pour se rendre à Fontainebleau, où le roi arriva le 29, après s'être arrêté à Villeroy, chez le duc de Villeroy.

2. La dévotion seule ne conduisait pas dans les églises ; la mode, le désir de se faire voir, la galanterie même étaient pour beaucoup dans ces visites pieuses, qui faisaient, pour ainsi dire, partie de la journée d'un homme du monde. C'est La Bruyère qui nous peint ce « *Narcisse* qui se lève matin

y rencontrer vos yeux, je ne saurois les voir assez.

pour se coucher le soir, qui a ses heures de toilette comme une femme; va tous les jours fort régulièrement à la belle messe des Feuillants (rue Saint-Honoré) ou aux Minimes (près la place Royale). » *Caractères*, édit. Servois, t. I, p. 284, Chapitre, *de la Ville*. — Bourdaloue, dans ses sermons, s'élève souvent, avec une énergique éloquence, contre ces habitudes et ces préoccupations mondaines apportées dans les églises : « Pour quelques âmes pieuses, qui cherchent à s'instruire dans une prédication, cent autres s'y trouvent, parce que... c'est là le rendez-vous public ; ils s'y trouvent parce qu'ils peuvent y paroître et briller... ; ils s'y trouvent comme à une action de théâtre. » (Sermon pour le dimanche de la Sexagésime, *Œuvres*, 1812, t. V, p. 234.) « Quelle profanation que vous y veniez (à la messe), pour y voir le monde et y être vus ; pour y étaler tout le faste du monde et tout l'appareil de votre luxe, pour y contenter votre vanité, votre curiosité, et peut-être pour y entretenir vos plus honteuses passions. » (*Idem*, pour la fête de Saint-André, *Œuvres*, t. XII, p. 25.) Et ailleurs, avec encore plus de force : « Qui le croiroit, si tant d'épreuves ne nous l'avoient pas appris et ne nous l'apprenoient pas encore, qu'un chrétien voulût faire du temple même un lieu de plaisir et du plus infâme plaisir ; qu'il regardât le sacrifice comme une occasion favorable à son inpudicité ; qu'il n'y vînt que pour y trouver l'objet de sa passion, que pour l'y voir et pour en être vu (c'est tout à fait le cas de Bélise), que pour lui rendre des assiduités, que pour lui marquer par de criminelles complaisances son attachement, que pour se livrer aux plus sales désirs d'un cœur corrompu... Autrefois on consacroit les maisons des chrétiens pour en faire des temples à Dieu, mais dans la suite les temples de Dieu sont devenus des maisons d'intrigues et de commerces. » (Carême, *Œuvres*, t. III, p. 251). Voir encore F. Belin, *La Société française au dix-septième siècle*. Paris, Hachette, 1875, p. 112, et Anatole Feugère, *Bourdaloue, sa prédication et son temps*, Paris, Didier, 1874, p. 452.

LETTRE XXXVIII

[1681].

Croiriez-vous que je puisse laisser échapper une occasion de vous écrire, et qu'il suffise à ma tendresse que j'aie été aujourd'hui deux heures avec vous ? Ah ! votre vue m'inspire trop d'amour pour ne chercher pas à vous en parler : il faudroit que je pusse vous voir le moment après que vous m'avez quittée, pour vous bien exprimer tout ce que votre présence fait sentir à mon cœur. Je n'ai jamais été si contente de vous, il me paroît avoir trouvé dans vos yeux et dans vos discours le caractère d'une véritable passion. Seroit-il bien vrai que vous m'aimassiez autant que je vous aime ?

Jugez quelle vivacité cette pensée doit donner à mon amour ; je vous ai aimé insensible et ingrat, comment ne vous aimerois-je pas tendre [1] et fidèle ?

---

1. Dans l'*Andromaque* (1667) de Racine, Hermione dit à Oreste :

> Je t'aimois inconstant, qu'aurois-je fait fidèle ?
> Acte V, sc. 5.

Je n'aimois alors que votre personne et ma victoire ; j'en jouis avec un plaisir qui flatte également et ma tendresse et ma vanité ; je m'estime d'autant plus heureuse, que je dois mon bonheur à mes soins, et je trouve qu'il est bien plus doux d'avoir forcé par son attachement et sa tendresse un cœur rebelle à devenir sensible, que d'en devoir la conquête facile à un premier coup d'œil.

LETTRE XXXIX

[1681].

Oui, je me vengerai, et je vous ferai voir qu'on ne m'offense point impunément. Je vous donnerai tant d'amour la première fois que nous nous verrons, que vous ne serez plus capable de manquer, comme aujourd'hui, à m'écrire le lendemain que vous m'avez vue. Je veux vous punir des anciennes froideurs que vous avez eues pour moi, pour vous inspirer plus d'ardeur et de désirs que n'en ont eus tous les amans ensemble, et, par ce, pas croire ensuite ce que vous me direz de votre amour[1].

Pour la jalousie dont vous me parlez, je ne comprends pas ce qui peut l'avoir fait naître; en prend-on dans les momens que nous passâmes hier ensemble?

1. L'édition de 1808 corrige ainsi cette phrase : « Je veux vous punir des anciennes froideurs que vous avez eues pour moi, *en* vous *inspirant* plus d'ardeur et plus de désirs que n'en *ont* tous les amans ensemble, et *pour ne* pas croire ensuite ce que vous me direz de votre amour. »

LETTRE XL

[1681].

Je vous écris dans un lieu qui me rappelle des souvenirs bien vifs, ce que j'y ai senti de plaisir et de douleur a occupé tout aujourd'hui mes rêveries : tout me parle ici de vous, pourquoi ne m'en parlez-vous pas vous-même ? L'absence est toujours sensible, quelque courte qu'elle soit : les plaisirs qui l'ont précédée et ceux qui la doivent suivre, ne sauroient entièrement détruire la tristesse qui l'accompagne. Elle est trop longue quand elle dure plus d'un jour, et celle d'aujourd'hui m'a paru un siècle.

Veuille l'amour, que le temps que vous passez sans moi vous paroisse aussi ennuyeux, et que vous souhaitiez de me revoir avec le même empressement que j'ai de vous rejoindre, et que je vous trouve tel que je vous laissai hier.

LETTRE XLI

[1681].

J'avoue que j'ai joint à la captivité où l'on m'a tenue depuis quelque temps, l'envie d'éprouver votre cœur, et que j'ai voulu juger de votre amour par la manière dont vous résisteriez aux obstacles que j'ai apportés moi-même à votre bonheur ; mais un moment de votre vue a bien changé mes projets, vos regards m'ont inspiré plus d'ardeur que je n'en ai jamais senti, et je ne suis plus occupée, au moment qu'il est, que de trouver des moyens de vous voir, même aux dépens de ma vie.

Bon Dieu ! que j'ai de choses à vous dire, mais la plus pressante est de vous assurer de la joie que j'ai eue de trouver votre santé si parfaite, après qu'elle m'a donné tant d'alarmes. Les soins que vous me mandez que vous avez pris pour me plaire ont si bien réussi, que j'aurois commencé à vous aimer aujourd'hui, si je vous avois vu pour la première fois. Vous m'avez paru dans un état si propre à vous faire aimer, que j'aurois bien voulu qu'en sortant de l'église, vous eussiez été vous enfermer dans votre chambre ; et je n'ai pu songer sans quelques petits mouvemens de jalousie, qu'en vous éloignant de mes yeux, vous alliez vous faire voir à d'autres. Adieu.

LETTRE XLII

[Septembre 1681].

Mes propres douleurs ne sont rien pour moi en comparaison des vôtres, et si vous voulez me voir bientôt expirer de désespoir, vous n'avez qu'à continuer dans l'horrible affliction où vous êtes. Quoi ! le courage vous abandonne, et vous souffrez qu'une femme en ait plus que vous ? Que pensez-vous qui pourroit me soutenir dans l'état malheureux où la jalousie m'a réduite, si l'amour que vous avez pour moi ne servoit de consolation à tous mes maux ? Celui que j'ai pour vous est si malheureux, que si j'en suivois les mouvemens, je ne songerois qu'à mourir. Suivez donc mon exemple; que les assurances que vous devez avoir de ma tendresse vous soutiennent contre tous les chagrins que la fortune et l'amour vous causent; le temps peut changer nos destinées, et même sans de grands changemens, vous aurez bientôt la consolation de me parler de vos douleurs.

Pensez-vous que j'aie consenti à ne vous revoir jamais? Avez-vous pu croire que j'aie pu m'y résoudre? Ah! je vous recevrai aux dépens de ma vie, et toute la terre ensemble, ne peut pas m'empêcher de vous dire adieu avant le départ de la Cour[1]. Que cette espérance adoucisse les peines que vous cause mon absence, et la tristesse que vous donne le souvenir de feue Madame de ***[2],

---

1. Il s'agit sans doute ici du voyage que la cour fit à Strasbourg en 1681, date très probable de cette lettre. Ce fut le 30 septembre que Louis XIV, avec la reine, le dauphin et la dauphine, quitta Fontainebleau, où il était depuis le 29 juillet, pour se rendre en Alsace, où il « allait recevoir le serment de fidélité de la ville de Strasbourg, en conséquence des traités de Munster et de Nimègue. » Arrivé le 3 à Vitry-le-François, il en partit le 6, coucha le 7 à Void, le 8 à Germinay, le 9 à Bayon, le 10 à Rambervillers, le 12 à Saint-Dié, le 13 à Sainte-Marie-aux-Mines, après avoir traversé les Vosges, le 14 à Schelestadt, où il reçut la soumission des magistrats de Strasbourg, le 15 à Brisach; le 17 à Fribourg, le 18 à Brisach de nouveau, le 19 à Ensisheim, où il reçut les députés des treize cantons suisses, le 20 à Huningue, d'où il revint à Ensisheim, le 21 à Colmar, le 22 à Benfeld. Le 23, après avoir dîné à Grabschetal, il fit vers les trois heures son entrée à Strasbourg, où il fut reçu, hors les portes, par le marquis de Chamilly, gouverneur. Il y resta jusqu'au 27, et revint par Saverne, Phalsbourg (28 octobre), Sarrebourg, Vic, Marsal, Pont-à-Mousson, Essé, Nancy, Jouy-aux-Arcs, Metz (2-4 novembre), Thionville, Longwi, Longuyon, Stenay, Grandpré, Saint-Souplet, Reims (10-12 novembre), Fismes, Soissons, Villers-Cauterets, Dampmartin. Il était de retour à Saint-Germain le 16 novembre. Voir la *Gazette de France*, de 1681.

2. Marie-Anne Le Fevre de Caumartin, fille de Louis Le Fevre de Caumartin, seigneur de Mormant, conseiller au Parlement, mort le 31 octobre 1657, et de Denise Gamin, que le baron de Breteuil avait épousée en premières noces,

quoiqu'elle ne puisse occuper votre cœur sans le distraire de la tendresse que vous me devez. Je ne saurois trouver mauvais que vous y pensiez encore tendrement, et je la pleurerois avec vous s'il m'étoit permis de vous voir, mais on nous envie jusqu'à la consolation de mêler nos larmes.

Que j'eus peu de temps l'autre jour à vous laisser voir les miennes ; deux amans qu'on sépare pour toujours, l'ont-ils jamais été si brusquement. Cette douce et cruelle conversation ne m'est pas sortie de la tête ; il me semble à chaque instant

---

mais secrètement, si nous en croyons l'*Histoire des Amours de Cléante et de Bélise*, et qui mourut au mois d'août 1679, d'après le *Dictionnaire* de La Chesnaye des Bois. Voici le portrait que Bélise, après l'avoir visitée à son couvent, en trace plus loin dans cette *Histoire* :

« Je la vis encore mille fois plus charmante que son portrait... Tout ce que la fleur de la première jeunesse a de plus brillant, et tout ce que les Grâces ont jamais eu de charmes étoit sur son visage ; un teint d'une blancheur si surprenante et si vive qu'elle éblouissoit, le front grand et uni, les yeux les plus noirs, les sourcils larges et épais, et que la nature, exprès pour charmer l'éclat de sa blancheur, avoit fait plus bruns que ses cheveux qui étoient blonds, la bouche petite et extrêmement façonnée, des lèvres unies et vermeilles comme le corail, les dents petites et fort blanches, les joues d'un tour merveilleux, le menton un peu en pointe, la gorge incomparable, la taille un peu petite, mais fort fine, et un air si mignon et si noble dans toute sa personne, que les plus grandes et les plus régulières beautés frappoient beaucoup moins les yeux que les agrémens qui la rendoient toute brillante. Le son de sa voix étoit une des perfections de cette aimable personne, sa parole alloit au cœur, et elle accompagnoit tout ce qu'elle disoit d'une manière si polie et si enjouée, qu'il sembloit que la nature avoit pris plaisir de rassembler en elle tout ce qui peut charmer. »

vous voir essuyer mes larmes, et me jurer une fidélité éternelle. Quand je pense à ces momens, tous mes malheurs s'évanouissent, et peu s'en faut que je ne me tienne heureuse, au milieu de toutes mes douleurs, quand je songe que je suis aimée de l'homme du monde que je trouve le plus aimable.

LETTRE XLIII

[Février 1682].

Croyez-vous que je trouve bon de voir votre santé si brillante, sur le point d'abandonner[1] une maîtresse que la seule peine de votre absence fait mourir de douleur? Ah! je veux vous voir abattu et languissant; et puisque le chagrin que vous devez avoir de me quitter n'est pas suffisant pour le faire, je veux appeler tant de plaisirs au secours, que je voie enfin la langueur dans vos yeux, pareille à celle que vous avez dû remarquer ce matin dans les miens.

---

1. Allusion au départ du baron de Breteuil pour l'Italie, où le roi l'avait nommé, le 4 février 1682, son envoyé extraordinaire près le duc de Mantoue, Charles-Ferdinand de Gonzague (1652-1708). Ce prince venait de vendre, en 1680, la ville de Casal à Louis XIV, qui, un instant trompé dans cette affaire par le comte Mathioli, ministre du duc, le fit arrêter sur le territoire piémontais et enfermer à Pignerol, où on a cru le reconnaître comme étant le prisonnier connu sous le nom de l'Homme au masque de fer.

Venez donc me voir tantôt[1], abandonnons-nous sans réserve à l'amour pendant le peu de jours qui

---

[1]. A la date de cette lettre, la cour était revenue à Saint-Germain depuis le 16 novembre 1681. Voici, d'après la *Gazette de France*, de la fin de cette année au commencement de mars de l'année suivante, époque probable du départ de Breteuil pour l'Italie, le relevé des événements qui s'y produisirent pendant cette période de cinq mois :
Novembre, 25, Foscarini, ambassadeur de Venise, complimente le roi sur la soumission de Strasbourg et sur la cession de Casal par le duc de Mantoue ; 30, la cour assiste au sermon du P. Gaillard, dans la chapelle du Vieux-Château ; le 6 décembre, le roi vient à Paris et visite au Roule la pépinière des jardins des Maisons Royales, au Louvre son cabinet des tableaux, puis « une fort belle statue de marbre, placée sur un piédestal enrichi de plusieurs figures et bas-reliefs de bronze, que le maréchal duc de La Feuillade fait faire (*place des Victoires*) et qui représente Sa Majesté ; »... « sa bibliothèque, où le coadjuteur de Rouen lui montra les livres les plus curieux, le cabinet des médailles antiques et modernes, les agates gravées ; et entre ensuite à l'Académie des sciences, au laboratoire de chimie et à l'imprimerie de tailles douces » ; le 8, fête de la Conception, à Saint-Germain, la cour assiste au sermon du P. Gaillard ; le 24, jour de Noël, le roi communie à l'église paroissiale. — Janvier 1682, le 2, audience à l'ambassadeur de Danemarck ; le 4, réception de l'ambassadeur du Maroc ; le 16, nomination de M. Amelot à la place de Varangeville, ambassadeur à Venise ; le 26, survivance de la charge de grand chambellan accordée au prince de Turenne, qui en prête serment le 27 ; février, le 2, fête de la Purification, le roi entend le sermon prêché par le P. Bourdaloue ; le 9, le roi reçoit l'assemblée du clergé, conduite par l'archevêque de Paris, qui prononce un discours de remerciement ; le 11, le roi et la reine reçoivent les cendres ; le 16, audiences de congé de l'abbé de Gondi, envoyé du grand-duc de Toscane, et du comte de Mansfeld, envoyé de l'empereur ; le 27, réception par le roi de l'Université en corps ; mars, le 11, audience de congé de l'ambassadeur d'Angleterre ; le 25, le roi assiste aux ténèbres dans la chapelle du Vieux-Château ; le 26, le roi lave les pieds à treize pauvres ; le 27, la cour assiste au sermon du P. Bourdaloue sur la Passion ; le 28, le roi communie en l'église de la

nous restent à nous voir, quand l'absence devroit même nous en paroître mille fois plus sensible : venez promptement, le plaisir de vous voir m'est nécessaire, je meurs d'amour et de langueur.

paroisse; avril, le 20, le roi visite le duc d'Orléans à Saint-Cloud; le 30, il assiste à la bénédiction de la chapelle de Versailles.

LETTRE XLIV

[Février 1682].

Croyez-vous le courage qu'on se fait par raison à l'épreuve des attaques que vous m'avez données aujourd'hui. Quoi, il seroit vrai que vous pourriez être un an absent[1], et vous pouvez en parler sans des marques d'une douleur extrême? Ah! vous ne savez point aimer, et votre cœur est bien inférieur à la sensibilité du mien. Vous êtes, ce me semble, déjà consolé de votre départ, je ne vois plus en vous cette affliction tendre et vive que je vous ai vue les premiers jours, et je crois qu'à force de penser que vous me devez quitter, vous vous êtes déjà accoutumé à l'absence.

Pour moi, quelques efforts que la raison fasse sur mon cœur, il ne peut se résoudre à cette cruelle séparation, je mourrai sans doute à vos

---

1. Cette absence dura beaucoup plus : deux ans et cinq mois.

yeux de la douleur que me causera votre départ; et si vous m'aimez, vous souffrirez ce désespoir sans vous y opposer : il me sera plus doux de mourir en vous quittant, que de vivre après que vous m'aurez quittée.

LETTRE XLV

[1682 [1]].

L'amour de la gloire n'est pas si fort dans mon cœur que vous vous l'imaginez : vous l'avez vaincu, et je suis à vous si vous pouvez trouver le secret de me voir. Inventez le moyen de tromper la vigilance des jaloux, et je ne m'opposerai plus ni à vos désirs ni aux miens; je vous laisserai voir tout mon amour. Hélas! il n'a jamais diminué : mais il est vrai que, désespérant de le voir jamais heureux, j'ai cherché à vous lasser d'un commerce qui ne servoit qu'à entretenir des sentimens que je croyois devoir être affoiblis. Mais puisque de si longues épreuves ne vous ont point lassé, je m'abandonne tout à vous. Songez seulement que je suis perdue sans ressource, si je suis surprise; agissez

---

1. Par son contenu, cette lettre paraîtrait plutôt avoir été écrite après le retour de Breteuil de son ambassade d'Italie, et se rapporter au refus que Bélise fit d'abord de renouer avec lui. Voir l'*Histoire des Amours*, etc., IIIe partie.

sur ce principe, et parlez ; je vous obéirai en tout. Je ne hasarde rien si votre amour est aussi véritable qu'il me parut hier dans vos yeux.

Adieu, mon cher amant, souffrez sans scrupule tous les termes de ma tendresse, il n'y en a aucuns que j'aie jamais profanés : vous m'en soupçonnez à tort, et je vous jure que l'amour et ses expressions, ne m'ont jamais été connus que pour vous. Adieu, je vous aime plus que jamais, et quelque forte que soit ma passion par elle-même, je sais bien qu'elle est encore plus vive qu'elle n'étoit hier.

LETTRE XLVI

[1682].

Rien ne nourrit tant une passion, et n'est si propre à la garantir de l'assoupissement de l'absence, que d'en parler souvent; ainsi je consens très volontiers que vous parliez de la vôtre à la personne dont vous me parlez. Ce secours vous est plus nécessaire qu'à moi, et cet amant qui crie qu'on l'abandonne, est peut-être tout prêt à m'abandonner. Je suis plus sûre de mon cœur que vous ne l'êtes du vôtre, et je crois même que vous êtes de même opinion que moi; on se connoît toujours, malgré les efforts que fait l'amour-propre pour nous tromper, et vous avez un tel fonds de coquetterie, que je suis sûre qu'elle alarme quelquefois votre raison, qui ne sauroit manquer d'être de mon parti.

Si vous me conservez votre cœur, je devrai

ce bonheur à la différence qu'il y a à présent de l'Italie, à ce qu'elle étoit du temps qu'Ovide en écrivoit les galanteries[1], et je ne répondrois pas de votre fidélité, si Corinne étoit en même lieu que vous. Au portrait que vous avez fait de moi au comte de***[2], vous n'avez pas eu dessein qu'il démêle ce que je suis ; car quoique vous lui disiez que je ne suis pas belle, ainsi qu'il n'est que trop vrai, vous me peignez cependant avec tant d'avantage, qu'une femme ainsi faite auroit suffisamment de quoi se consoler de n'être pas belle[3]. Surtout,

---

1. Dans le *De Arte amandi*, et dans les trois livres d'élégies intitulés *Amores* et consacrés en grande partie à célébrer ses amours avec Corinne. Les *Élégies* venaient d'être traduites en vers par Thomas Corneille, Paris, 1670, in-12.

2. Parmi les seigneurs de la petite cour de Mantoue, dont parle Breteuil, nous voyons les comtes Carozza, camérier; Vialardi, secrétaire d'État; de Castelbargue, Calore, Magne et Corapano. (*Mémoire* adressé au roi, le 3 septembre 1684.)

3. Plus loin, p. 111, elle dira, en refusant à Cléante son portrait : « Tenez-vous-en à l'idée qui vous restera de moi,... elle ne me sera pas si désavantageuse que le portrait que je pourrois vous donner », et encore, p. 119, elle cède volontiers « à plusieurs l'avantage de la beauté ». De son côté, l'ami de Cléante la peint sous ces traits qui certainement ne sont pas flattés : « La figure de Bélise étoit si opposée à l'idée qui lui restoit de la plus charmante personne du monde, que dans le commencement de ce nouveau commerce, il croyoit que l'amour lui faisoit faire pénitence des plaisirs qu'il lui avoit fait connoître dans un temps plus heureux pour lui ». (*Hist. des Amours de Cléante et de Bélise*, IIIᵉ partie.) S'il est permis de croire aux *airs de famille*, Bélise devait avoir une figure irrégulière, mais intelligente et pleine de vivacité. Madame de Staal de Launay, qui avait beaucoup connu madame de Vauvray, sœur cadette de madame Ferrand, nous la représente

vous ne devriez pas me peindre enjouée; croyez-vous qu'on le soit, éloignée de ce qu'on aime. L'absence d'un amant tendrement aimé fait un grand changement dans une maîtresse fidèle.

comme « une femme d'une physionomie singulière, mais de beaucoup d'esprit ». (*Mémoires*, édit. Lescure, Paris, J. Lemerre, 1877, t. I, p. 92.)

LETTRE XLVII

[1682].

Je m'étonne que vous employiez votre philosophie à vous préparer à supporter courageusement un malheur, qui ne peut être qu'imaginaire; et je ne comprends pas que vous me connoissiez, et que le changement de mon cœur, puisse être l'objet de vos méditations. Elles seroient mieux employées à penser à l'inconstance et à l'ingratitude de la fortune, à laquelle vous vous êtes entièrement sacrifié; c'est un malheur auquel on ne court jamais risque de se préparer inutilement.

J'ai été réjouie d'apprendre par un de vos amis, qu'on est fort satisfait de vous à la Cour[1]; mais pour

---

1. Arrivé à Mantoue le 3 mai 1682, et conduit dès le lendemain au palais du prince où, pendant huit jours, il fut « traité magnifiquement », le baron de Breteuil n'avait pas tardé à découvrir les intrigues du marquis Louis de Canosse en faveur de l'Autriche, et s'était employé à les contrecarrer. Le roi, qui dut être satisfait de sa conduite, le chargea, lors de la naissance du duc de Bourgogne, le 6 août 1682, de faire part de cet événement aux cours de Parme et de Modène. Les deux

me donner une joie parfaite, il faudroit me faire voir une copie de votre congé : vous avez beau contenter le Roi, je ne puis être contente que quand vous reviendrez.

seules mentions que nous trouvions dans la *Gazette de France* sur l'ambassade de Breteuil à Mantoue sont relatives à cet événement. On y lit :

« Mantoue, le 3 septembre 1682 : le baron de Breteuil eut audience de notre duc le 23 du mois dernier (*août*), pour lui faire part de la nouvelle qu'il avoit reçue que madame la Dauphine étoit heureusement accouchée d'un fils : et ce prince la reçut avec de grands témoignages de joie. Le 26, le baron de Breteuil, pour témoigner la sienne, fit éclairer son palais dedans et dehors par un grand nombre de flambeaux de cire blanche et par quantité d'autres lumières avec les armes de France. Il fit tirer un feu d'artifice dressé devant la porte de son hôtel, et une fontaine de vin coula pendant toute la réjouissance. Il avoit invité à ce dernier divertissement vingt personnes de qualité de cette ville à qui il donna ensuite un concert de voix et d'instrumens et un grand souper. » (*Gazette de France* du 15 sept. 1682, n° 602.)

« Mantoue, le 24 septembre 1682 : le baron de Breteuil, envoyé extraordinaire du roi très chrétien auprès du duc de Mantoue, a été à la cour du duc de Parme et à celle du duc de Modène, pour leur rendre les lettres que Sa Majesté leur a envoyées sur la naissance du duc de Bourgogne. Ils ont reçu cette nouvelle avec de grands témoignages de joie : et ils ont fait au baron de Breteuil tous les honneurs dus à son caractère. Le duc de Modène lui a fait présent de son portrait enrichi de diamans, et le duc de Parme l'a régalé d'un diamant de prix. » (*Idem.*)

LETTRE XLVIII

[1682].

Je ne comprends pas comme il est possible d'aimer fortement quelqu'un, sans se faire une affaire sérieuse de tout ce qui peut lui faire de la peine, et la facilité que vous avez à me gronder dans vos lettres me fait sentir la différence qu'il y a entre vos sentimens et les miens. Car bien que vous méritiez encore de plus violens reproches que ceux que je vous ai faits, je ne laisse pas, en les écrivant, d'être occupée du chagrin que vous auriez à les lire, et quoiqu'ils soient bien fondés, je vous les aurois épargnés sûrement, si les réflexions qu'ils peuvent vous faire faire n'étoient nécessaires pour éviter à l'avenir tout ce qui vous est arrivé de fâcheux, par le peu d'application que vous avez donnée à de certaines choses.

LETTRE XLIX

[168?].

Craindrai-je toujours pour votre cœur? Ah! quoique je sois peut-être née avec un peu trop de défiance, et peu portée à croire ce que je souhaite le plus, vous n'êtes pas innocent de mes craintes. Il falloit me persuader si fortement que je suis aimée comme j'aime, que je n'en pusse douter que dans les momens où la délicatesse agit plutôt que la raison. Mais comment m'auriez-vous fait voir une violente passion, si vous ne l'avez jamais sentie?

On n'abuse point une maîtresse éclairée, et si j'ai quelquefois paru satisfaite de vous, c'est que je voyois bien que ce qu'il auroit fallu pour remplir mes désirs, passoit la portée de vos sentimens, ou le pouvoir de mes charmes.

LETTRE L

[1682].

Jamais un amant n'a essayé de rassurer les craintes d'une maîtresse par une lettre, comme celle que j'ai reçue de vous. Le style dont vous vous servez pour me dire que vous m'aimez, est une preuve claire que vous ne m'aimez plus, et je suis plus mal contente que je ne veux vous le dire, des sentimens que j'entrevois dans votre cœur. Je ne le suis pas moins de moi-même : je me trouve trop de tendresse pour un ingrat, et je ne puis souffrir la foiblesse que j'ai de vous en donner encore des marques ; mais mon cœur est si fort à vous, que rien ne le peut détourner d'un penchant qui lui est si naturel. Je ne connois que trop le pouvoir que vous avez sur lui, et vous le dire dans le dépit où je suis, n'est pas une des moindres marques que vous ayez reçues de mon cœur.

J'ai toujours été pour vous tendre, fidèle et patiente dans les persécutions les plus horribles ; je suis à présent jalouse sans emportement, et mécontente sans colère. Que puis-je faire, si cela ne peut vous toucher? Et quel est le moyen de gagner votre cœur? Seroit-il possible, ingrat, qu'un autre l'eût trouvé? Ah! cette pensée me tourmente au point de me faire perdre l'esprit : il ne tiendra qu'à vous de la détruire.

LETTRE LI

[1682].

J'ai du plaisir de vous voir pour adoucir tous les chagrins que me cause la bizarrerie de ma famille, elle passe l'imagination. Si je ne me comptois pour beaucoup, j'agirois d'une manière que je leur ferois bien voir que je les compte pour rien [1], ou plutôt, si j'étois bien sage, je ne songerois plus du tout à vous voir. J'en ai mille bonnes raisons; mais il n'y en a point qui tiennent contre une passion bien vive.

Je ne suis point contente de vous, votre absence et celle de ma rivale en même temps blesse mon

---

1. Elle les eût en effet comptés pour bien peu, si elle était allée rejoindre Cléante en Italie, comme il paraîtrait qu'elle en eut la pensée, d'après ce passage de l'*Histoire des Amours*, etc. : « Elle vouloit tout abandonner pour l'aller trouver, et souhaitoit souvent de pouvoir donner des années de sa vie pour avancer son retour d'un moment. » (IIIe partie.)

imagination. Je commence à partager l'opinion du public, vous pourriez avoir poussé la feinte jusqu'à la vérité, et m'avoir plus obéi que je ne souhaitois de l'être.

LETTRE LII

[1682].

Les sentimens de votre cœur n'échappent ni à mes lumières ni à mon amour. Vous êtes tel qu'on doit être pour se faire uniquement et éternellement aimer ; aussi vous aimé-je jusqu'à la folie. Mon cœur est à vous, indépendamment même de la tendresse du vôtre ; et vous devez compter que je ne profiterai jamais du mauvais exemple que vous devriez me donner¹, si vous deveniez infidèle. Je vous aimerois, même quand vous n'auriez plus pour moi que de l'indifférence ; mais je veux espérer que vous n'éprouverez jamais jusqu'où pourroit aller la force de l'inclination que j'ai pour vous, et que vous pourrez toujours soupçonner ma passion d'être mêlée de reconnoissance².

J'avoue que je ne puis me résoudre de vous don-

---

1. Édit. 1691 : *vous deviez.*
2. Édit. 1691 : et que vous *pouvez* toujours soupçonner ma passion *être* mêlée de reconnoissance.

ner mon portrait, tenez-vous-en à l'idée qui vous restera de moi ; tant de choses que l'on ne peut peindre y doivent entrer, que j'ose me flatter qu'elle ne me sera pas si désavantageuse que le portrait que je pourrois vous donner.

LETTRE LIII

[1682].

Je reconnois aux châteaux en Espagne que vous faites sur l'avenir, la différence de votre passion à la mienne. L'amour ne peut subsister chez vous sans l'espérance des plaisirs; et pour moi je ne vous en promets plus de ma vie, et je ne vous en aime pas moins. Quelque convaincue que je sois que je jouirois d'une assez heureuse tranquillité si je ne vous aimois pas, aucun bonheur ne me paroît désirable, s'il faut pour l'acquérir sacrifier les sentimens que j'ai pour vous. Mon amour, tout malheureux qu'il est, m'est plus cher que toutes les choses du monde et que la vie même. Vous ne savez pas aimer ainsi.

LETTRE LIV

[1682].

Pourquoi me vouloir faire croire que vous souhaitez si ardemment votre retour, et que vous allez tenter tous les moyens de l'avancer? Ah! si je vous avois été véritablement chère, vous ne vous seriez jamais résolu à me quitter; mais puisque vous avez eu la force, ou pour mieux dire la cruauté de le faire, je dois être la première à vous exhorter à soutenir en homme de courage le parti que vous avez pris, et à n'oublier rien pour le rendre utile à votre fortune.

Vous ne sauriez, dans la situation où vous êtes, prendre trop garde à donner des prises sur vous à vos ennemis, ou à ces sortes de gens, qui, sans haïr précisément personne, sont toujours prêts à expliquer peu favorablement les actions de tout le monde[1]. Je suis bien sûre que vous ne man-

---

1. Il faut croire que Breteuil ne suivit pas assez ce conseil, ou que, chez lui, la nature l'emporta, car ni La Bruyère, dans

querez pas aux choses essentielles ; mais vous savez mieux que moi que ce sont souvent les plus petites qui attirent des ridicules, et qu'on a vu quelquefois des gens d'un vrai mérite gâtés par des bagatelles. Ainsi donnez, je vous conjure, de l'attention jusqu'aux moindres de vos actions : le caractère enjoué qui a fait l'agrément de vos jeunes années[1], ne doit plus convenir au poste où vous

---

ce portrait de Celse, où toutes les *clefs* s'accordent à reconnaître Breteuil, ni Saint-Simon, ne se sont fait faute « d'expliquer peu favorablement ses actions. » « C'étoit, dit le duc-chroniqueur, un homme qui ne manquoit pas d'esprit, mais qui avoit la rage de la cour, des ministres, des gens en place ou à la mode... On le souffroit et on s'en moquoit... Il faisoit volontiers le capable, quoique respectueux, et on se plaisoit à le tourmenter. » (*Mémoires.* Paris, Hachette, 1871, t. I, p. 40.) La Bruyère, qui le traite moins doucement encore, semble insinuer qu'il aurait été désavoué dans sa conduite comme diplomate à Mantoue : « C'est un homme, dit-il, né pour les allées et venues, pour écouter des propositions et les rapporter, pour en faire d'office, pour aller plus loin que sa commission et en être désavoué. » (*Caractères*, édit. Servois. Paris, Hachette, 1865, t. I, p. 166.) Rien cependant n'autorise à penser que le roi n'ait pas été satisfait des services de Breteuil à la cour de Mantoue, et le mémoire qui lui fut adressé par celui-ci, à Versailles, le 3 septembre 1684, sur l'accomplissement de sa mission, pourrait même indiquer le contraire.

1. Bélise a dit ailleurs sur cet enjouement, qui caractérisait Breteuil dans sa jeunesse : « Il avoit, quand je le vis pour la première fois, tout ce que la première jeunesse a de plus brillant, et ses actions, qui étoient déjà accompagnées de la politesse que vous lui connoissez, l'étoient encore d'un enjouement qui ne sied bien qu'à cet âge. Enfin Cléante, tel que vous pouvez vous l'imaginer à vingt et un ans, parut charmant à mes yeux... » (*Hist. des Amours de Cléante et de Bélise*, Ire partie.) — Quant au caractère galant de Breteuil, outre ce

êtes ; celui même d'un homme qui vise à la galanterie, n'est pas du personnage que vous jouez. Au nom de Dieu, n'allez point vous gâter pour des niaiseries, et croyez que je n'ai pas assez bonne opinion de mes lumières pour les opposer aux générales, et que je jugerai de vous selon qu'en pensera le public. Si j'étois moins délicate que je suis, ou que je vous aimasse moins véritablement, ces sortes de choses ne me toucheroient guère ; mais je suis une amie difficile, et une maîtresse glorieuse. Je vous pardonnerai même plutôt les fautes qui me regarderont, que celles qui pourroient affoiblir l'estime que je souhaite que tout le monde ait pour vous.

Je vous explique peut-être mes sentimens avec trop de liberté ; mais je suis persuadée qu'on doit souffrir les conseils des personnes dont on sait qu'on est sincèrement aimé. Vous savez quelle créance j'ai eue aux vôtres, et combien je vous croyois capable d'en donner de bons ; mais tout

---

qu'on peut induire à cet égard de son aventure même avec madame Ferrand, il semble que c'était un trait de famille. L'auteur des notes adressées à Colbert, en 1663, sur les membres du Parlement de Paris, s'exprime ainsi sur le frère aîné du baron de Breteuil, alors conseiller à la première chambre des Enquêtes : « Jeune homme qui va viste, capable de servir et donnant à la recommandation sans intérêt ; est gouverné par les dames et particulièrement par les Guillonnes. » (Depping, *Correspondance administrative*, t. II, p. 43.)

homme sage doit se défier de l'amour-propre : il est à craindre qu'il ne gauchisse la règle pour lui en même temps qu'il la redresse pour les autres.

Voilà un discours bien sérieux, et je vois bien qu'on le prendroit plutôt pour la lettre d'un philosophe que pour celle de la plus tendre et de la plus passionnée maîtresse du monde.

LETTRE LV

[1682].

Je me porte assez bien depuis quelques jours, aussi ne pensai-je qu'à ma santé depuis que vous me l'avez ordonné; et après vous avoir donné mon cœur, et vous avoir encore sacrifié l'indifférence que j'avois pour elle, je suis à présent obéissante à tout ce que veulent les médecins, parce que vous m'avez mandé que vous le vouliez. Enfin, je ménage ma santé d'une manière qui fait bien voir que j'en dois rendre compte à l'amour; et il ne tiendra pas à moi que vous ne trouviez, à votre retour, cette maîtresse, que vous avez pensé perdre, en bon point, et en état de se venger des sottises que son mari lui a faites depuis peu [1].

1. Voir la lettre LIX, p. 126, et la lettre XIV, p. 35.

LETTRE LVI

[1682].

Il ne faut pas que vous fassiez tant de choses qu'un autre, pour donner une violente jalousie à un amant : on est aisément jaloux d'un rival aimable. Monsieur *** s'est aperçu sans doute que vous l'êtes, il peut craindre que sa maîtresse ne s'en aperçoive à son tour, et les discours qu'on a tenus sur cela me donnent lieu de croire qu'elle n'a pas attendu jusqu'à cette heure à s'en apercevoir. Croyez-moi, il n'y a point d'affaire de vanité qui mérite qu'on mette sa vie au hasard, et quand on en fait la sottise, il faut du moins pouvoir être excusé par la violence d'une véritable passion. Il me paroît qu'il ne vous doit pas être difficile d'éviter pour une maîtresse, qui vous adore, ce qui choque la fidélité que vous lui devez et peut en même temps vous perdre.

Quand je vous ai vu partir, j'ai espéré que vous me seriez fidèle pendant votre absence ; mais je n'ai point fondé cet espoir sur le manque d'occasions, je connois trop votre mérite, et je suis persuadée que j'aurai pour rivales toutes les femmes qui auront de la délicatesse et du goût. Mais je veux me flatter aussi que vous n'en trouverez point de plus digne de votre cœur que moi; je céderai à plusieurs l'avantage de la beauté, mais pour les sentimens de tendresse et une fidélité qui va jusqu'au scrupule, je prétends l'emporter sur toutes les femmes du monde; et il me semble que, si ces sentimens ne sont pas tout à fait nécessaires pour une galanterie, ils le sont du moins pour soutenir une longue passion.

LETTRE LVII

[1682].

Depuis que je ne vous vois plus, j'ai un tel dégoût pour toutes choses, et même pour la vie, que quand j'y songe, je ne comprends pas qu'avec un si grand attachement pour vous, j'en aie si peu pour elle. Le moyen de n'être pas désespérée quand vous êtes absent, et que le temps de votre retour est incertain? Votre présence [1] seule peut dissiper mes douleurs. Il faut vous voir pour oublier ce que je souffre, et un moindre remède ne peut me soulager. Au reste, si vous voulez que je me donne la consolation de vous instruire avec sincérité de tout ce qui me peut arriver dans la suite, il faut être plus modéré et plus sage que vous ne l'avez été, en apprenant ma dernière maladie, autrement vous m'ôteriez la douceur de me plaindre, et il

---

1. Édition 1691 : « Votre retour est incertain, *et* votre présence. » Nous croyons devoir corriger ainsi cette phrase, où il nous semble exister une faute matérielle.

faudroit joindre à la contrainte où je suis ici celle de vous cacher mes plus secrètes pensées. Ne m'exposez pas à une peine si cruelle, et laissez-moi la liberté de vous dire tout ce que je souffre par rapport à vous et à l'amour.

LETTRE LVIII

[1682.]

On ne vient que de me rendre votre lettre du 14 juin, je ne comprends pas qu'elle ait pu être si longtemps en chemin ; la poste iroit plus vite, si ceux qui en ont soin connoissoient l'inquiétude qu'on a de recevoir deux jours plus tard des nouvelles de ce qu'on aime. Je suis à tout moment aussi occupée de vous que vous me mandez l'avoir été de moi en courant la poste, et je n'ai pas besoin qu'une belle nuit et son silence augmente ma tendresse pour en avoir une infinie. Je ne vis que pour vous, je vous désire incessamment, et je sens pour vous les mêmes ardeurs qu'inspire aux autres maîtresses la présence de ce qu'elles aiment. Il me semble même que votre absence redouble mon amour ; du moins redouble-t-elle mon attention pour vous. Je prends garde encore de plus près à ma conduite, et je serois au désespoir d'avoir la moindre chose à me reprocher sur l'exacte fidélité que je vous ai promise.

Je ne vais plus dans les lieux où se rassemble tout le monde[1], il me paroît que j'y sens davantage le malheur de ne vous point voir. Ah! qu'il est cruel de voir qu'on ne peut rencontrer en aucun lieu ce qu'on aime, et qu'on mène pendant l'absence une triste vie! Qu'il faut de courage pour la soutenir! La mienne est d'une retraite qui me

---

1. Parmi ces lieux de rendez-vous publics, que nous avons énumérés plus haut, p. 73, le plus fréquenté était alors, avec les Tuileries et la promenade de Vincennes, le Cours-la-Reine. Voici la description qu'en donne un contemporain : « Le Cours de la Reine est de l'autre côté de la rivière, au bout des Tuileries : il a été planté de quatre rangées d'arbres, comme il est, par les soins de Marie de Médicis, qui donna au public cette admirable promenade; le maréchal de Bassompierre a fait revêtir de pierre de taille toute la longueur du côté de la rivière. Il est long d'un stade romain, et à ses extrémités il y a des portes de fer, soutenues de quelques ouvrages de maçonnerie rustique, qui font un très bel effet. Cette promenade est d'autant plus agréable, qu'elle est située sur le bord de la rivière, qui lui donne une fraîcheur qui attire en été tout ce qu'il y a de beau monde à Paris. On y compte souvent jusqu'à sept ou huit cents carrosses qui se promènent dans le plus bel ordre du monde, et sans s'embarrasser l'un l'autre en aucune manière. » (Brice, *Description de Paris*. Paris, 1684, t. II, p. 228.) — Quant à la promenade de Vincennes, c'est elle que, selon les *clefs*, La Bruyère a eu en vue dans le passage suivant de ses *Caractères* : « L'on s'attend au passage réciproquement dans cette promenade publique; l'on y passe en revue l'un devant l'autre : carrosses, chevaux, livrées, armoiries, rien n'échappe aux yeux, tout est curieusement ou malignement observé; et, selon le plus ou moins de l'équipage, ou l'on respecte les personnes, ou on les dédaigne. » (La Bruyère, *Œuvres*, édit. Servois, t. I, p. 275.)

feroit tort si les sentimens que j'ai pour vous étoient connus de beaucoup de personnes. J'ai trouvé le secret d'être plus solitaire que les Chartreux, et cette retraite me livre toute entière à l'amour, dont la vivacité s'affoiblit par la dissipation que cause le grand monde. Il me semble que, depuis que vous êtes parti, Paris est devenu un désert[1]; je n'y vois plus rien, ou du moins je n'y vois rien qui puisse m'occuper un quart d'heure; je ne le suis que de vous, et vous aime si uniquement et si passionnément, que la tête me tournera sans doute si votre absence est aussi longue que je crains qu'elle ne soit.

Quoi! ne revient-on pas plus tôt que les autres, quand on est assuré d'être le plus aimé de tous les hommes? Et le plaisir de revoir une maîtresse

---

1. Ce désert factice que Bélise créait autour de son amour eût été, en certains temps de l'année, un désert très réel, comme le prouve ce passage d'un contemporain : « Paris ne possède ses habitants que six mois de l'année. Citoyens infidèles, parce qu'ils ont été prodigues, ils quittent ce séjour pour aller se confiner dans un reste de château, où ils font une pénitence rigoureuse des dépenses de l'hiver. Les délices de la vie champêtre ne sont point goûtées de ces gens trop sensibles aux plaisirs de la ville. Mécontents de leur sort, ils attendent l'automne; Paris les revoit; ses places sont fréquentées de nouveau, et ses rues embarrassées par le nombre d'équipages; tout est brillant et pompeux; la froide saison s'écoule en joies, en spectacles, en jeux, en mascarades. Le prix de la récolte dissipé, le seigneur retourne à sa terre, où il continue d'expier ses profusions. » (Brillon, *Le Théophraste moderne*, Paris, 1700, p. 263.)

tendre et fidèle, n'est-il pas préférable à toutes les choses du monde? Auriez-vous l'imprudence de comparer les plaisirs de l'ambition[1] à ceux de l'amour? Ah! cette passion doit toujours être la plus forte, comme elle est la plus agréable; il n'y a qu'elle qui puisse faire chérir jusqu'à ses souffrances, et les miennes ont un charme secret et de certaines douceurs, que je ne changerois pas pour tous les fades amusemens des personnes indifférentes.

1. Voir les lettres LXIII et LXXI, p. 135 et 152.

LETTRE LIX

[1682].

Je vous ai promis dans ma dernière lettre un long récit de quelque chose qui regarde mon mari[1], mais en vérité je n'ai pas la force de songer à lui, ni d'en parler si longtemps. Quittez-moi de ma parole, et vous contentez de savoir qu'il me traite à présent d'une manière tout opposée à celle que vous lui avez connue. Il est presque devenu galant avec moi, mais s'il est assez malheureux pour pousser ses prétentions plus loin, ma vengeance est certaine ; je vous jure une fidélité à l'épreuve de tout.

---

1. C'est dans la lettre LV, et non dans la précédente, que Bélise parle de son mari et « des sottises qu'il lui a faites depuis peu ». Bien que l'allusion paraisse surtout avoir pour objet une querelle de ménage, il convient de noter que, pendant l'absence de Breteuil en Italie, M. Ferrand avait, le 14 août 1683, échangé les fonctions de lieutenant particulier au Châtelet, pour celles de président de la 1re Chambre des requêtes.

Vous a-t-on mandé que le confesseur de Madame de*** est du nombre des exilés[1], qu'elle en a une douleur si grande qu'elle pleure nuit et jour? cela va à un excès ridicule, et son amie que je vis hier m'en parut toute honteuse. N'admirez-vous point la foiblesse des femmes et leur légèreté? Diroit-on que des yeux qui ont su vous regarder

---

1. Il s'agit probablement ici des rigueurs qui avaient été exercées contre les docteurs qui, dans l'assemblée de Sorbonne du 15 juin 1682, avaient fait de l'opposition aux quatre articles de la célèbre Déclaration de 1682. Le 21 juin Louis XIV signa un ordre d'exil contre Boucher et Chamillard, le premier curé et le second vicaire de Saint-Nicolas du Chardonnet, tous deux directeurs de la communauté de ce nom, et qui avaient parlé très énergiquement dans cette séance, et contre quatre autres docteurs moins en vue, MM. Humblot, ancien ecclésiastique de la paroisse Saint-Étienne du Mont, Paucelier, sous-pénitentier de Paris, Joisel et Blanger. Ils durent partir aussitôt pour Guingamp, Issoudun, Lescar, Bazas, Brioude et Villefranche de Rouergue, lieux de leur exil. On est d'autant plus autorisé à penser que le « confesseur de madame *** » était au nombre des exilés, que les docteurs de Sorbonne s'adonnaient alors beaucoup à la direction. Voulant justifier plus tard la Sorbonne qui se départit de son opposition, Lefèvre, le nouveau syndic de la Faculté de théologie, aurait dit, d'après l'abbé Le Gendre : « Nous sommes plus à plaindre qu'à blâmer, la Faculté a toujours été et sera toujours le jouet et l'esclave des puissances qui la dominent : de la cour, parce que d'un trait de plume elle peut casser nos privilèges ; du Parlement, parce qu'il les restreint et les étend comme il lui plaît; et principalement de l'archevêque de Paris, parce que la plupart de nous ne vivant que de confesse et de prêche, il peut, quand il lui plaira, nous ôter le pain de la main. » (*Mémoires* de l'abbé Le Gendre, dans le *Magasin de Librairie*, Paris, 1859, t. VI, p. 228.) Voir sur tout cet incident le savant ouvrage de M. Charles Gérin, *Recherches histor. sur l'Assemblée du clergé de France de* 1682. Paris, Lecoffre, 1870, p. 391 et 398.

autrefois avec tant de tendresse, ne dussent s'employer aujourd'hui qu'à pleurer la disgrâce d'un cagot? Je trouve les femmes plus méprisables dans la dévotion que dans la galanterie [1].

---

1. La Bruyère, dans la septième édition des *Caractères* (1692), ne s'exprimait pas moins énergiquement contre la dévote, c'est-à-dire contre la « fausse dévote, » comme il eut soin de l'expliquer dans une note qu'il eut le tort de rendre nécessaire. « Si j'épouse, *Hermas*, une femme avare, elle ne me ruinera point ; si une joueuse, elle pourra m'enrichir ; si une savante, elle saura m'instruire, si une prude, elle ne sera point emportée ; si une emportée, elle exercera ma patience ; si une coquette, elle voudra me plaire ; si une galante, elle le sera peut-être jusqu'à m'aimer ; si une dévote, répondez, Hermas, que dois-je attendre de celle qui veut tromper Dieu, et qui se trompe elle-même. » (*Caractères*, édit. Servois, t. I, p. 184.)

LETTRE LX

[1683].

Ah! que ne pouvez-vous voir tout l'amour qui est dans mon cœur, et connoître tous les maux que me cause votre absence, vous abandonneriez bientôt la fortune pour venir essuyer mes larmes. Les laisserez-vous encore longtemps couler? Est-ce une absence de plusieurs années que j'ai à craindre, ainsi que le dit tout le monde? annoncez-moi, cruel, tout mon malheur! Vous ne m'avez que trop flattée. Hélas! que j'étois aveuglée de me laisser persuader que notre séparation ne seroit que pour quelques jours! Si je l'eusse crue aussi longue que je vois présentement qu'elle le doit être, je serois morte à vos yeux, et vous ne m'auriez point vue survivre à nos derniers adieux.

N'aurois-je pas été heureuse d'éviter tout ce que je souffre depuis trois mois, et tout ce qui me reste à souffrir avant que de vous revoir? mais ce qui augmente ma douleur, c'est que la vôtre n'est point aussi vraie que la mienne. Non, vous ne sentez point l'absence aussi cruellement que moi. C'est vous qui m'avez voulu quitter, et vous n'avez pas regardé comme le plus grand des malheurs pour vous, ce qui devoit me causer des douleurs si terribles. Ingrat, n'ai-je pu vous inspirer une passion digne de la mienne; et ne serai-je aimée que médiocrement d'un homme que j'aime avec tant de violence?

Pardonnez, mon cher amant, si j'augmente aujourd'hui par mes reproches l'ennui de la vie que je mène depuis votre départ, je ne vous en ferai plus. Ils sont inutiles dans l'état où nous sommes; j'oublie le passé, et puisque ce qui nous sépare est sans remède, pensez au moins à rendre votre éloignement utile à votre fortune, et je ne penserai, moi, qu'au bonheur de votre retour. Si l'ardeur de mes désirs pouvoit l'avancer, je vous verrois dans cet instant. Que je vous dirois des choses tendres! il me semble que je n'ai jamais bien exprimé tout mon amour, et je sens dans ce moment une ardeur capable de réparer tout ce que j'ai manqué à vous dire? Ah! rien ne seroit comparable à tout ce que l'amour mettroit de transports et de vivacités dans mes yeux et dans tous mes sens. Mais pourquoi augmenter mon tourment par l'image d'un bonheur si parfait, et dont je suis si éloignée de jouir? Adieu, cruel amant! pensez quelquefois, au milieu de vos occupations, que vous êtes plus aimé qu'homme du monde.

LETTRE LXI

[1683].

Je ne puis vous pardonner la malice que vous avez de me donner par votre dernière lettre un conseil qui ne peut convenir qu'à une coquette. Avez-vous cru que je donnerois dans ce panneau ? Apprenez à me mieux connoître, et soyez persuadé que si le hasard fait jamais que je plaise à quelqu'un, ce sera assurément sans dessein, et que je me donnerai bien de garde de faire aucun pas pour conserver les conquêtes que j'aurai faites, ni pour en faire apercevoir les autres. Si j'ai eu autrefois la fantaisie de paroître aimable à de certaines gens, c'est que je ne vous plaisois point encore, et que je croyois que, pour y parvenir, de certaines conquêtes n'y seroient peut-être pas inutiles, et auroient donné un prix à ma personne et à mon cœur que vous n'y aviez pas trouvé. Je vois par le conseil que vous me donnez, que je ne m'étois pas fort trompée ; mais je ne saurois plus avoir cette sorte de complaisance pour votre vanité. Qu'elle se contente, si elle peut, de savoir que votre maîtresse est si peu touchée de ce qui fait les plus violens désirs de la plupart des femmes, que, hors vous, aucun homme ne peut pas seulement m'amuser un moment.

LETTRE LXII

[1683].

Que ne puis-je croire que vous ne m'aimez pas assez pour être poussé à m'écrire! De la manière que je vous aime, je serois moins à plaindre que de craindre depuis quinze jours, comme je fais, que vous soyez malade. Êtes-vous pardonnable de m'exposer à une inquiétude si cruelle? Ne connoissez-vous pas ma délicatesse et ma vivacité? M'avez-vous oubliée, ou ne pouvez-vous m'écrire?

L'un ou l'autre de ces malheurs seroit un coup mortel pour moi, il n'y a rien de funeste qui ne m'ait passé dans la tête depuis que je ne reçois point de vos nouvelles. Vraiment l'absence est la source de bien des maux.

LETTRE LXIII

[1683].

Je ne demeure pas d'accord des louanges que vous me donnez dans votre dernière lettre, je vous cède du côté de l'esprit et du mérite, et vous gagnerez autant aux comparaisons que je ferai de votre personne à la mienne, que vous perdrez quand vous en ferez de votre cœur au mien. Personne n'aime comme moi, et pour vous en convaincre, il ne faut que lire ce que vous m'écrivez sur l'ambition et sur la fortune; on voit pleinement que les affaires de cœur ne vont pas chez vous les premières, et que vous cherchez à vous persuader que l'amour cause en vous le désir naturel que vous avez de vous agrandir [1].

---

1. La Bruyère écrivait en 1688 : « Les hommes commencent par l'amour, finissent par l'ambition. » (*Caractères*, édit. Servois, Paris, Hachette, 1865, t. I, p. 213.) Et La Rochefoucauld : « On passe souvent de l'amour à l'ambition ; mais on ne revient guère de l'ambition à l'amour. » (*Maximes*, n° 490, édit. Gilbert, Paris, Hachette, 1868, t. I, p. 207.)

Tout ce que vous m'écrivez sur cela a de la fausseté, et une passion véritable ne connoît de bonheur qu'à vivre avec la personne qui l'a inspirée. Tout ce qui éloigne le plaisir de la voir ne peut lui paroître avantageux, et ce sont les regards d'une maîtresse qui doivent faire la félicité d'un véritable amant. Cependant vous cherchez la fortune préférablement à moi, et vous me donnez lieu de craindre que des vues ambitieuses ne vous accoutument à vivre loin de moi, et à ne vous en pas croire peut-être plus malheureux.

LETTRE LXIV

[1683].

Les reproches que vous vous faites de m'avoir quittée, et les remords que vous donnent les marques de mon amour, ne me vengent point encore assez de tout ce que me fait souffrir votre absence. Tant de douleurs finiront quand il plaira à la fortune qui nous guide présentement. Il y a longtemps que je vous ai mandé que je m'attendois à vous recevoir de ses mains plutôt que de celles de l'amour; vous nous avez l'un et l'autre méprisés pour elle. Je souhaite qu'elle reconnoisse ce sacrifice par des faveurs plus constantes que ne sont celles qu'elle a accoutumé de faire, et que vous ne veniez pas un jour chercher dans les bras de l'amour une consolation à son inconstance, et un asile contre ses dégoûts. Peut-être que si vous m'aviez bien connue, vous ne m'eussiez point abandonnée pour elle.

Adieu, pensez à moi, et m'écrivez régulièrement.

LETTRE LXV

[1683].

Mes maux ont été si violens depuis que je ne vous ai écrit, que j'ai été en danger de perdre la vie; c'est quelque chose d'affreux que de voir de près une mort douloureuse, mais elle n'a rien de si terrible que de se trouver privé dans ces[1] momens de la consolation de voir ce qu'on aime, et de n'oser prononcer son nom. L'amour m'est témoin que votre absence a été la plus sensible de mes douleurs, et que j'ai été occupée de vous en ce triste état avec autant de vivacité que dans des momens plus heureux; mais que mes souffrances augmentèrent quand je connus que la prudence vouloit que j'ôtasse d'auprès de moi et de mon cabinet tout ce que j'ai de vous. Je sentis, je crois, ce qui arrive dans la séparation de l'âme et du corps,

1. Édit. de 1691 : « Dans *les* momens. »

car je ne vis que pour l'amour et par les assurances que vous me donnez de m'être fidèle.

Adieu, croyez que vous perdez beaucoup à ne pas voir de près la passion que j'ai pour vous.

LETTRE LXVI

[1683].

Vous ne dites pas un mot de votre retour dans vos lettres, ce silence m'en dit assez. Que j'étois simple de me laisser persuader que vous seriez peu de temps séparé de moi. Ah! croyez-vous que si j'avois su sur cela ce que je sais présentement, j'eusse jamais consenti à votre départ? Je vous aurois mis dans la nécessité de choisir de votre fortune ou de votre maîtresse. Mais non, je vous aurois laissé faire ce que vous avez fait, et je n'aurois pas voulu démentir le caractère de la passion que j'ai depuis longtemps pour vous. Je me suis toujours piquée de préférer vos intérêts aux miens, et de n'exiger rien de vous de pénible; j'ai mis mon plus grand bonheur à ne pouvoir mériter vos reproches, et à vous faire rougir d'aimer médiocrement une femme qui vous aime avec tant de tendresse.

Mais connoissez-vous assez la différence qu'il y

a de votre passion à la mienne, pour ressentir cette sorte de honte? Ne vous trompez-vous point? Il me paroît par vos lettres que vous faites hardiment des comparaisons avec moi. Pourriez-vous vous méprendre au point de ne plus connoître que je vous aime mille fois plus que vous ne m'aimez? Est-il possible que vous me donniez pour exemple Madame de***? si je supportois votre absence comme elle fait celle de Monsieur de***, vous auriez quelque sujet de vous plaindre; la date de douze ans[1] ne fait rien à l'affaire selon moi. Il faut toujours aimer ce que l'on a une fois jugé digne de son estime et de son cœur, les années ne diminuent que les passions médiocres, et la manière[2] dont vous regardez douze ans, ne me fait pas croire la vôtre à l'épreuve du temps; il n'en est pas un plus propre à diminuer l'amour que celui de l'absence.

Adieu, je vous aime, et vous souhaite avec une ardeur qu'il n'y a que moi capable de sentir. Que ne donnerois-je point pour vous donner le bonsoir? Ah! quand ce seroit par magie que votre figure paroîtroit à mes yeux, je me tiendrois heureuse de la voir.

---

1. Les amours de Bélise avaient commencé vers 1671. Ils dataient donc de douze ans environ en 1683. Voir encore les lettres IX et LXVIII, p. 25 et 145.
2. Edit. 1691, « *les manières;* » faute évidente, le verbe qui suit étant au singulier.

LETTRE LXVII

[1684.]

Vous me quittez quand tout change pour nous, quand nous passons tous les huit jours dix heures ensemble [1]; vous renoncez à des plaisirs que vous avez paru désirer avec tant d'ardeur; vous laissez votre maîtresse malade sans penser au péril qui peut menacer sa vie; vous voulez devenir héros, et chercher la gloire d'être au-dessus des foiblesses humaines. Songez que quand on veut être plus qu'un homme, on devient beaucoup moins

---

1. « Ils trouvèrent qu'il étoit moins dangereux de se voir chez Bélise même, et que plus d'une chose y pouvoit contribuer; si bien qu'il y entroit presque tous les jours pendant les six derniers mois de leur commerce, quoique tous les domestiques de la maison fussent autant d'espions de Bélise. Une seule femme de chambre conduisoit leur intrigue. Il y demeuroit quelquefois deux jours sans en sortir. La chambre de Bélise, qui touchoit à celle de son mari, étoit leur rendez-vous le plus ordinaire; le père, la mère et le mari y étoient souvent pendant qu'il attendoit secrètement l'heure de son rendez-vous; un seul verrou faisoit la nuit toute leur sûreté contre la vigilance et la jalousie de tant de personnes. » (*Histoire des Amours de Cléante et de Bélise*, IIIe partie.)

quelquefois. Thésée fut moins blâmé d'avoir été sensible aux charmes d'Ariane[1], que de l'avoir abandonnée ; le plus grand des crimes est de violer ses sermens, vous m'en aviez fait de m'aimer tendrement ; puis-je croire que je le suis après ce que vous avez fait ?

1. Ovide qui a fait d'Ariane abandonnée le sujet de la Xe de ses *Heroïdum epistolæ*, peint ainsi, ailleurs, son désespoir sur le rivage de Naxos que Thésée vient de quitter sans elle :

> Cnossis in ignotis amens errabat arenis,
>   Qua brevis æquoreis Dia feritur aquis ;
> Utque erat è somno, tunica velata recincta,
>   Nuda pedum, croceas irreligata comas,
> Thesea crudelem surdas clamabat ad undas,
>   Indigno teneras imbre rigante genas,
> Clamabat, flebatque simul.
>   (Ovide, *De Arte Amandi*, I, 527.)

Quand madame Ferrand s'exprimait ainsi, ce sujet venait d'être traité par Thomas Corneille, dans sa tragédie d'*Ariane*, représentée, le 4 mars 1672, sur le théâtre du Marais. Cette pièce avait eu beaucoup de succès. « Du tragique sublime, M. Corneille passa à des caractères, qui plus naturels, ou plus à la portée de nos mœurs, quoique toujours héroïques, n'avoient cependant pas encore été placés sur la scène françoise. *Ariane* et le *Comte d'Essex* (1678), écrits dans ce goût, enlevèrent tous les suffrages dès qu'ils parurent, et le public, que l'on accuse de se rétracter si aisément, ne s'est même pas refroidi après trente à quarante ans d'examen. *Ariane* et le *Comte d'Essex* sont toujours demandés ; on en sait les plus beaux endroits par cœur, ils plaisent, comme s'ils avoient le mérite de la nouveauté ; on y verse des larmes, comme s'ils avoient encore l'avantage de la surprise. » (*Éloge de M. Corneille*, prononcé à l'Acad. des Inscriptions et Belles-Lettres, en 1710.) Léris dit également : « Cette tragédie, qui est très touchante, passe pour son chef-d'œuvre... Elle fut fort suivie, quoique jouée en concurrence avec *Bajazet* de Racine » (Léris, *Dictionnaire des Théâtres*, Paris, 1754, p. 37). *Ariane* avait encore fourni à l'abbé Perrin et à Cambert le sujet d'un opéra, qui ne fut pas représenté en France, mais à Londres en 1673.

Mais que me sert-il de vous faire des reproches? Mes lettres n'auront apparemment pas plus de pouvoir que n'en ont eu mes larmes. Grands dieux! des larmes mêlées de toutes les douceurs de l'amour. Dans quel état vous ai-je prié de ne point partir! Dans quel moment vous ai-je dépeint la douleur et le désespoir que me causeroit votre absence! Rien de tout cela ne vous attendrit, et vous êtes parti malgré mon amour et mes douleurs. Après les marques d'une passion médiocre, aurois-je la folie de croire que vous êtes fort touché de ce que je souffre présentement.

Adieu, je sens dans ce moment de certains mouvemens de dépit, dont je veux vous épargner la connoissance : aimez-moi s'il est possible, et vous souvenez de moi si vous pouvez[1].

---

[1]. Cette lettre semblerait, par son début, avoir été écrite quelques jours après le départ de Breteuil pour l'Italie, c'est-à-dire dans les six premiers mois de 1682. Cependant, comme elle prend, vers la fin, un caractère rétrospectif très marqué, on peut la maintenir à la place qu'elle occupe dans l'édition originale. Quant à nous, en l'absence de preuves positives, nous avons cru devoir partout respecter l'ordre numérique des lettres.

LETTRE LXVIII

[1684].

Sur quoi fondez-vous vos soupçons de jalousie qui vous occupent si fort? Est-ce sur ce que je vous ai écrit de ce prétendu amant? Cette exactitude à vous rendre compte des moindres choses ne vous prouvoit-elle pas que je ne suis occupée que de vous? Pouvez-vous me dire que j'ai peut-être des sentimens secrets pour lui[1], que je ne démêle pas bien encore? Une femme qui a aimé dix années[2] n'est plus novice en amour, et les mouvemens d'une passion n'échappent pas à sa connoissance.

En vérité, vous ne vous faites pas une juste idée de ce que je souffre; si vous le connoissiez bien, et que vous m'aimassiez tendrement, vous me sou-

1. Si cette lettre a précédé le retour de Breteuil en France, il ne sauroit ici être question du « pédant », ce rival dont il sera parlé dans l'*Histoire des Amours*, etc., IIIe partie.
2. Voir sur cette durée des amours de Bélise : les lettres IX et LXVI, et l'*Histoire des Amours*, etc., p. 208.

haiteriez plus de dissipation que je n'en ai ; mais vous n'êtes pas capable de tant de délicatesse, et vous comparez hardiment ce que vous faites pour moi à ce que je souffre pour vous. Cependant il me semble que vous ne devriez point avoir tant de peine à me céder l'avantage de savoir mieux aimer que vous. Hélas ! que je l'achète cher, et qu'il m'en coûte de douloureux momens.

LETTRE LXIX

[1684].

Je vous demande pardon de vous avoir écrit aigrement, mais le principe qui m'a fait agir ne doit point vous déplaire. Cependant je suis une divinité plus équitable que vous ne croyez, mais suivant l'usage des dieux, je gronde et je menace suivant mes caprices, et la crainte peut faire souvent ce que la reconnoissance ne feroit pas.

LETTRE LXX

[1684].

La fortune met une grande différence entre votre vie et la mienne. Mon partage est les douleurs, pendant que vous êtes tous les jours aux opéras de Venise[1]; je ne suis pas fâchée que vous soyez plus heureux que moi, mais je crains que les divertis-

---

1. Le duc de Mantoue, qui faisait de très fréquents séjours à Venise, pour ses plaisirs, en fit de plus nombreux encore en 1683 et dans des vues politiques. Il cherchait à s'aboucher avec l'ambassadeur de l'Empereur, au sujet d'une garnison impériale qu'il était disposé à recevoir à Mantoue. Breteuil, qui surveillait cette intrigue, contraire aux intérêts de la France, suivit certainement le duc à Venise. Dans ses Mémoires, il parle « de la vie abandonnée qu'il avoit vu mener à ce prince, quand il avoit été de la part du roi auprès de lui » et aussi « de l'amitié que ce souverain avoit eue autrefois pour lui ». (Voir le *Magasin de Librairie*, 1858, t. I, p. 289 et 293.) Dans le mémoire adressé au roi sur son ambassade, Breteuil, appréciant le caractère politique du duc de Mantoue, le peint comme « le plus caché et le plus dissimulé des hommes quand il lui plaît ». Voici, d'après les correspondances étrangères de la *Gazette de France*, le journal, en quelque sorte, des divers voyages faits à Venise, en 1683, par le duc de Mantoue, et très probablement aussi par Breteuil :

De Venise, 26 déc. 1682 : « Le duc de Mantoue, après avoir vu deux fois un de nos opéras en musique, est parti avec toute la cour, pour aller à Mantoue passer les fêtes, avec la du-

semens ne vous accoutument à supporter tranquillement mon absence. La joie dissipe trop, et la

chesse sa femme et la duchesse sa mère ». (*Gazette de France*, du 16 janvier 1683, p. 343.) — Du 20 février 1683 : « Le duc de Mantoue revint ici le 16 de ce mois, pour les divertissements du carnaval ». (*Idem*, p. 128.) — Du 27 février : « Le 25 de ce mois, on fit la fête qui se fait tous les ans dans la place de Saint-Marc. On y coupa la tête à un taureau, on alluma des feux d'artifice, et on donna au public les spectacles ordinaires. Le doge y assista, accompagné des sénateurs : et les ministres étrangers, qui sont ici, se trouvèrent à ces divertissements. On a continué ceux du carnaval par les représentations des opéras en musique et par des courses de taureau en plusieurs endroits de la ville. Mais quelques précautions qu'on eut prises pour empêcher les désordres, il y en est arrivé de grands, et quelques personnes ont été dangereusement blessées ». (*Idem*, p. 141.) — Du 6 mars : « Le 2 de ce mois, on donna ici dans la place ducale de Saint-Marc, le divertissement d'un carrousel, d'un ballet à cheval et de quelques autres spectacles. Le duc de Mantoue, le prince de Parme (*Odoard Farnèse*, 1666-93) y assistèrent, avec quantité de nobles vénitiens. Il y eut aussi un grand concours de masques dans la même place ducale. Le soir, les divertissements furent continués par un opera sur le théâtre de Saint-Luc : et ensuite d'un magnifique souper, qui fut donné à une grande partie de la noblesse et des dames, il y eut un bal qui dura jusqu'au lendemain, et qui termina les réjouissances du carnaval ». (*Idem*, p. 152.) — Du 18 mars : « Le 16 de ce mois, le duc de Mantoue reprit la route de ses États ». (*Idem*, p. 165.) — Du 6 juin : « Le 27 du mois dernier (*mai*), fête de l'Ascension, le Doge alla sur le Bucentaure faire la cérémonie d'épouser la mer : étant accompagné de plusieurs sénateurs, avec l'ambassadeur de l'Empereur et l'ambassadeur de France (*Amelot*), et suivi de quantité de seigneurs et de dames de diverses nations, qui étoient sur des péotes et des galiotes. Au retour de la cérémonie, le Doge, selon la coutume, donna aux ambassadeurs et aux sénateurs un repas magnifique, qui dura une grande partie de la nuit ». (*Idem*, p. 296.) — Du 26 juin : « Le 23 de ce mois, le duc de Mantoue partit d'ici en poste la nuit, pour retourner à Mantoue ». (*Idem*, p. 357.) — Du 2 octobre : « Le prince de Parme a fait ici de grandes réjouissances pour la délivrance de Vienne. Son palais,

mélancolie rend assurément l'amour plus sensible : on souhaite avec plus d'ardeur ce qu'on aime, quand on ne jouit d'aucun plaisir dans les lieux où l'on est sans maîtresse ; et de l'humeur dont je vous connois[1], il est difficile que vous viviez sans amusement, et plus difficile encore que celui de m'écrire, de recevoir de mes lettres, et de vous souvenir de moi, en soit un capable de remplir toute votre vivacité.

Cependant ne vous préparez à aucunes indulgences ; plus votre absence sera longue, plus je serai sévère, parce que je souffrirai davantage, et que de si longues peines me paraîtront dignes de votre fidélité. Ces sentimens sont peut-être un peu injustes, mais beaucoup d'amour est ordinairement suivi d'un peu d'injustice. N'y en a-t-il pas à m'ennuyer comme je fais avec tous mes amis, parce que vous êtes absent ? Devroient-ils être punis de vos fautes ? Cependant je suis de si mauvaise humeur, que je ne comprends pas que quelqu'un me veuille voir.

---

qui est sur le grand canal, étoit illuminé de tous côtés ». (*Idem*, p. 609.) — Du 22 décembre : « Le duc de Mantoue est arrivé en cette ville ». (*Idem*, p. 727.)

1. Saint-Simon nous peint, de son côté, le baron de Breteuil, comme très répandu, et aimant beaucoup le monde : « C'étoit un homme qui ne manquoit pas d'esprit, mais qui avoit la rage de la cour, des ministres, des gens en place ou à la mode ». (*Mémoires*, Paris, Hachette, 1873, t. I, p. 410.)

LETTRE LXXI

[1684].

Si la passion que vous m'avez inspirée vous étoit bien connue, vous seriez au-dessus des inquiétudes qui agitent ordinairement les amans; vous ne craindriez point que j'en aimasse un autre, et vous ne songeriez qu'à vous rendre digne d'être toujours ardemment aimé de moi. Pour cela il faut souhaiter fortement votre retour, et n'employer que peu de temps à tenter la fortune. Si mon absence vous étoit aussi sensible que m'est la vôtre, vous payeriez trop cher les plus éclatantes faveurs ; mais les raisonnemens que vous faites dans vos dernières lettres, par rapport à elles, font bien voir que vous n'êtes encore qu'apprenti philosophe.

L'avenir est-il à vous pour en disposer comme vous faites? Qui me sera caution de vos espérances? et ne faut-il pas avoir perdu le sens pour renoncer au bien présent qu'on possède, dans l'espoir d'en acquérir un chimérique? Les conseils du confident de Pyrrhus vous conviennent mieux qu'à lui[1] : vous courez pour vous reposer, et dans la vue incertaine d'acquérir un jour plus de liberté de me voir, vous avez renoncé pour mille années au plaisir de me voir au moins tous les huit jours une fois. Pour moi, sans renoncer aux avantages que le temps peut m'apporter, je regarde le présent comme ce qui décide de ma destinée, et les douceurs que vous me dépeignez dans l'avenir ne me consolent point du mal présent de votre absence. La mienne ne vous touche pas de la même manière; l'ambition partage votre cœur, et vous vous faites un plaisir de servir le Roi pour vous cacher à vous-même la foiblesse que vous avez de ne pouvoir vous passer des faveurs de la fortune.

---

1. Bélise avait pu lire dans l'épître adressée au roi par Boileau, *contre les conquêtes* (1669), cette conversation célèbre de Pyrrhus et de Cinéas, rapportée déjà par Plutarque :

> — Je vous entends, Seigneur, nous allons tout dompter...
> Et ranger sous nos lois tout ce vaste hémisphère ;
> Mais, de retour enfin, que prétendez-vous faire ?
>
> — Alors, cher Cinéas, victorieux, contents,
> Nous pourrons rire à l'aise et prendre du bon temps.
>
> — Eh ! Seigneur, dès ce jour, sans sortir de l'Épire,
> Du matin jusqu'au soir qui nous défend de rire ?
> Le conseil étoit sage et facile à goûter,
> Mais à l'ambition d'opposer la prudence,
> C'est aux prélats de cour prêcher la résidence.

Je m'aperçois que je ne songe pas que l'amour doit être badin, et ne s'accommode guère des réflexions d'un philosophe; mais je suis d'une mélancolie et d'une humeur qui ne convient point du tout à parler de tendresse.

LETTRE LXXII

[1684].

Si vous êtes, comme vous me l'écrivez, un exemple de la puissance de l'amour, j'en suis un des malheurs que causent ses passions extrêmes ; et comme je donne ordre que vous ne receviez cette lettre qu'en apprenant ou ma mort ou ma guérison, je ne dois point craindre de vous y laisser voir le triste état où mon cœur et ma santé sont réduits. J'ai souffert, depuis deux fois vingt-quatre heures, tout ce qu'on peut souffrir du corps et de l'esprit, et comme je suis si abattue, que je ne puis m'assurer de ne pas succomber à un remède violent que les médecins veulent me faire prendre cette nuit, j'ai voulu, avant que de m'y exposer, vous assurer que, quoique je meure ou que je vive, l'amour régnera dans mon cœur jusqu'au dernier soupir, avec la même vivacité que vous m'avez vue au milieu de ses plus doux transports ; et que si le destin veut terminer si promptement une vie aussi peu avancée que la mienne, je mourrai sans me repentir de tout ce que l'amour me fait faire pour vous, sans vous reprocher un départ, dont la douleur seule est cause des maux dont je vais peut-être mourir. Pour vous montrer digne d'une passion si constante, conservez de moi un tendre souvenir; je sais que les morts n'en doivent pas demander davantage, s'ils veulent être exaucés. Je vous demande seulement de respecter assez la passion que j'ai pour vous, pour ne vous servir jamais des mêmes expressions et des mêmes transports qui m'ont persuadée de votre amour, pour convaincre d'autres femmes de votre ardeur. Mettez dans les manières que vous pourrez avoir pour elles toute la différence qui est effectivement entre l'attachement que j'ai pour vous et ceux dont sont capables les autres femmes. Vous n'en trouverez point qui aient un cœur digne de remplacer le mien, et je m'assure que vous me regretterez quand vous voudrez songer à la manière dont je vous ai aimé.

Que ma destinée vous inspire une tendre compassion. Je n'ai jamais été heureuse, et je meurs encore plus malheureuse que je n'ai vécu. Si ma mort ne peut mettre ma gloire à couvert, et que ceux qui me haissent veulent, pour se venger de moi, publier ce qu'ils ont pu découvrir de mon aventure, justifiez la violence de ma passion par la durée de la vôtre, et qu'on connoisse par votre attachement pour une maîtresse morte, qu'elle a dû tout faire pour vous pendant sa vie.

Mais je m'abandonne trop à la cruelle tristesse dont je suis remplie, et je ne songe pas aux larmes que cette lettre pourra vous faire verser. Au nom de votre amour, pardonnez-moi la douleur qu'elle vous causera : s'il est des momens où il est permis de ne se pas contraindre, ce sont sans doute ceux où l'on envisage la mort de près. Mais voici le moment d'être philosophe, et de ne pas démentir le caractère que vous connoissez, et que vous avez paru aimer en moi. J'espère que vous n'apprendrez pas que j'ai rien fait en ce triste moment qui en soit indigne, vous seul m'attachez à la vie, et vous seul aussi me rendez la mort pénible.

Rien ne me touche plus sensiblement que de ne pouvoir appeler personne auprès de moi, qui vous puisse rendre un compte exact de tout ce que je sentirai de tendre pour vous dans ce moment. S'il est écrit qu'il doive si tôt arriver, imaginez-vous tout ce que peut sentir le cœur le plus sensible et le plus délicat qui ait jamais aimé ; et pour vous en former quelque idée, croyez que j'aurai quelque plaisir à mourir, parce que ma mort préviendra la vôtre, et que j'éviterai par ce moyen le supplice affreux de vous voir peut-être expirer à mes yeux.

Adieu, mon cher amant, je vais mettre tout en usage pour que ce ne soit pas là le dernier[1] de ma vie, et pour retirer ce que vous aimez des bras de la mort ; mais si mes soins sont inutiles, songez que votre maîtresse a plus aimé que femme du monde, et que vous devez quelque chose aux sentimens qu'elle conserve pour vous jusqu'à la mort. Adieu.

1. Sous-entendu *moment*, qui se trouve au commencement de la phrase précédente.

HISTOIRE

DES

AMOURS DE CLÉANTE

ET DE BÉLISE

HISTOIRE
DES
AMOURS DE CLÉANTE
ET DE BÉLISE

PREMIÈRE PARTIE

Zélonide et Bélise[1], qui étoient unies depuis longtemps d'une amitié plus tendre et plus solide que celle qui est ordinairement entre les dames, allèrent dans les beaux jours du printemps passer ensemble une soirée aux Tuileries[2]. Bélise étoit

---

1. Outre l'analogie qui existe entre le nom de Bélise et celui de Belisani ou Bellinzani, nom de famille de la présidente Ferrand, nous ferons remarquer que ce nom de Bélise est celui de la sœur de Chrysale, dans les *Femmes savantes* (1672), laquelle, comme sa belle-sœur, Philaminte, et sa nièce Armande, est entêtée de pédanterie, et folle des pédants. Or on verra que notre Bélise, qui aimait fort les sciences, ne méprisait pas les pédants.

2. Le jardin des Tuileries, dont Le Nôtre venait à peine de dessiner la belle ordonnance, et avec lui le Cours-la-Reine, qui en faisait comme la continuation, et qui était surtout

si triste et paroissoit si vivement touchée d'un secret chagrin, dont son amie s'étoit déjà souvent aperçue, sans lui en oser parler, qu'elle ne put plus s'empêcher de lui en demander la cause.

— « Il y a longtemps, lui dit-elle, que je résiste au désir que j'ai de savoir d'où vous vient cette langueur presque continuelle, et qui me paroît encore augmentée aujourd'hui, mais j'ai toujours craint de vous paroître trop curieuse, et j'aurois encore la même retenue en ce moment, si l'accablement où je vous vois ne me pressoit d'apprendre vos douleurs pour tâcher d'y apporter quelque remède.

---

fréquenté en été, à cause de la fraîcheur qu'il empruntait au voisinage de la Seine ; et, pour les habitants du Marais, le quai Saint-Bernard, le boulevard de la porte Saint-Antoine, appelé le Nouveau-Cours, et même l'avenue de Vincennes, surtout au mois de juin, étaient le rendez-vous de la bonne compagnie, et des petits maîtres. La Bruyère écrivait en 1688 : « L'on se donne à Paris, sans parler, comme un rendez-vous public, mais fort exact, tous les soirs au Cours ou aux Tuileries, pour se regarder au visage et se désapprouver les uns les autres. » *Les Caractères,* édit. Servois, Paris, 1865, Hachette, t. 1, p. 275.) — Un peu plus tard, l'avocat Brillon nous donne ces détails sur les promenades affectionnées par les élégants et les élégantes de la robe : « On est sûr, dit-il en parlant des magistrats *petits maîtres,* de les trouver au Cours dans la saison, à Vincennes dans le mois de juin, aux Tuileries tous les jours. » (Brillon, *le Théophraste moderne,* 1701, p. 424.) Dans une de ses lettres à M. de Guibert (28 février 1778), mademoiselle de Lespinasse exprime bien le charme de cette délicieuse promenade : « Je vous crois trop homme du monde pour manquer le bal de cette nuit; pour moi j'aime mieux respirer l'air doux et pur des Tuileries, à l'heure où l'on est presque seul. » (Voir notre édition, Paris, Charpentier, 1876, p. 183.)

— « Il est des choses, répondit Bélise en soupirant, qu'on voudroit cacher à soi-même, et ne les pas dire à ses amis; ce n'est pas une marque qu'on s'en défie, mais seulement qu'il est difficile de les avouer.

— « Il n'en est point, reprit Zélonide, qu'on doive taire à une amie dont la tendresse et la discrétion nous sont entièrement connues; et pour moi, je croirois manquer à l'amitié que je vous dois, s'il se passoit rien dans mon cœur dont je ne vous fisse part.

— « Eh bien, dit Bélise, il faut justifier mon silence aux dépens de votre estime. Vous le voulez, et peut-être même que mon cœur n'est pas fâché que vous m'y contraigniez; mais cherchons un endroit écarté de la foule où je puisse vous parler sans être entendue. »

A ces mots, elles quittèrent l'allée[1] où elles se

---

1. Il s'agit ici de la grande allée du milieu, allant du pavillon de l'Horloge — hélas! en ruine — au grand bassin, existant encore aujourd'hui, et d'un amphithéâtre de verdure que Colbert avait fait établir à droite de cette allée et qui ne disparut que sous la Régence. Voici la description qu'en donne Brice en 1684 : « Les vues de tout ce palais sont sur le jardin des Tuileries, à qui il sert d'une perspective magnifique, en bornant agréablement toutes les allées par une face de bâtiment de très belle architecture. Ce jardin est à présent un des plus réguliers de l'Europe, quoiqu'il ne soit pas encore orné de statues et de fontaines comme il le sera quelque jour. Il y a un Théâtre découvert, qui a toutes les parties qui lui sont nécessaires, et déterminées par les Anciens, comme l'on voit dans

promenoient, et se furent asseoir dans une espèce de labyrinthe au pied d'une statue qui est au

ceux de Rome. On y a planté des arbres qui font le même effet que les décorations ordinaires. Il est fort grand, et peut contenir beaucoup de monde. De l'autre côté de la grande allée, est la statue de la Vérité, élevée sur un grand piédestal, de la manière d'un fameux sculpteur, nommé Villefranche, originaire de Cambray. C'est M. Le Nostre qui a donné le dessin des Tuileries, et qui conduit les ouvrages merveilleux de jardinage qui sont à Versailles. » (Brice, *Description nouvelle de ce qu'il y a de plus remarquable dans la ville de Paris*, Paris, chez Nicolas Le Gras, au troisième pilier de la grand'salle du Palais, à L couronnée, 1684; 2 vol. in-12; t. I, p. 31.)

Un voyageur anglais, qui visitait Paris en 1696, a fait du jardin des Tuileries à cette époque un tableau plus précis et plus séduisant encore : « The garden of the Tuilleries is very extensive, and on two of its side has a terrace; one of them, being adjacent to the Seine, is planted with trees, and is made very amusing with vast parterres, in the centre of which are large fountains of water, which are constantly playing. One end of this terrace adjoints the front of that magnificent palace the Louvre; the other end slopes off, and, for the sake of the prospect, lies open to the fields. The rest of the garden is distributed into walks, lawns and shrubberies, with a great number of seat for the accommodation of those who are tired : there was on the Tuilleries one embellishment with which I was greatly delighted, viz. on amphitheatre, with the stage, pit, and seats, and covered alleys, leading from all sides to the stage, and affording the most charming scenes. Nothing can be more pleasing than this garden, on the shruberries of which, although it is almost in the heart of the city, blackbirds, thrushes, and nightingales, sing without restraint or interruption, for no birds are suffered to be destroyed here, and the fields around and close to Paris abound with partridges and all other game. » (Listor, *An account of Paris, at the close of XVII century*, London, 1823, in-8, p. 153.)

Vers le milieu du XVIIIe siècle, un historien de Paris écrivait encore : « A droite et à gauche de la grande allée, on trouve plusieurs autres allées, des bosquets et des boulingrins de différentes figures, et des pièces de gazon rondes et ovales, et creusées en pente douce. A main droite en descendant,

milieu d'un grand rond de gazon[1]. Elles ne pouvoient choisir un lieu qui rappelât plus vivement à Bélise le souvenir de tout ce qu'elle avoit à dire, elle y avoit vu plus d'une fois celui dont elle alloit parler. Elle fit d'abord connoître à son amie, par des larmes qui lui échappèrent, qu'elle n'avoit presque que des malheurs à lui confier ; elle demeura quelque temps dans une profonde rêverie, et après s'être abandonnée à sa tristesse, elle lui parla ainsi :

« Je suis née avec le cœur le plus sensible et le plus tendre que l'amour ait jamais formé ; l'éducation sévère qu'on a pris soin de me donner devoit être capable d'affoiblir un penchant si dangereux, et je ne doute pas que la raison et la vertu n'eussent triomphé de ma tendresse naturelle, si mon cœur avoit eu le temps de les écouter. Mais j'aimois avant que de savoir qu'on doit combattre l'amour, et cette dangereuse passion s'étoit emparée

---

M. Colbert avoit fait dresser un théâtre de verdure, pour y représenter la comédie, et un amphithéâtre qui en étoit séparé par une espèce de parterre, capable de contenir plus de mille spectateurs. Au lieu où étoit ce théâtre on fit un *jeu de mail* pour servir aux amusements du roi Louis XV, pendant le séjour qu'il a fait au château des Tuileries. » (Piganiol de la Force, *Description hist. de la ville de Paris*, 1765, in-12, t. II, p. 381.)

1. Probablement la statue de la *Vérité*, dont il est parlé dans la note précédente.

de mon âme longtemps avant que je pusse ni la craindre ni la connoître.

Vous avez vu depuis peu Cléante, et je vous ai entendu dire que vous le trouviez un des hommes du monde le plus à votre gré ; cependant il commence déjà à être un peu différent de ce qu'il étoit lorsque l'amour me le fit connoître. Il avoit, quand je le vis pour la première fois, tout ce que la première jeunesse a de plus brillant, et ses actions, qui étoient déjà accompagnées de la politesse que vous lui connoissez, l'étoient encore d'un enjouement[1] qui ne sied bien qu'à cet âge. Enfin Cléante, tel que vous pouvez vous l'imaginer à vingt et un ans[2], parut charmant à mes yeux, et toucha mon cœur, dans un âge où l'on n'est ordinairement sensible qu'aux premiers amusemens de l'enfance. Il me sembloit, dès lors, que je ne pouvois assez le voir ni assez le regarder. Ses manières et ses discours demeuroient toujours si

---

1. Voir la lettre LIV, p. 114, sur cet enjouement de Breteuil. « Le caractère enjoué, lui écrit-elle, qui a fait l'agrément de vos jeunes années, ne doit plus convenir au poste où vous êtes. »

2. Le baron de Breteuil étant né en 1648, c'est de l'année 1669 ou 1670 qu'il faut donc dater les premiers sentiments qu'éprouva pour lui la jeune Bellinzani, âgée alors elle-même de douze ans. Cette date est confirmée d'ailleurs par l'allusion faite plus loin aux représentations de *Psyché*, et surtout par le passage où, en 1679, elle dit qu'elle aime Cléante depuis dix ans. (Voir p. 208.)

présens à mon esprit, que je ne parlois que de lui et de son mérite dès que je ne le voyois plus ; et comme j'étois trop jeune¹ et trop peu éclairée pour démêler ce qui me causoit une estime si parfaite pour lui, j'admirois et sa personne et tout ce qu'il faisoit, sans craindre qu'un sentiment si raisonnable pût être le premier mouvement de la plus dangereuse de toutes les passions.

L'hiver que le Roi fit danser à Paris le ballet de *Psyché*², il y eut un grand bal chez une amie de

1. Elle était née vers 1658.
2. *Psyché*, tragédie-comédie avec ballet, due à la collaboration de Molière, de Quinault et de P. Corneille, représentée le 16 janvier 1671, aux Tuileries, dans la salle des machines qui venait d'être construite tout exprès par Ratabon, contrôleur des bâtiments du Roi, et l'architecte Gaspard Vigarini. La cour, qui était en ce moment établie à Vincennes, revint à Paris le 24, et assista de nouveau à plusieurs représentations de cette pièce. La *Gazette de France* en raconte ainsi la première représentation. « Le 17 (*ce fut le 16 en réalité*) de ce mois, Leurs Majestés, avec lesquelles étoient Monseigneur le Dauphin, Monsieur, Mademoiselle d'Orléans, et tous les seigneurs et dames de la cour, prirent pour la première fois, dans la salle des machines, au palais des Tuileries, le divertissement d'un grand ballet dansé dans les entr'actes de la comédie de *Psyché*... Ce pompeux divertissement fut continué le 17, en présence du nonce du pape, de l'ambassadeur de Venise, et de quelques autres ministres, qui en admirèrent la magnificence et la galanterie, avouant, avec grand nombre d'autres étrangers, qu'il n'y a que la cour de France et son incomparable monarque qui puissent produire de si charmans et si éclatans spectacles. » (Numéro du 24 janvier 1671, p. 81-83.) Armande Béjard, femme de Molière, joua le rôle de Psyché, et Baron, celui de l'Amour. Quant à la salle des machines, elle ne servit plus jusqu'en 1716, époque à laquelle on y dansa de nouveau des ballets, pour amuser Louis XV enfant. (Voir les *OEuvres de Corneille*, édit.

ma mère. Cléante y vint, avec la foule des autres jeunes gens ; mais Dieu ! qu'il étoit aisé de le distinguer. Il n'avoit point encore paru à mes yeux avec tant de charmes ; je sentis à sa vue des mouvemens qui jusqu'alors m'avoient été inconnus ; j'eus à danser avec lui un plaisir que mon cœur n'avoit point encore senti, et il fit une telle impression sur moi, que l'amour (qui jusqu'alors s'étoit déguisé dans mon cœur sous d'autres sentimens) s'y fit sensiblement connoître avec toute l'ardeur et toute la tendresse dont on a jamais aimé. A peine le bal fut-il fini, que je cherchai à me renfermer dans ma chambre, pour rêver dans la solitude à tout ce qui s'étoit passé dans mon cœur pendant le tumulte de l'assemblée. Je reconnus pour lors, mais déjà trop tard, que Cléante me plaisoit trop, sans pouvoir me flatter

---

Marti-Laveaux, Paris, Hachette, 1862, t. VII, p. 283.) — G. Brice la décrivait ainsi en 1684 : « L'autre moitié du bâtiment du côté de la rue Saint-Honoré, contient la chapelle qui n'est pas achevée, et le théâtre autrement nommé la *Salle des Machines*, où l'on représentoit les comédies, devant toute la cour, et dont *Psyché* a été la dernière. Ce théâtre est sans contredit le plus magnifique de l'Europe, sans en excepter même celui du duc de Parme, dont on fait tant de cas. L'on ne peut rien désirer de mieux disposé, chacun y peut voir et entendre fort commodément. L'espace qui est derrière pour les machines a beaucoup d'étendue ; pour les ornemens, on ne les a pas épargnés, tout est peint en marbre, et les loges sont soutenues par des colonnes, dont les chapiteaux et les soubassemens sont dorés, aussi bien que le plafond, qui est d'une très belle sculpture. » (Brice, *Description de Paris*, 1684, in-12, t. I, p. 20.)

que je lui plusse. Il n'avoit aucun empressement pour moi; aucune de ses actions ne pouvoit me faire voir que je lui pusse inspirer la tendresse que je sentois déjà pour lui; il me sembloit même qu'il ne me regardoit que comme un enfant. Je l'étois, il est vrai, mais mon cœur avoit des sentimens que je crois que personne avant moi n'a connus dans l'enfance. Je rougis de ma foiblesse dès que je pus la connoître, et regardai dès lors ma tendresse avec un dépit qui me fit pressentir toutes les douleurs d'une passion malheureuse.

L'amour ne fut pas longtemps, après ce jour fatal, à devenir une affaire sérieuse dans mon cœur. Je sentis bientôt, avec désespoir, la honte d'aimer seule; je devins rêveuse et languissante, et l'on ne me vit plus aucun empressement pour tout ce qui m'avoit jusqu'alors amusée. L'envie de me faire aimer de Cléante produisit en moi un effet bien singulier dans l'âge où j'étois. Je me mis en tête d'acquérir du mérite par l'étude, et de réparer, s'il étoit possible, par les agrémens de l'esprit ceux que la nature a refusés à ma personne. Je n'aimai plus que les livres et les sciences[1], je n'eus plus

---

1. Plus loin, elle dira, pour expliquer sa liaison avec celui que Cléante appelle dédaigneusement le *Pédant* : « Que la passion qu'elle avoit pour les sciences étoit la seule raison qui lui avoit fait souffrir cet homme souvent chez elle. » Voir p. 241.

d'autre occupation que la lecture; j'y passois les jours et les nuits, et j'appris toutes choses avec une facilité si surprenante qu'elle me faisoit bien connoître que l'amour étoit le principe qui me faisoit agir[1].

A peine me crus-je l'esprit plus cultivé que ne l'ont ordinairement les jeunes personnes, que je me flattai que Cléante s'en étoit aperçu. L'attention qu'il me parut qu'il commençoit à donner à mes discours et à mes actions, flatta tellement ma vanité et ma passion, que je m'abandonnai au plaisir de le voir et de lui parler, avec des transports si violens[2], que peu s'en fallut que je ne lui laissasse voir toute l'ardeur dont je brûlois pour lui.

Cependant je n'avois rien fait jusque-là qui pût lui en donner aucun soupçon; mais quand on n'est pas la maîtresse de son cœur, il est bien difficile de l'être longtemps de ses actions. Un matin que j'étois à la fenêtre de ma chambre, dans un lieu où étoit la cour[3], je vis passer Cléante qui alloit

---

[1]. La Bruyère a dit : « Les femmes guérissent de leur paresse par la vanité ou par l'amour. » (*Caractères*, édit. Servois, Paris, Hachette, 1865, t. I, p. 191.)

[2]. Cette exaltation, coïncidant avec cette ardeur studieuse, rappelle ce jugement porté sur Bélise par l'ami de Cléante : « J'ai eu lieu de croire que tout ce que cette femme a fait et écrit à Cléante, n'étoit probablement que l'effet de beaucoup d'esprit et de la violence de son tempérament. » (Voir p. 225.)

[3]. A cette époque la cour changeait trop fréquemment de résidence pour qu'on puisse conjecturer quelle était celle dont il est ici question. Cependant, comme il est souvent parlé de

d'un air fort empressé à la messe ; je l'arrêtai pour lui demander s'il n'y portoit point de livre de prières ; il me dit que son cœur lui suffisoit pour

la cour dans cette *Histoire*, voici, d'après la *Gazette de France*, les divers lieux où elle se transporta successivement, de 1671 à 1680.

1671 : janvier, Paris et Vincennes ; 27 février, Saint-Germain ; 1er avril, Versailles ; 23, Saint-Germain ; 24-29, Chantilly ; 30, voyage en Flandre ; 13 juillet, retour à Saint-Germain ; 1er août, Versailles ; 4, Fontainebleau ; 1er septembre, Versailles ; 30, Saint-Germain ; 2 novembre, Versailles ; 18, Saint-Germain ; 26, Versailles.

1672 : 2 janvier, Saint-Germain ; 17, Versailles ; 1er février, Saint-Germain ; 2 mars, Versailles ; 8 avril, Saint-Germain ; 1er septembre, Versailles ; 10 octobre, Saint-Germain ; 5 novembre, Versailles ; 20 décembre, Saint-Germain.

1673 : 4 mars, Versailles ; 25, Paris, où le roi tint son lit de justice ; 24, Saint-Germain ; 1er mai, départ du roi pour l'armée, par le Bourget, Paris, Senlis, Mouchy, Péronne, Bapaume, Arras (8 mai), Lens, Lille, Courtray (15 mai), Tournay, où s'établit la reine jusqu'au 5 juillet, époque à laquelle elle alla rejoindre le roi à Metz ; 12 octobre, Versailles ; 1er décembre, Saint-Germain.

1674 : 7 février, Versailles ; 19 avril, départ du roi pour la Franche-Comté, par Fontainebleau, Sens, etc.; 30 juin, retour à Versailles ; 7 novembre, Saint-Germain.

1675 : 1er avril, Versailles ; 28, Saint-Germain ; 8 mai, départ du roi pour l'armée de Flandre ; 16 juillet, la reine se rend à Versailles, pour recevoir le roi, qui arrive le 21 ; 27 août, Fontainebleau ; 7 septembre, Versailles ; 16 novembre, Saint-Germain.

1676 : 17 avril, le roi part de Saint-Germain, où reste la reine, pour se rendre à l'armée de Flandre ; 4 juillet, retour du roi ; 13, Versailles ; 9 novembre, Saint-Germain.

1677 : 28 février, départ du roi pour l'armée de Flandre ; 30 mai, retour du roi, à Versailles ; 1er septembre, Fontainebleau ; 1er octobre, Versailles ; 1er novembre, Saint-Germain.

1678 : 7 février, départ du roi et de la reine pour Metz et la Flandre ; 7 avril, retour à Saint-Germain ; 12 mai, départ du roi pour l'armée ; juin, retour à Saint-Germain.

1679 : 26 août, Fontainebleau, où a lieu, le 31, le mariage

prier, et qu'il trouvoit plus respectueux de renfermer en lui-même ses vœux et ses souhaits que de s'en expliquer plus grossièrement par des paroles[1]. Ce trait de galanterie frappa d'abord mon cœur; je ne sus si je devois en entendre tout le sens, et pour ne pas m'embarrasser dans une réponse qui en auroit peut-être trop dit, je lui

de Mademoiselle d'Orléans avec le roi d'Espagne ; le 12 octobre, Saint-Germain.

1680 : 22 février, départ du roi pour aller au-devant de la dauphine à Vitry-le-François ; 18 mars, Saint-Germain ; 13 mai, Fontainebleau ; 8 juillet, Saint-Germain ; le 13, départ pour la Flandre ; 30 août, Versailles ; 2 décembre, Saint-Germain.

1. L'on ne saurait s'empêcher, dans ce « trait de galanterie de Cléante », dont Bélise cependant ne savait si « elle en devoit entendre tout le sens », de voir une trace des doctrines du quiétisme sur « l'oraison extraordinaire », et sur la piété sublime et les extases, qui commençaient alors à se répandre. C'est en 1685, que madame Guyon publiait *le Moyen court et très facile pour l'Oraison*, et que peu après Bourdaloue consacrait toute la seconde partie de son sermon *sur la Prière* à faire voir les « abus de l'oraison particulière et extraordinaire. » — « Le moindre degré, disait-il, de cette oraison, où l'âme... travaille à se purifier et à se perfectionner, qui est l'oraison commune, quoique moins élevé, vaut mieux et est d'un mérite plus grand que toutes les extases et tous les dons imaginaires, où l'on suppose l'âme sans action et dans le repos de la contemplation : pourquoi ? parce que Dieu, encore une fois, ne discerne point les élus par la sublimité, mais par la fidélité ; et parce que toutes les extases ne sont pas comparables, dans l'idée de Dieu, à la moindre vertu acquise par le travail d'une humble prière. » (*Œuvres*, 1812, t. VI, p. 25.) Dans son exhortation *sur sainte Thérèse*, prêchée devant les Carmélites, il leur recommande d'avoir pour suspect, « toute singularité, toute voie extraordinaire, tout ce qui éloigne des chemins battus. » (*Idem*, t. VIII, p. 220.) Consulter sur ce point : A. Feugère, *Bourdaloue, ses doctrines et son temps*, Didier, 1874, p. 294, et Matter, *le Mysticisme en France*, Didier, 1866, p. 103.

jetai un *Pastor fido*[1], que j'avois par hasard à la main. Je lui dis que, puisqu'il aimoit mieux la méditation que la prière, ce livre pourroit lui donner matière de méditer. Mais à peine l'eus-je fait, que j'eus peur d'avoir fait plus que si j'avois parlé. Je craignois qu'un homme accoutumé au commerce et aux faveurs des dames, n'en eût entendu plus que je n'en voulois dire; j'en appréhendai les suites, et la honte que j'eus de m'être exposée à découvrir ma foiblesse, me fit agir depuis avec tant de retenue, que, quand même Cléante eût pénétré dans ce moment quelque chose de la vérité, ses soupçons se seroient facilement effacés. Mais j'appris, bientôt après, que je n'étois pas assez heureuse, pour que celui qui

1. Tragi-comédie pastorale en cinq actes et en vers, composée par Guarini (1537-1612) pour rivaliser avec l'*Aminta* du Tasse, et jouée pour la première fois en 1585. C'était un des livres les plus lus en France au XVIIe siècle. « Comment se portent mesdemoiselles de Bussy? » écrivait madame de Sévigné à son cousin Bussy, le 18 septembre 1672, « on m'a dit qu'elles apprenoient l'italien; c'est très bien fait à elles. Je meurs d'envie de voir ce qu'elles savent dans le *Pastor fido* et dans l'*Aminte*. » Elle le cite souvent elle-même, et en recommande la lecture pour sa petite-fille, Pauline de Grignan : « Qu'elle s'en tienne à la poésie; je n'aime point la prose; le Tasse, l'*Aminte*, le *Pastor fido*, la *Philli di Sciro*. » (Lettre à madame de Grignan, 8 janvier 1690, édit. Regnier, t. III, p. 164, et t. IX, p. 409.) Le *Pastor fido* venait d'être traduit par Vigneron, presque célèbre sous le nom de Veneroni, secrétaire-interprète du roi, et qui demeurait, en 1692, rue du *Cœur-Volant*. (Voir du Pradel, le *Livre commode des Adresses de Paris*, t. I, p. 257.) Mais, fille d'un père italien, Bélise avait certainement lu ce livre dans l'original.

me causoit des mouvemens si violens, me fît seulement l'honneur de les soupçonner, et je l'appris d'une manière si cruelle que le souvenir m'en fait encore frémir.

Un homme attaché à ma famille pria ma mère de me permettre de nommer un de ses enfans avec Cléante. Je ne l'avois point vu depuis longtemps, et je souhaitois de le voir avec un empressement que je n'avois point encore senti avec tant de vivacité. Mais, Dieu que l'amour me vendit cher ce plaisir! Je ne fus jamais si fortement touchée des agrémens de sa personne et de son esprit, et il me semble que l'amour me le fit trouver, ce jour-là, plus aimable, pour me faire plus cruellement sentir la douleur dont je fus frappée.

Au retour de cette fatale cérémonie, ma mère, contant le soir à mon père ce qui s'y étoit passé, se plaignit de ce que Cléante, qui passoit pour un homme poli, l'avoit fait longtemps attendre. Mon père, pour l'excuser, dit qu'un homme qui avoit une violente passion dans la tête, avoit bien de la peine à avoir une exacte régularité pour autre chose. Il apprit en même temps à ma mère que Cléante étoit depuis plusieurs années éperdument amoureux d'une de ses parentes [1], qui s'étoit depuis peu en-

---

1. Marie-Anne Le Fèvre de Caumartin (Voir p. 89 et 204), la tante paternelle, Marie Le Fèvre de Caumartin, fille

fermée dans un couvent pour l'amour de lui ; qu'elle étoit une des plus belles personnes du monde, et la plus digne d'attacher le cœur d'un honnête homme ; et que Cléante lui donnoit tous les momens qu'il pouvoit dérober au soin de sa fortune [1].

On ne meurt point de douleur, ma chère Zélo-

de François, seigneur de Mormant et de Boissètes, contrôleur des finances de Picardie, mort en 1649, et de Gabrielle de Chantecler, morte en décembre 1653, avait épousé Claude Le Tonnelier de Breteuil, procureur général de la Cour des Aides, mort le 9 avril 1630, et grand-père de notre baron de Breteuil. Elle était donc cousine de celui-ci au cinquième degré, c'est-à-dire sa tante à la mode de Bretagne. (Voir p. 198, note 2.)

1. A cette date de 1671, le baron de Breteuil n'avait encore aucune charge à la cour. Ce ne fut qu'en 1677, le 12 février, qu'il fut pourvu de celle de lecteur de la chambre (*Gazette de France* du 27 février). Il avait alors vingt-neuf ans. Son frère aîné, François Le Tonnelier de Breteuil, marquis de Fontenai-Trésigni, conseiller au Parlement dès 1661, à l'âge de vingt-trois ans, maître des requêtes en 1671, fut nommé intendant de Picardie en 1674, intendant des finances en 1684, l'année même où il épousa (16 décembre) mademoiselle de Calonne de Courtebonne, fille d'un lieutenant du roi, de Calais, et conseiller d'État en 1685, fonctions dans lesquelles il mourut, le 10 mai 1705, âgé de soixante-sept ans. Des quatre autres frères de Breteuil, trois portèrent les armes : Antoine, commandeur de Malte, chef d'escadre des galères de France, mort en 1696 ; Charles-Achille, commandeur de Saint-Lazare, mort le 26 janvier 1708 ; Louis, commandeur de Malte, capitaine au régiment des Gardes, puis maréchal de camp, mort le 12 septembre 1712 ; le quatrième, Claude, abbé de Breteuil, fut nommé évêque de Boulogne-sur-Mer le 2 février 1682, et mourut le 8 janvier 1698, âgé de soixante-sept ans. Leur père, qui avait été contrôleur général des finances de 1648 à 1657, alors que cette place était subordonnée au surintendant, vécut jusqu'au 18 janvier 1685. Voici comment Dangeau mentionne sa mort : « On apprit au coucher la mort du bonhomme Breteuil, qui laisse une troisième

nide, puisque je n'expirai pas en apprenant cette cruelle nouvelle. J'avois jusqu'alors ignoré si le cœur de Cléante étoit capable de se laisser toucher, et je ne l'apprenois que par la certitude qu'on me donnoit, que j'avois une rivale qui jusqu'alors m'avoit été inconnue. Je l'apprenois dans un temps où je ne pouvois plus vaincre la passion qu'il m'avoit inspirée, et je perdois enfin pour toujours l'espérance d'être aimée sans en pouvoir perdre le désir. La jalousie ne s'est jamais fait sentir à un cœur avec tant de fureur qu'elle se fit sentir au mien dans ce cruel moment; elle me causa une agitation si violente que je tombai peu de jours après dans une dangereuse et longue maladie, et plût à Dieu qu'elle eût été suivie de ma mort! Pendant qu'elle dura, je fus toujours agitée des horreurs de ma jalousie; quelquefois je prenois la résolution de découvrir ma passion à Cléante et d'expirer à ses yeux, après lui avoir fait connoître l'ardeur de mes sentimens; tantôt je m'applaudissois de la force que j'avois eue de ne lui en jamais parler, et je me faisois un secret plaisir de lui dérober par ma mort la connoissance de ma foiblesse. Mais ma jeu-

---

place de conseiller d'État vacante. Outre cette place, il en avoit une autre au conseil royal de l'Arsenal qui lui valoit 500 écus, et il avoit encore un bureau chez lui qu'on donnera apparemment à M. Voisin. » (*Journal de Dangeau*, t. I, p. 109.)

nesse fut plus forte que l'envie que j'avois de mourir : je guéris, et je n'eus plus de remède à mes malheurs, que de tenter tous les moyens de chasser absolument Cléante de mon cœur.

A peine fus-je guérie que la fortune sembla m'en vouloir fournir un ; ma mère se trouva engagée à faire un fort long voyage[1]. Des raisons que je ne dois pas dire, et que la suite de cette histoire ne vous fera que trop entendre, ne pouvoient me permettre de demeurer seule avec mon père[2]. J'obtins qu'on me mettroit dans un couvent pendant

---

1. Sans cette expression de « long voyage, » on pourrait penser qu'il s'agit du voyage que, sur l'ordre du roi, fit madame Bellinzani au commencement de février 1671, pour aller chercher, à l'abbaye du Lys, près Melun, Hortense Mancini, duchesse de Mazarin, qui y avait été envoyée, en décembre 1670, à la suite de ses discordes avec son mari, Armand-Charles de la Porte, duc de la Meilleraye et de Mazarin. Madame de Sévigné annonce ainsi le retour de ce voyage, dans une lettre à madame de Grignan, du 6 février 1671 : « Madame de Mazarin arrive ce soir à Paris ; le roi s'est déclaré son protecteur, et l'a envoyé quérir au Lys avec un exempt et huit gardes, et un carrosse bien attelé. » (*Lettres de Madame de Sévigné*, édit. Regnier, Paris, Hachette, 1862, t. II, p. 49.— Voir encore Saint-Réal, *Mémoires de la duchesse de Mazarin*, dans ses *OEuvres*, t. VI, p. 94 et 95.)

2. Cette phrase doit donner beaucoup à penser sur les mœurs de M. Bellinzani et sur la nature des sentiments qu'il éprouvait pour sa fille. Bien que Bélise ne se soit jamais expliquée clairement à ce sujet, ce qu'elle laisse entendre est infiniment grave. Plus loin elle parle de ce père « qui l'aime *trop* pour se pouvoir résoudre à la perdre » (p. 185), puis, ce qui est plus significatif, de sa *jalousie* (p. 217) ; enfin, l'on remarquera, p. 259, des réticences marquées par des points, et qui semblent se référer à ce pénible sujet.

l'absence de ma mère, et je n'y fus pas longtemps sans me flatter que j'y allois trouver le secours dont j'avois besoin. La sûreté de n'y voir jamais Cléante, et l'éloignement de tout ce qui pouvoit me faire souvenir de lui, donnèrent quelque relâche à la violence de ma passion. Ma raison crut être devenue la maîtresse; je vis combien il m'étoit impossible d'espérer de passer ma vie avec lui, et la pensée de vivre avec un autre me fit tant d'horreur, que, la solitude et les objets qu'on voit là si différens de ceux du monde m'ayant fortifiée dans mes projets, je me déterminai à me faire religieuse et à dérober pour jamais à Cléante la connoissance de ma vie et de mon amour. J'en écrivis à mon père, qui fut touché et surpris de ma résolution. Il s'y opposa en vain par tout ce qu'il put imaginer pour m'en détourner, et il fut obligé de faire revenir ma mère pour m'arracher, malgré moi, du couvent où je voulois finir ma vie.

Je croyois ma passion si guérie et Cléante si foible dans mon cœur, que j'étois véritablement persuadée, quand je sortis du couvent, que j'y reviendrois aussitôt que j'aurois donné à ma mère les marques d'obéissance que la bienséance ne pouvoit me permettre de lui refuser. Mais à peine avois-je fait deux ou trois lieues que, passant par un lieu où le hasard me fit apprendre que Cléante étoit avec la cour[1], je sentis une émotion si vive, et il me revint une idée si présente de sa personne et de tout ce que j'avois aimé en lui, que je commençai à connoître qu'il me seroit bien plus facile de renoncer au monde qu'à mon amour. Dès que ma mère m'eut en son pouvoir, elle me déclara qu'elle ne souffriroit pas que, dans un âge aussi peu avancé, je prisse pour toute ma vie un parti qui étoit si difficile à soutenir. Je m'opposai inutilement à ses raisons et à ses ordres, il fallut obéir, et je sentis en secret que l'espoir, qui me flattoit déjà, de revoir Cléante, avoit affoibli mes résolutions et étoit la vraie raison qui me rendoit si complaisante pour les volontés de ma famille.

Que l'absence, ma chère Zélonide, rend sensible le plaisir de revoir ce qu'on aime! On me mena peu de jours après à Fontainebleau[2]; j'y revis Cléante,

---

1. D'après ce que Bélise dit à la page suivante, « qu'on la mena quelques jours après à Fontainebleau, » il est à peu près certain que c'est également de Fontainebleau qu'il s'agit ici. L'on pourrait encore conclure de ce fait que le couvent où elle passa le temps de l'absence de sa mère fut cette même abbaye du Lys, voisine de Melun, et par conséquent de Fontainebleau, où d'ordinaire la cour se transportait pendant les grandes chaleurs de l'été ou en automne.

2. Nous voyons, d'après la *Gazette de France*, qu'en 1671, la cour, qui avait quitté Versailles le 3 août, arriva à Fontainebleau le 4, et y séjourna jusqu'au 30, époque où elle retourna à Saint-Germain. Voici quelles furent ses occupations : le 8, airs du ballet de *Psyché*, festin « où toutes les dames se trouvaient »; 9, chasse; 15, fête de l'Assomption; 21, chasse

et je crus voir en lui des charmes que je n'y avois pas encore trouvés. Ce fut inutilement que ma raison représenta à mon cœur qu'il en aimoit une autre : je l'aimai bientôt plus que je n'avois fait avant ma solitude et mes résolutions.

Peu de temps après, je fis une étroite liaison avec une amie de ma famille qui avoit passé sa vie à la cour de la reine mère[1], à qui elle avoit été attachée jusqu'à sa mort. Comme elle avoit infiniment de l'esprit, et que sa personne avoit des agrémens qui rendoient la beauté plus touchante en elle qu'en femme que j'aie jamais connue, je compris qu'il étoit difficile qu'elle eût passé plusieurs années à une cour si polie et si galante sans y connoître l'amour; et je me persuadai que si je pouvois m'en faire assez aimer pour oser lui ouvrir mon cœur, je trouverois dans cette confidente tout le secours qu'on peut attendre d'une amie éclairée et sensible.

Je ne me trompai point, Partenice entra dans mes sentimens avec une bonté infinie, et, comme

---

du dauphin; 25, fête de la Saint-Louis (*Gazette de France*). La cour n'alla pas à Fontainebleau l'année suivante.

1. Anne d'Autriche, morte à Paris le 20 janvier 1666, c'est-à-dire trois ans environ avant le début des amours de Bélise. Le portrait que Bélise fait ici de cette personne d'esprit et de beauté, qui a passé sa vie à la cour de la reine mère, conviendrait assez à madame de Motteville, née en 1621, et qui ne mourut qu'en 1689.

elle connoissoit mieux que moi le malheur où j'étois engagée, elle me plaignit d'être soumise de si bonne heure à la violence d'une passion qui n'a presque jamais que des suites cruelles. En lui découvrant mes foiblesses, je lui fis connoître le dessein que mes malheurs m'avoient fait prendre de me faire religieuse.

« Que faire dans le monde, lui disois-je, quand on n'y compte qu'un seul homme et qu'on n'est pas destinée à passer sa vie avec lui? Dois-je m'exposer à lui découvrir la folle passion qu'il m'a inspirée? Que sais-je même si les mauvais exemples et mes longues douleurs ne me forceront pas un jour à lui faire un entier aveu de ma foiblesse? Quelle honte pour une femme de dire la première qu'elle aime! et de le dire quand elle est sûre que la déclaration de son amour n'en peut inspirer à celui à qui elle le découvre. Ah! je ne puis plus penser sans frayeur à cette indigne humiliation, et je ne vois qu'un couvent qui me puisse mettre hors d'état de la craindre. Tant que je pourrai espérer de voir Cléante, je l'aimerai; et tant que je l'aimerai je dois me défier des extravagances les plus outrées que l'amour peut faire faire. »

« J'aime à vous voir tant de pudeur avec tant d'amour, répondit Partenice; mais, Bélise, votre peu d'expérience vous fait regarder l'état où vous êtes bien différemment de ce qu'il me paroît. Vous croyez que rien ne peut égaler vos douleurs, parce que vous n'en connoissez point d'autres. C'est un grand malheur, il est vrai, d'aimer sans être aimée, mais ce malheur, au moins par le peu de connoissance qu'en a Cléante, vous exempte de bien d'autres mille fois plus honteux. Si vos actions sont innocentes, vous n'avez rien à vous reprocher, et vous ne craignez pas le chagrin affreux d'être sacrifiée à une rivale qui ne manque jamais de publier votre honte pour augmenter la réputation de ses charmes. L'état où vous êtes ne laisse pas d'avoir ses douceurs; vous aimez, et vous n'avez jamais eu aucun sujet de vous plaindre de ce que vous aimez. Je pourrois vous en faire connoître de plus malheureuses. Que vous connoissez mal, ma chère Bélise, poursuivit-elle, le cours des violentes passions, quand vous craignez tant l'avenir. Croyez-vous que vous aimerez éternellement Cléante? Que vous vous abusez! L'amour le plus ardent et le plus tendre s'use insensiblement, et l'univers est plein d'amantes infidèles qui avoient juré, comme vous, d'aimer toute leur vie. »

« Je comprends, disois-je, que toutes les passions ne durent pas autant que la vie, mais je crois aussi qu'il y en a qui ne finissent qu'avec elle.

Hé! qui pourroit détruire la mienne, si j'aime depuis si longtemps Cléante insensible pour moi, et amoureux d'une autre? »

« Le temps, ma chère Bélise, me répondit-elle, le temps qui a un pouvoir souverain sur les choses qui paroissent les moins sujettes à périr. Ah! que vous regretteriez pour lors la liberté qu'un couvent vous auroit fait perdre; et que vous déploreriez l'état d'une religieuse sans dévotion, qui ne manque jamais d'avoir mille retours vers le monde, et mille désirs d'autant plus violens qu'elle s'est ôté le pouvoir de les contenter. Défiez-vous de vos résolutions et de vos forces dans un âge aussi peu avancé, et si votre cœur vous presse absolument de vous jeter dans la retraite, n'en choisissez jamais que de celles qui n'ôtent pas la liberté de profiter des conjonctures. »

Ces discours que Partenice me tenoit toutes les fois que nous pouvions parler en liberté, modéroient la violence de la passion que je ne pouvois arracher de mon âme, et m'éloignoient en même temps de la pensée d'un couvent, où le malheur de mon amour me conseilloit de me jeter. Mais à peine commençois-je à sentir le secours qu'on tire des conseils d'une amie éclairée et sincère, que Partenice retourna à la campagne où elle passoit une partie de sa vie, et comme le temps que je passai avec elle avoit été trop court pour m'avoir affermie dans les sentimens qu'elle m'avoit voulu inspirer, son éloignement fit bientôt retomber mon cœur et mon esprit dans le même embarras que j'avois éprouvé auparavant.

L'impossibilité de vaincre ma passion qui avoit pris naissance avec ma raison, celle que Cléante avoit pour une autre, et les charmes que l'on me disoit qu'avoit cette heureuse rivale, me firent reprendre le dessein de cacher pour jamais dans le fond d'un cloître ma honte et mon amour[1]. Je déclarai tout de nouveau à mes parens que je voulois être religieuse, que ce que j'avois vu dans le monde depuis qu'ils m'y avoient fait revenir n'avoit servi qu'à fortifier les raisons que j'avois de le quitter, et que la retraite seule pouvoit convenir aux sentimens que j'avois.

Mes raisons, mes larmes et mes prières n'ayant pu me faire obtenir leur consentement, je résolus de me dérober de mon père et de ma mère, et de m'aller jeter malgré eux dans le couvent dont ils m'avoient fait sortir. Quelques mesures que j'eusse prises pour régler l'exécution de ce projet, je fus arrêtée en chemin par mon père, qui, ne me trou-

---

1. Voir p. 44 et 178.

vant pas chez lui au retour de la ville[1], n'hésita point à pénétrer la vérité de mon aventure. Il courut après moi, et m'ayant jointe, avec ma mère, à quatre lieues de Paris, il m'enleva et me ramena chez lui par force. Me voilà donc, pour la seconde fois, détournée du dessein que j'avois tant raison de former d'être religieuse, et je retournai dans le monde, pour être désormais soumise à la plus cruelle destinée et aux malheurs les plus affreux dont vous ayez jamais ouï parler.

Ce que je venois d'entreprendre pour me jeter dans un couvent, fit craindre à mon père qu'à la fin je ne lui échappasse ; et comme il m'aimoit trop pour se pouvoir résoudre à me perdre pour toujours, il ne songea plus, dès qu'il m'eut rattrapée, qu'à me marier promptement. Aussitôt qu'il eut trouvé un parti qui convenoit autant à ma famille[2] qu'il convenoit peu à mes sentimens, il

1. C'est-à-dire de Paris. Il faudrait donc croire que Bélise était alors ou dans une campagne de sa famille, ou dans une des résidences de la cour, Fontainebleau, Versailles, Saint-Germain.
2. Par la position de sa famille, plus probablement que par la fortune, Michel Ferrand, le futur époux d'Anne Bellinzani, pouvait passer pour un excellent parti. Le chef de la branche aînée, Pierre Ferrand, seigneur de Janvry, venait de mourir doyen des conseillers au Parlement, le 1er août 1666, laissant une fille unique, Hélène Ferrand, appelée mademoiselle de Janvry, que madame de Sévigné qualifie de « riche héritière » (*Lettres*, édit. Regnier, t. V, p. 396), et qui allait bientôt, le 20 décembre 1677, épouser le marquis de Saint-Germain-Beaupré. Quant à Michel Ferrand, d'abord conseiller au Châtelet,

m'engagea, comme c'est la coutume, sans m'en parler, et m'apprit qu'il ne falloit plus, pour consommer cette terrible affaire, qu'un consentement qu'il ne croyoit pas qu'il me dût demander[1].

La proposition qu'il m'en fit me causa une sur-

---

il venait de succéder, en 1675, à son père dans la charge de lieutenant particulier devant la même juridiction, charge qui était dans la famille depuis 1596. De ses deux frères, l'un, François, le remplaça comme conseiller au Châtelet, et l'autre, Ambroise, devint, le 21 août 1677, conseiller à la 4e Chambre des enquêtes. Deux sœurs avaient épousé : l'une, Elisabeth, en février 1673, Pierre Girardin, lieutenant civil au Châtelet depuis 1675, connu par son ambassade à Constantinople (1685-1689), l'autre, Françoise, René Le Fèvre de La Faluère, président de la 4e Chambre des enquêtes et bientôt après (1687) premier président du Parlement de Bretagne. Enfin une troisième branche de la famille Ferrand avait embrassé la carrière militaire, et nous voyons vers cette époque l'un de ses membres capitaine-lieutenant des galères, et l'autre capitaine aux gardes.

Dans le tarif matrimonial, moitié sérieux, moitié comique que, dans son *Roman bourgeois*, Furetière a dressé « pour l'évaluation des hommes et pour l'assortiment des partis » nous voyons que, pour « un conseiller au Parlement ou un maistre des comptes, la dot de la future devoit être de 25 à 50 mille escus », pour « un président aux enquêtes, de 50 à 100 mille escus. » Il est vrai qu'il ajoute que pour « les filles de financiers ou de gens d'affaires qui sont venus de la lie du peuple et de condition servile, elles ne sont pas vendues à l'enchère comme les autres, mais délivrées au rabais ; c'est-à-dire qu'au lieu qu'une fille qui aura trente mille livres de bien est vendue à un homme qui aura un office qui en vaudra deux fois autant, celles-cy, au contraire, qui auront deux cent mille escus de bien, seront livrées à un homme qui en aura la moitié moins ; et elles seront encore trop heureuses de trouver un homme de naissance et de condition qui en veuille. » (*Le Roman bourgeois*, édit. Fournier, p. 54 et 55.) Ce dernier cas était peut-être celui d'Anne Bellinzani.

1. C'est aussi la théorie que le bourgeois Gorgibus, dans la comédie de *Sganarelle* (1660), de Molière, développe à sa

prise et une douleur si vives, que je n'eus pas la force de lui répondre. Mon silence et mes larmes lui découvrirent une répugnance dont il ne put pénétrer la cause. Ma mère et lui me pressèrent inutilement de m'expliquer; je les quittai avec un désespoir qui les effraya, et j'allai m'enfermer dans ma chambre, pour m'abandonner au plus violent désespoir que mon cœur eût jamais éprouvé.

« Quoi! disois-je, aurai-je la lâcheté de consentir à un engagement qui me sépare de ce que j'aime sans espoir de retour, et qui rendra désormais criminels jusqu'aux moindres pensées et jusqu'aux sentimens les plus innocens que je pourrai avoir pour lui? Non, rien ne peut faire cesser mon amour, et je veux pouvoir aimer Cléante le reste de ma vie, sans que le plus sévère homme me le puisse reprocher. »

Dans un péril si affreux et si pressant le seul

---

fille Célie, amoureuse de Lélie, et qu'il veut faire épouser à un autre :

> Vous prétendez choquer ce que j'ai résolu ?
> Je n'aurai pas sur vous un pouvoir absolu ?
> Et, par sotte raisons, votre jeune cervelle
> Voudroit régler ici la raison paternelle ?
> Qui de nous deux à l'autre a droit de faire loi ?
> Mais suis-je pas bien fat de vouloir raisonner
> Où de droit absolu j'ai pouvoir d'ordonner ?
>   Acte I, sc. I.

De même Orgon dans *Tartufe* (1667), acte II, scène II, mais avec plus de soumission de la part de Marianne.

remède qui me vint à l'esprit fut d'exécuter, malgré tout le monde, le dessein que j'avois d'être religieuse ; mais outre les oppositions d'un père que mes premiers refus avoient rendu furieux, tout ce que Partenice m'avoit dit autrefois pour m'en dissuader me revint dans l'esprit, et il me sembla même que la vertu me défendoit d'embrasser une sorte de vie si opposée aux sentimens dont je ne connoissois que trop, qu'il étoit impossible de me guérir. Mais d'un autre côté comment m'engager avec un homme que l'inclination naturelle que j'avois pour Cléante me feroit haïr mortellement, quand je lui verrois occuper une place que mes désirs avoient destinée depuis si longtemps à un autre que j'adorois.

De quelque côté que je tournasse ma pensée, je ne voyois que des malheurs à choisir ; mon cœur et mon esprit, également agités, souffroient mille douleurs. Je prolongeai cette cruelle incertitude autant qu'il me fut possible ; mais enfin mon père et ma mère voulurent être obéis, ils employèrent après tant d'inutiles tendresses, les menaces et l'autorité ; il fallut étouffer mes sentimens, et on m'obligea à signer ma mort[1]. C'est

---

1. Le mariage d'Anne Bellinzani avec Michel Ferrand, qui était lieutenant particulier au Châtelet depuis 1675, eut lieu le 1ᵉʳ février 1676, mademoiselle Bellinzani étant alors âgée

de ce jour, ma chère Zélonide, qu'ont véritablement commencé ma honte et mes douleurs, et que je puis vous dire que j'ai été la plus malheureuse femme qui ait jamais aimé.

Bélise ne put rappeler dans sa mémoire tout ce que l'amour lui avoit fait souffrir depuis son mariage sans verser un torrent de larmes, et sans s'abandonner à des mouvemens d'une douleur si vive qu'elle interrompit son discours. Son amie n'oublia rien pour dissiper de si tristes idées, mais les douleurs de Bélise n'étoient pas de celles à qui les discours puissent donner quelque soulagement. Elle fit entendre à son amie qu'elle n'en espéroit que la mort, et la nuit succédant à des réflexions si douloureuses, elles quittèrent les Tuileries et s'en retournèrent chez elles.

d'environ dix-sept ans, et son mari pouvait avoir une dizaine d'années de plus qu'elle, étant né vers 1649. Le père et la mère de Michel Ferrand vivaient encore. La seconde, Elisabeth Le Gauffre, mourut huit ans plus tard, le 31 mars 1684, et le premier cinq années après sa femme, le 5 avril 1689, à l'âge de quatre-vingt-six ans. (Voir p. 20).

DEUXIÈME PARTIE

Ce que Bélise avoit conté à son amie lui laissoit trop de curiosité, pour attendre plus tard qu'au lendemain à chercher à en apprendre la suite. Elle alla dès qu'elle eut dîné chez Bélise, qu'elle trouva encore dans son lit. L'abattement où l'avoient jetée les soupirs et les larmes qu'elle avoit versées une partie de la nuit, ne lui permettoit pas de se lever. Elle défendit qu'on laissât entrer personne chez elle, et ayant fait asseoir Zélonide auprès de son lit, elle continua le récit de ses aventures.

Dès que je fus mariée, je tombai dans une si grande langueur qu'il eût été aisé de croire que l'amour en étoit la cause, si l'on m'eût vu la moindre attention pour personne; mais comme je ne voyois presque jamais celui que mon cœur adoroit secrètement, et que j'avois pour tous les autres hommes une indifférence qui alloit jusqu'au mépris, personne ne pénétra la raison qui rendoit mon esprit et mes actions si différents de la vivacité de ma première jeunesse. Ce que j'avois prévu ne manqua pas d'arriver. Le dégoût que j'eus pour mon mari, dès le premier moment que je le vis, se changea en peu de jours en une haine insupportable. L'idée de Cléante, si différent de celui à qui j'étois sacrifiée, me donnoit une telle horreur pour ses empressemens, que, s'il eût eu la moindre délicatesse dans le cœur, il se fût repenti, dès le premier jour, d'user d'un droit qu'il étoit aisé de s'apercevoir que le mien ne lui avoit point donné.

Cependant la vertu, qui jusque-là ne m'avoit point encore abandonnée, quelque fort qu'eût été mon amour, me fit résoudre à m'attacher malgré moi-même au devoir qu'une loi si injuste m'avoit imposé, et rassemblant tout ce qui me restoit de raison, je pris le parti de me donner tant d'occupation au dedans de ma famille, et de m'éloigner si fort de tout ce qui pouvoit animer le penchant que j'avois à la tendresse, que mon cœur put insensiblement se guérir de celle qu'il avoit pour Cléante.

Je me bannis volontairement d'un certain monde où je l'aurois infailliblement rencontré, et comme si le hasard avoit voulu seconder mon dessein, Cléante fut des temps infinis sans venir ni chez

moi, ni chez mon père, soit que les soins de sa
fortune, soit que ceux de son amour l'occupassent
davantage qu'ils n'avoient fait auparavant.

Mais vous allez voir jusqu'où va mon malheur, ma
chère Zélonide. Pendant que je me tins renfermée
dans ma famille, pour m'acquérir du repos aux dépens de tout ce qui pouvoit flatter mon cœur, je fus
assez malheureuse pour plaire à tous ceux que je
ne pouvois empêcher de me voir[1] ; et, comme si ce
que je cachois d'amour dans le fond de mon cœur
eût répandu un mal contagieux sur tout ce qui
m'approchoit, je me vis bientôt autant d'amans
que de parens proches, et il n'y eut pas jusqu'à
un vieil ami de mon père qui se coiffa de cette belle
fantaisie à soixante ans passés. Quoi, disois-je, ce
n'est donc pas assez d'avoir à souffrir la vue d'un
mari que je hais, parce que j'aime Cléante, il faut
que tout ce qui m'environne soit devenu autant
d'ennemis qui veulent lui ravir un bien qui ne
peut jamais être qu'à lui. Quelquefois je rougissois
de ce que ses rivaux étaient si indignes de lui : il
me sembloit que sa vanité et la mienne n'étoient
pas satisfaites d'une si facile victoire. Souvent je
souhaitois que tout ce qu'il y avoit de plus aimable
au monde voulût m'aimer pour faire à Cléante un

---

1. Voir p. 77.

sacrifice qui pût au moins toucher son amour-propre, s'il n'avoit pu toucher son cœur; mais quelque importunée que je fusse des impertinentes ardeurs que je faisois naître, il faut cependant que je vous avoue que je ne laissois pas de penser avec quelque sorte de plaisir que je pouvois inspirer de l'amour.

Je me faisois une maligne joie d'essayer le pouvoir de mes foibles charmes sur des objets que je ne pouvois aimer, dans l'espérance que ces mêmes appas, secondés de la plus violente passion du monde, trouveroient peut-être un jour le moyen de faire le même effet sur le cœur de Cléante. Ce que je pensois de tendre pour lui, malgré le soin que j'avois pris de le bannir de ma mémoire, me faisoit facilement tomber avec ses rivaux sur des discours de tendresse, que chacun d'eux étoit assez fou pour expliquer en sa faveur. Et ainsi, sans que mon cœur courût aucun risque, j'apprenois à plaire à Cléante aux dépens de ceux que j'étois bien sûre qui ne me plairoient jamais. Mais hélas! qui m'eût dit alors que c'étoient autant de tyrans et d'espions que ma destinée me préparoit pour traverser un jour mes désirs et ceux de Cléante[1].

---

1. Voir p. 77.

C'est ainsi que j'avois coulé les premières années de mon mariage sans avoir vu Cléante depuis les premières cérémonies de ce jour fatal, lorsque, au retour d'un voyage que la cour avoit fait en Flandre[1], il vint rendre visite à mon père, qui, étant occupé d'une affaire qu'il ne pouvoit quitter, le fit prier de monter dans ma chambre où par hasard j'étois seule. L'embarras et la surprise où je fus en le voyant auroient suffi pour lui faire pénétrer une partie des sentimens de mon cœur, s'il n'avoit pas été si occupé de celle qu'il aimoit, qu'il n'avoit d'attention pour aucune autre chose. Je lui fis des complimens sans fin et sans suite; je lui parlai de son voyage et lui fis vingt questions qui n'y avoient aucun rapport. Cléante en étoit aussi ennuyé que j'étois troublée; de manière que

---

1. Très probablement le voyage de l'année 1678, dans lequel Louis XIV se fit accompagner de la reine, de madame de Montespan et de toute la cour. Partie de Versailles le 7 février, la cour s'était d'abord dirigée avec beaucoup d'apparat vers la Lorraine, pour mieux masquer le projet du siège de Gand, que Louvois avait résolu. Arrivé le 22 à Metz, le roi se rabattit brusquement sur la Flandre, arriva le 27 à Stenay, et laissant la cour à Lille, alla investir Gand et Ypres qui capitulèrent, la première, le 10 mars, la seconde, le 25. Après avoir rejoint la cour à Lille, Louis XIV rentrait à Saint-Germain, le 7 avril, deux mois juste après l'avoir quitté. Le 10 août fut signée la paix de Nimègue, qui mettait fin à la guerre entre la Hollande et la France. — Le baron de Breteuil avait pu d'autant mieux accompagner la cour, dans cette circonstance, que depuis l'année précédente (12 février 1677) il était lecteur ordinaire de la chambre du roi.

la conversation étant entièrement tombée, il tira de sa poche, en rêvant, une boîte garnie de diamans, avec laquelle il badina longtemps sans réflexion, et sans que je m'en aperçusse. Mais enfin il me revint tout à coup dans la mémoire qu'on m'avoit dit autrefois qu'il avoit, dans le fond d'une espèce de tabatière d'or, le portrait de cette aimable rivale qui m'avoit coûté tant de pleurs. Un mouvement de curiosité et de jalousie me poussa aussitôt à tâcher de le voir. Je lui demandai sa boîte, et l'amour qui n'a jamais manqué une occasion de me faire sentir ses traits les plus piquans, me fit en un moment trouver le moyen d'en ouvrir le secret. Cléante qui ne s'étoit pas attendu que je susse qu'il y avoit un portrait, voulut me l'arracher des mains, mais il ne put le faire assez promptement pour m'empêcher d'entrevoir le plus aimable visage qui eût jamais frappé mes yeux. Heureusement et pour lui et pour moi, mon père entra au même instant dans ma chambre; il se mit à parler avec Cléante, et leur entretien me dispensant de parler et les empêchant d'avoir aucune attention à ce que je faisois, me donna le loisir de dérober l'agitation où étoit mon cœur aux yeux de Cléante et à la pénétration de mon père.

La beauté du portrait de ma rivale fit une impression si vive dans mon imagination, que je n'eus plus de repos que je me fusse éclaircie par mes yeux, si elle étoit véritablement aussi belle qu'elle me l'avoit paru. Mais, Dieu, que je me trouvai punie de ma curiosité, quand je la vis encore mille fois plus charmante que son portrait.

Non, Zélonide, vous n'avez jamais rien vu de si aimable de votre vie. Tout ce que la fleur de la première jeunesse a de plus brillant, et tout ce que les Grâces ont jamais eu de charmes étoit sur son visage. Un teint d'une blancheur surprenante et si vive qu'elle éblouissoit ; le front grand et uni ; des yeux bleus bien coupés, un peu petits, mais plus perçans et plus vifs que les yeux les plus noirs ; les sourcils larges et épais, et que la nature, pour rehausser l'éclat de sa blancheur, avoit fait plus bruns que ses cheveux qui étoient blonds; le nez d'une proportion admirable ; la bouche petite et extrêmement façonnée ; des lèvres unies et vermeilles comme le corail ; les dents petites et fort blanches ; les joues d'un tour merveilleux ; le menton un peu en pointe ; la gorge incomparable ; la taille un peu petite, mais fort fine, et un air si mignon et si noble dans toute sa personne, que les plus grandes et les plus régulières beautés frappoient beaucoup moins les yeux que les agrémens qui la rendoient toute brillante. Le son de sa voix, qui n'est pas selon vous une chose indifférente, étoit une des perfections de cette aimable personne. Sa parole alloit au cœur, et elle accompagnoit tout ce qu'elle disoit d'une manière si polie et si enjouée, qu'il sembloit que la nature avoit pris plaisir de rassembler en elle tout ce qui peut charmer.

Quelque dépit que me fit sa beauté, je ne pus m'empêcher de la louer. Elle n'en fit point les honneurs[1], comme font les belles personnes pour s'attirer encore plus de louanges ; elle me dit au contraire que si elle avoit attendu une personne d'aussi bon goût, elle se seroit mise sous les armes pour tâcher de me plaire ; qu'elle répareroit cette faute une autre fois, et qu'elle espéroit que, puisqu'elle étoit assez heureuse pour que j'eusse trouvé le chemin de son couvent[2], je lui ferois l'honneur de ne la pas oublier ; qu'elle sentoit déjà qu'elle avoit beaucoup de plaisir à m'y voir, et que la solitude de la grille ne devoit point m'effrayer ; que j'y trouverois quelquefois assez bonne compa-

1. Madame de Sévigné a dit, dans le même sens, en répondant au président de Moulceau, qui, par politesse, par *honneur* pour sa correspondante, dépréciait les lettres qu'il lui écrivait : « J'en serois bien fâchée, monsieur, que notre commerce finît avec le temple de Montpellier ; et tout ce que vous dites en cet endroit, en faisant les honneurs de vos lettres et croyant que c'est une menace de m'assurer leur continuation, est si peu sincère, que j'aurois fort envie de vous en gronder. (Lettre du 8 janvier 1683, édition Regnier, tome VII, p. 204.)

2. La retraite que mademoiselle de Mormant avait alors choisie

gnie¹ pour ne pas me repentir de la charité que j'aurois de visiter une recluse.

Hélas ! elle n'entendoit pas combien elle parloit juste, et je savois mieux qu'elle que je pouvois trouver souvent dans son parloir le seul homme qui pouvoit me plaire. J'en sortis avec un dépit et une rage, qu'elle étoit bien éloignée de deviner, et

dans un couvent, nous est attestée par cette chanson du recueil Maurepas :

CHANSON
(1675)

Sur l'air *des Ennuyeux.*

SUR [MARIE-ANNE] LE FÈVRE DE CAUMARTIN, APPELÉE MADEMOISELLE DE MORMANT.

Jamais à l'âge de quinze ans,
A-t-on fait voir autant d'adresse,
Que nous en a montré Mormant,
Se retirant chez une abbesse :
Pouvoit-elle avecque sa sœur
Croire en sûreté son honneur.

Autant d'esprit, autant d'appas,
Autant de jeunesse et de charmes,
Avec sa sœur ne pouvoit pas
Demeurer sans beaucoup d'alarmes ;
Car souvent l'exemple d'autruy
Nous induit à pécher aussy.

(Bibl. nationale, *Recueil de chansons satiriques*, n° 21619, fol. 229). Cette sœur aînée dont il est ici question était Élisabeth Le Fèvre de Caumartin, mariée à Antoine de Belloy, seigneur de Francières, morte le 16 mai 1719 (Bibliothèque nationale, Cabinet des titres, dossier *Le Fèvre de Caumartin*).

1. Les parloirs de certains couvents ne recevaient pas seulement fort bonne compagnie, l'on y donnait parfois des bals, comme fit l'abbesse de Port-Royal de Paris, madame de Harlay (Sainte-Beuve, *Port-Royal*. Paris, 1867, t. VI, p. 165).

qui me fit bien faire des sermens de n'y jamais retourner de ma vie.

Je vous avoue que tout ce que je trouvai de beauté et de mérite dans ma rivale, me donna une douleur plus vive que toutes celles que j'avois éprouvées auparavant. Je trouvois quelque chose de si humiliant pour moi dans la comparaison que je faisois de sa personne à la mienne, que je fus plus d'un mois sans vouloir me regarder dans un miroir.

« Quel espoir, disois-je, peut-il me rester après ce que j'ai vu? Cléante aimé uniquement de la plus charmante personne du monde, cessera-t-il jamais de l'aimer? Et quand même le temps, par des aventures qu'on ne peut prévoir, désunirait deux amans si dignes l'un de l'autre; serait-ce moi que Cléante aimeroit, après avoir aimé ce qu'il aime? Non, il faut me guérir pour toujours. J'ai trouvé dans ma curiosité un secours que ma raison n'auroit jamais pu me donner; les charmes de ma rivale triompheront de la passion la plus obstinée qui ait jamais été, et je me percerois moi-même le cœur s'il avoit encore l'indignité d'aimer Cléante après ce que je viens de voir. »

La résolution que je pris pour ce coup de vaincre ma malheureuse tendresse, fut plus forte qu'elle n'avoit encore été; je commençai à fuir plus soigneusement que jamais tout ce qui me pouvoit faire souvenir de Cléante. Au lieu de me renfermer comme auparavant dans la solitude de ma famille, je ne cherchai plus que la dissipation et les amusemens du monde; et s'il faut vous avouer toutes mes foiblesses, ma chère Zélonide, je résolus de chercher si je ne trouverois point quelqu'un qui me plût assez pour aider à me guérir du fol amour que je nourrissois si vainement depuis tant d'années.

Mais qu'une vraie passion est difficile à vaincre! Tout ce que je faisois, loin de diminuer mon indigne ardeur ne faisoit que l'augmenter; tout ce que je voyois d'aimable, loin de chasser Cléante de mon cœur ne servoit qu'à m'en faire souvenir davantage. Rien de tout ce qui paroissoit de plus charmant aux yeux des autres ne lui ressembloit assez pour prendre sa place; et tout ce qui avoit du mérite avoit assez de rapport à lui pour rendre le sien plus sensible. Enfin j'éprouvai longtemps que les plaisirs et la vue des objets aimables, sont encore plus dangereux pour entretenir une passion violente que les réflexions de la retraite. Je ne laissai pas cependant d'étourdir la mienne à la longueur du temps. Les occupations que donne le commerce du monde, et la dissipation où les amusemens entretiennent l'esprit, ne me laissant presque pas de loisir de penser à Cléante, il me parut au bout de quelque temps que l'amour s'étoit insensiblement refroidi dans mon cœur, et que je pouvois me flatter que je serois bientôt parvenue à la tranquillité à laquelle j'aspirois vainement depuis près de dix ans. Mais l'amour, qui dès mon enfance m'avoit regardée comme une victime dévouée à ses tourmens, n'avoit garde de me laisser sitôt échapper.

A peine commençois-je à m'applaudir du succès des soins que j'avois pris pour me guérir, que j'appris une nouvelle qui renversa en un moment tous les progrès que je me persuadois avoir fait. C'étoit aux Tuileries, dans le même endroit où je vous parlai hier, qu'un homme qui aborda la compagnie avec laquelle j'étois, nous apprit que la maîtresse de Cléante étoit si dangereusement malade [1] qu'on ne croyoit pas qu'elle en pût réchapper.

1. Nous trouvons, dans le recueil Maurepas, une allusion à cette maladie qui paraît avoir été une maladie de langueur :

CHANSON
(167..)

Sur l'air : *Mon chapeau de paille.*

J'ai résolu de baiser tout à l'heure
La charmante Mormant,
Car j'ai bien peur que la pauvrette meure,
Si ce n'est promptement.
Eh ! je diray, si le clergé murmure,
Eh ! j'ay la tonsure, moy
Eh ! j'ay la tonsure.

(Bibliothèque nationale, *Chansons satiriques*, n° 21619, fol. 230).

Il n'en fallut pas davantage pour rappeler dans mon cœur tout l'amour que je croyois en avoir chassé, et le trouble où cette nouvelle me jeta, parut si fort sur mon visage, qu'Artémise, qui se promenoit avec moi, s'en aperçut, et me sépara de la compagnie pour empêcher que les autres ne le vissent comme elle. Elle étoit bien éloignée d'en pénétrer la cause; elle crut que celui qui nous avoit abordés étoit aimé de moi, ou qu'il étoit du moins le confident de celui que j'aimois, et que sa vue me donnoit des souvenirs qui causoient l'agitation où j'étois. Elle fit tous ses efforts pour s'en éclaircir avant de me quitter, mais je ne lui répondis que par des larmes.

Dès que je fus retirée seule chez moi, je sentis que l'amour n'est jamais si violent que quand il est soutenu de quelque espérance.

« Pourquoi, disois-je, si ma rivale meurt, ne puis-je espérer de toucher un homme dont le cœur est accoutumé d'être sensible? La vue de ma constance et de la violence des sentimens qu'il m'a inspirés ne toucheroit-elle pas l'âme la plus dure? Le dégoûterois-je de l'amour, moi qui en ai plus que toutes les femmes du monde ensemble? Et l'excès de ma tendresse et ce que l'on me flatte que j'ai d'esprit, ne peut-il pas réparer ce qui manque d'agrément à ma personne? Mais, disois-je un moment après, si j'aime Cléante, puis-je bâtir mon bonheur sur une perte qui va lui coûter la vie? Pourra-t-il jamais oublier celle qu'il aime depuis tant d'années? Et s'il se souvient de tous ses charmes, s'accoutumera-t-il à m'aimer? Non, malheureuse Bélise, souhaite que ta rivale vive ; il te sera encore plus cruel et plus honteux de n'être point aimée quand elle ne vivra plus. »

Je passai les six mois que dura la maladie de ma rivale dans ces agitations, et j'éprouvai tant de différentes douleurs pendant qu'elle dura, que je m'étonne que je n'en sois plutôt morte qu'elle.

Artémise, qu'une mutuelle amitié obligeoit à me voir tous les jours, ne pouvoit rien comprendre aux changemens de mon esprit et de mon humeur; ma tristesse et ma langueur étoient pour elle une énigme impénétrable de quelque côté qu'elle tournât son imagination.

Enfin j'appris que cette aimable personne étoit morte, que peu de momens après sa mort on avoit su que Cléante l'avoit épousée[1], et que le respect

---

1. Ce mariage avait précédé de quelques jours seulement la mort de mademoiselle de Caumartin. Nous voyons, en effet, que le baron de Breteuil épousa en premières noces « le 3 août 1679, Marie-Anne Le Fèvre de Mormant, alors âgée de vingt-six ans, fille de Louis, conseiller au Parlement, et de Denise Gamin de Vic (remariée à Charles de Morelet du Museau, marquis de Garennes), et morte le 9 dudit mois et an. » L'acte de mariage contenait la reconnaissance d'Anne-Louise, née

qu'il avoit pour son père l'obligeant à tenir secret un mariage qu'il avoit fait sans son aveu[1], cette sage personne pour en dérober plus aisément la connoissance à la famille de Cléante, avoit préféré pendant sept ans[2] la solitude d'un couvent, où elle avoit été jusqu'à sa mort, à tous les agrémens et les plaisirs du monde, où sa beauté auroit pu lui attirer tout ce qui peut flatter l'amour-propre d'une jeune personne.

Je fus si touchée du désespoir où j'appris que la mort de ma rivale avoit jeté Cléante, et si agitée du trouble que cette nouvelle avoit mis dans mon cœur, que je fus obligée de m'enfermer plusieurs fois dans ma chambre, sous prétexte d'être malade. Artémise fut la seule que j'appelai à mon secours. Elle me trouva un jour si baignée de larmes et dans un si terrible abattement, qu'elle me conjura encore plus tendrement qu'elle n'avoit fait depuis qu'elle me trouvoit si changée, de lui dire la cause d'une si vive douleur; et comme j'étois assez pressée par moi-même de chercher dans les

le 27 octobre 1675, morte le 22 décembre 1695 (Bibliothèque nationale, Cabinet des titres, dossiers Le Tonnelier de Breteuil et Le Fèvre de Caumartin). Voir aussi plus loin, p. 89.

1. Le père du baron de Breteuil mourut seulement le 18 janvier 1685 (Voir p. 175).

2. D'après ce récit le mariage régulier, public, de 1679, auroit donc été précédé d'un mariage secret, qu'il faudrait placer vers 1671. A cette époque, mademoiselle de Caumartin avait perdu son père depuis quatorze ans (1657).

conseils d'une amie ce que je ne pouvois plus espérer de ma raison, je me rendis à ses prières.

« Non, lui dis-je, Artémise, il n'est plus temps de dissimuler avec une amie telle que vous. Cette aimable personne qui est morte depuis deux jours, et Cléante dont tout le monde plaint la juste douleur, sont les personnes du monde auxquelles je m'intéresse le plus, quoique vous ne m'en ayez jamais ouï parler; l'une fut ma rivale, et l'autre, le seul homme qui ait jamais touché mon cœur. J'ai commencé à l'aimer dès que j'ai commencé à me connoître. En vain ma raison, ma vertu, la longueur du temps, et sa passion pour une autre ont fait tour à tour leurs efforts pour me guérir; je l'ai toujours aimé, et l'aime encore avec une ardeur qui n'eut jamais d'égale, et la mort de ma rivale me rendant l'espérance que sa beauté et l'amour de Cléante m'avoient depuis longtemps fait perdre, je ne suis plus la maîtresse de lui cacher mes sentimens. Je me jette entre vos bras, ma chère Artémise, ayez pitié d'une malheureuse qui fera mille extravagances si vos conseils ne rappellent la raison qu'elle a perdue. Il faut que Cléante sache que je l'aime depuis que je suis née, et que je ne sais ce qui me peut empêcher dans le transport où je suis, de le lui aller avouer moi-même dans ce moment. Qui me dit que quelqu'autre ne me préviendra pas, et qu'un cœur dont la tendresse et la probité sont à présent si connues, ne sera point désiré de mille femmes qui auront plus d'appas que moi? Non, je n'y perdrai pas de temps; et dussé-je en mourir, je veux que Cléante sache que je l'aime. »

Artémise voyant le trouble ou j'étois, connut bien qu'il n'étoit plus question dans ce moment de chercher à détruire une passion si violente. Elle songea seulement à apaiser un peu la fureur où elle me voyoit, et feignant d'entrer dans mes sentimens, elle me conjura de ne rien précipiter dans l'état où j'étois, et de lui laisser le soin de ma destinée qui seroit beaucoup plus en sûreté dans ses mains que dans les miennes.

Dès le lendemain elle vint me revoir et me trouvant un peu plus tranquille que la veille, elle crut pouvoir me ramener à la raison, ou du moins arrêter la résolution où je lui avois paru de déclarer mon amour à Cléante. Elle y employa toutes les raisons qu'une amie éclairée pouvoit s'imaginer, et y joignit des prières et des larmes; mais, comme elle vit qu'il n'y avoit pas de remède à ma folie, elle crut que l'amitié l'engageoit à modérer du moins les extravagances que l'aveuglement de ma passion m'alloit faire faire, et examinant avec moi tous les partis que mon imagination m'avoit déjà suggérés entre tant d'extrémités où j'étois résolue de me précipiter, elle me détermina à la moins terrible.

Je passai la nuit à écrire une lettre à Cléante d'une écriture contrefaite, par laquelle je lui apprenois qu'il y avoit une dame qui l'aimoit depuis dix ans [1] avec une constance qui n'eut jamais d'égale, et qui, par le soin qu'elle prenoit encore de se déguiser en lui écrivant, ne cherchoit, pour tout fruit du pas terrible qu'elle faisoit, qu'à lui faire connoître que, quelque malheureux qu'il fût par la perte qu'il venoit de faire, il y avoit au monde une personne mille fois encore plus malheureuse que lui.

Cette lettre ayant été rendue [2] à Cléante dans les premiers mouvemens de sa douleur, il en fut si

---

1. La mort de la première femme du baron de Breteuil étant du mois d'août 1679, ce passage confirme la date de 1669 que nous avons donnée plus haut comme étant celle des premiers sentiments de Bélise pour Cléante.

2. Selon toute probabilité, le baron de Breteuil demeurait alors au Marais, soit rue de Paradis comme l'indique la liste des *fameux curieux* pour 1692, de du Pradel, soit rue du Grand-Chantier, chez son père, Louis Le Tonnelier de Breteuil, conseiller d'Etat, lequel mourut en 1685, âgé de soixante-seize ans. En 1692, le frère aîné de Breteuil, dit le marquis de Fontenai-Trésigni, intendant des finances et conseiller d'Etat depuis 1685, demeurait encore dans cette dernière rue; mais à l'époque de la mort de la baronne de Breteuil, il devait être dans la généralité d'Amiens, dont il fut intendant de 1674 à 1684. (Voir pour ces demeures des Breteuil, le *Livre commode des adresses de Paris pour* 1692, par du Pradel, éd. Ed. Fournier, 1878, t. I, p. 27 et 50.)

offensé, qu'après l'avoir lue il la jeta à la tête de celui qui la lui avoit apportée, et le menaça, s'il étoit jamais assez hardi de se charger d'un semblable message, de le faire assommer. Le succès de cette première tentative, loin de me déplaire, ne fit qu'augmenter l'estime que j'avois pour Cléante. Je n'aurois pas voulu que, dans le désespoir où il devoit être, il eût fait un meilleur accueil à une déclaration d'amour.

Deux jours après, je hasardai une seconde lettre, qui, par des circonstances particulières qu'elle contenoit, devoit du moins donner de la curiosité à Cléante. J'y disois tant de bien de celle qu'il venoit de perdre, qu'il ne put s'empêcher d'avoir quelque sorte de plaisir à la lire ; et le frère de cette aimable personne[1], à qui il avoit conté l'aventure de ma première lettre, se trouvant avec lui dans

---

1. François Le Fèvre de Caumartin, seigneur de Mormant, né vers 1629, écuyer de la reine, mort sans avoir été marié, le 24 avril 1711, âgé de quatre-vingt-deux ans. Saint-Simon nous apprend qu'il était lié d'une étroite amitié avec Breteuil, quoiqu'il lui jouât quelquefois de bons tours. A propos de l'un d'eux, dont la scène se passe chez le chancelier de Pontchartrain, « où Caumartin, son ami et son parent, l'avoit introduit, » le médisant chroniqueur ajoute que Breteuil « en fut brouillé longtemps avec lui. » François de Caumartin avait deux autres frères, l'un soldat, qui mourut dans l'expédition de Candie, en 1669, sous le duc de Beaufort ; l'autre, Dominique, chanoine de l'abbaye de Saint-Victor à Paris, qui vivait encore en 1730 ; et une seconde sœur, Élisabeth, mariée à Antoine de Belloy, morte le 16 mai 1719.

le temps qu'il reçut la seconde, il la lui donna à lire, et le pria d'y faire une réponse qui pût le délivrer pour toujours d'une importunité si extravagante et si mal placée. Il le servit à souhait, car la réponse qu'il fit étoit si dure et si outrageante, qu'elle pensa me faire perdre entièrement courage. Je versai plus de pleurs en la lisant, que Cléante n'en avoit versé depuis huit jours[1]. L'humiliation où je m'étois abaissée se représenta à mon esprit dans toute son horreur, et je fus quelque temps résolue d'abandonner l'indigne projet que j'avois fait. Enfin l'amour, au bout de quelques jours, se rendit encore le maître de mon esprit et du peu de raison qui m'étoit revenu. J'écrivis pour la troisième fois à Cléante, en le conjurant par les charmes et le souvenir de ce qu'il avoit tant aimé, d'avoir pitié d'une passion involontaire, qui, par la modération de ses désirs, n'avoit rien qui pût l'offenser.

Je le priois de se rendre un matin aux Tuileries, où se trouveroit cette inconnue qui l'aimoit si éperdument. La proposition d'un rendez-vous l'offensa encore plus que ma première lettre, il la déchira, et défendit à ses gens, en présence de celui qui l'apportoit, d'en recevoir jamais de sembla-

---

1. Depuis la mort de madame de Breteuil.

bles. Le récit de l'accueil qu'avoit eu ma troisième lettre me fit croire que, tant que j'agirois sous le nom d'une inconnue, je ne recevrois que du mépris et des outrages de la part de Cléante ; qu'au contraire il ne pourroit s'empêcher d'avoir du moins quelque ménagement pour moi, quand il auroit appris mon nom, et qu'après les pas que j'avois eu la hardiesse de faire, il n'y avoit de parti pour moi que de me donner entièrement à connoître. Dans ce terrible dessein, j'écrivis à Cléante de ma véritable écriture, et, comme elle ne lui étoit pas plus connue que la première, je signai de mon nom une lettre que je crois que jamais femme avant moi n'avoit eu le malheur de signer. Les civilités et les marques d'amitié qu'il avoit reçues de ma famille, depuis la perte qu'il venoit de faire, pouvant l'obliger à venir chez moi dès que la bienséance lui permettroit de faire des visites, je lui demandois en grâce d'accorder cette marque de sa pitié à une dame qu'il n'en trouveroit peut-être pas tout à fait indigne, quand la pureté et la sincérité de ses sentimens lui seroient connues.

Il m'a avoué depuis qu'il me croyoit si éloignée du personnage que je jouois, qu'il ne put croire que cette lettre fût de moi, et qu'il se persuada que c'étoit quelque femme de mes ennemies qui s'étoit servie de mon nom pour tâcher de m'exposer à une indiscrétion qui m'auroit perdue sans ressource.

La visite qu'il me rendit dès qu'il put sortir, pensa le confirmer dans cette erreur; je lui avois marqué l'heure, mon mari l'amena lui-même dans ma chambre, après avoir reçu ses premières civilités; il me trouva au lit, et deux femmes de chambre qui travailloient auprès de moi; il ne put croire qu'ayant à parler d'un si terrible secret, j'eusse soin de tenir deux femmes dans ma chambre.

Après avoir répondu aux complimens et à quelques questions que je lui fis sur la perte qui causoit l'état douloureux où il étoit, il se leva pour prendre congé de moi, persuadé que je ne pouvois être celle qui lui avoit donné un rendez-vous. Le trouble et l'embarras où j'étois ne peut s'imaginer ni se dire; j'avois voulu plusieurs fois commencer un si terrible discours, et toutes les fois je m'étois trouvée sans parole. Enfin, le voyant prêt à partir, je lui demandai d'une voix tremblante s'il n'avoit rien à me dire; il me répondit d'un air encore plus embarrassé, que l'habit qu'il portoit, et les pleurs qui couvroient son visage disoient tout ce qu'il avoit à dire, et qu'il ne croyoit pas avoir à parler d'autre chose que de sa douleur.

« Ah Cléante ! lui dis-je, voulez-vous m'outrager encore ? Seroit-il possible que l'état où je suis ne vous fît pas pitié ? Pourquoi faut-il que vos malheurs me touchent assez pour avoir souhaité mille fois que la perte de ma vie pût vous rendre la personne que vous avez perdue, et que vous soyez assez dur pour ne vouloir pas soulager d'un seul mot d'honnêteté les douleurs affreuses que vous me causez depuis dix ans. »

Je l'assurai en même temps qu'il pouvoit sans crainte me parler devant mes femmes, qu'elles n'écoutoient pas, et que, quand elles pourroient l'entendre, la sagesse dans laquelle j'avois vécu jusqu'alors les empêcheroit de croire que tout ce qu'il diroit eût rapport à moi.

Il se rassura, et après avoir essuyé ses larmes, que mon discours avoit encore redoublées :

« Est-il possible, me dit-il, madame, que vous puissiez dire que vous connoissez l'amour et que vous vouliez exiger de moi qu'en l'état où je suis je souffre qu'on m'en parle ? Non, madame, rien ne peut arracher de mon cœur la juste douleur qui m'accable ; le temps même y perdra le pouvoir qu'il a sur les afflictions communes. Je ne puis que vous plaindre dans le fond de mon cœur d'être soumise à une si cruelle destinée ; vous promettre un secret inviolable de ce que vous m'avez écrit, et vous prier de me permettre de fuir tous les lieux où je croirai vous pouvoir trouver. Ma douleur m'est trop chère, et elle pourroit peut-être courir quelque risque avec une personne qui, avec tout l'esprit que vous avez, en prendroit soin. »

Il me quitta brusquement à ces paroles, sans me donner le loisir d'y repartir; je ne crois pas que j'en eusse eu la force, quand j'en eusse eu la volonté.

La confusion où je demeurai ne se peut comprendre. « A quelle indignité, disois-je en moi-même, t'es-tu réduite, malheureuse Bélise? Quoi! tu as pu dire à un homme que tu l'aimes à la folie, et tu survis à la douleur de l'avoir entendu dire qu'il ne t'aimeroit pas. Ah! il n'y a désormais que la mort qui puisse effacer l'ignominie où tu t'es abaissée. Mais, disois-je un moment après, que puis-je demander autre chose de Cléante, en l'état où il est? Seroit-il digne de mon cœur, s'il oublioit déjà sa douleur pour s'abandonner aux transports d'un nouvel amour? Non, j'ai dû m'attendre à ce qui m'est arrivé, et tout ce qu'il fait pour me désespérer, est ce qui me le rend plus estimable et qui m'attache plus fortement à lui. Que veux-je après tout, qu'il ne puisse m'accorder, si je ne demande qu'à mêler mes larmes avec les siennes, et chercher avec lui la consolation que trouvent les malheureux à parler de leur douleur ? Heureuse, si dans celle qui m'accable il pouvoit, à travers les soupirs que la sienne lui cause, en pousser un de compassion pour moi.

Depuis cette terrible entrevue, je fus longtemps sans fatiguer Cléante de mes lettres, et je me contentai de me trouver quelquefois dans les promenades écartées où il alloit dérober sa douleur aux yeux du monde. Là, pour ne pas l'obliger à me fuir, je ne l'entretenois que du mérite et de la beauté de celle qu'il avoit perdue; et afin qu'il eût lieu de parler de tendresse avec moi, je feignois de prendre plaisir à l'entendre parler de celle qu'il avoit eue pour elle. Je louois sa douleur, et, loin de chercher à l'en consoler, je lui disois toujours qu'il avoit raison d'être le plus affligé de tous les hommes.

Mais comme il m'étoit difficile de ne pas mêler dans ces conversations quelque chose qui eût du rapport aux sentimens que je lui avois déclarés, Cléante, pour ne se pas engager davantage à me voir et à m'écouter, s'en alla passer trois mois dans une solitude, loin de tout commerce des hommes. Il s'abandonna à l'excès de sa douleur avec encore plus de violence qu'il n'avoit fait. Je ne pouvois me résoudre à être tout ce temps sans donner à Cléante quelques marques de ma passion, mais le soin qu'il avoit pris de ne dire à personne le lieu de sa retraite, m'en ôtoit les moyens. Je m'avisai, pour en trouver, d'aller quelquefois déguisée voir une petite fille de quatre ans, qui étoit l'unique enfant que Cléante eût eu de son mariage[1] ; je lui portai souvent des bijoux, et feignant au bout de deux ou trois visites d'avoir quelque chose d'importance à faire savoir à Cléante, la gouvernante m'apprit le lieu où il s'étoit allé cacher. Je lui écrivis des lettres de civilité seulement, et je flat-

1. C'est bien là, en effet, l'âge que devait avoir, en 1679, la jeune Anne-Louise de Breteuil, née, comme on l'a vu plus haut, page 204, note 1, en 1675. Cette enfant étant morte en 1695, d'après le Cabinet des titres, l'on ne sauroit voir en elle cette sœur de madame du Châtelet, — fille, comme on sait, du baron de Breteuil et de sa seconde femme, Gabrielle-Anne de Froulay, — dont ne parlent aucunes généalogies, mais que l'amie de Voltaire, qui la protégea contre son cousin, le marquis de Breteuil, mentionne ainsi dans sa lettre du 30 décembre 1736 à d'Argental : « Je suis brouillé avec lui (*son cousin*) ouvertement ;... c'est pour avoir tiré d'oppression une fille de feu mon père qu'il tyrannisait depuis sa mort, et dont j'ai pris le parti contre lui avec hauteur, et cela par la seule pitié que l'état de cette malheureuse m'inspiroit. Depuis longtemps brouillé avec ma mère, il s'est alors recommodé avec elle pour être à portée de l'animer contre moi ; il lui a fait écrire une lettre à M. du Châtelet, pour me forcer à lui abandonner la personne que j'ai prise sous ma protection, laquelle, par parenthèse, est religieuse et a cinquante ans. » Voir dans cette collection, les *Lettres de madame du Châtelet*, Paris, Charpentier, 1878, p. 114. Dans notre Notice sur la présidente Ferrand, nous examinons si cette fille du baron de Breteuil, qui ne peut être qu'une enfant naturelle, les généalogies ne donnant à madame du Châtelet aucune sœur légitime, ne serait pas cette petite Michelle, dont madame Ferrand accoucha le 28 octobre 1686, et qui avait, par conséquent, cinquante ans en 1736.

tois toujours sa douleur pour ne pas le rebuter de mon commerce; ces lettres, et ce que la gouvernante lui écrivit des visites d'une dame inconnue, qu'il jugea bien être moi, m'attirèrent des réponses honnêtes et l'obligèrent de m'en remercier à son retour.

Peu de temps après qu'il fut arrivé, je me rendis plus hardie; je lui parlai de mon amour et lui écrivis des lettres tendres. Il me répondit sans chagrin à la vérité, mais avec une froideur et des airs de raillerie que je trouvois souvent plus offensans que sa colère.

Cependant cette sorte de commerce et les visites que j'engageois Cléante à me rendre de temps en temps, m'avoient donné une sorte de vivacité qui ne fut pas longtemps à être remarquée par les importuns, que je vous ai dit que j'avois dans ma famille. Mon père surtout, plus éclairé et plus jaloux[1] qu'un autre, en démêla la raison dès que mes manières lui eurent fait soupçonner que j'avois quelque chose en tête, et la violence dont il étoit sur tout ce qui me regardoit, l'aveugla au point que, sans songer aux conséquences de ce qu'il alloit faire, il me défendit de parler de ma

---

1. A propos de ce sentiment sur lequel Bélise insiste, voir plus haut, p. 185.

vie à Cléante, et l'alla prier lui-même de vouloir bien ne plus venir chez moi [1].

Le refus que je fis d'obéir à mon père poussa sa colère jusqu'aux dernières extrémités. Il m'ôta mon équipage [2] et me fit garder à vue dans sa maison, et ayant surpris une lettre que j'écrivois à Cléante, il la montra à mon mari, sans que la pensée des malheurs qu'il alloit préparer à sa fille pour le reste de ses jours, pût arrêter un moment sa jalousie.

J'avertissois secrètement Cléante de tout ce que l'on me faisoit souffrir pour lui, et je l'assurois que les tourmens les plus cruels que la jalousie pût inventer ne diminueroient jamais la passion qu'il m'avoit inspirée, et que je bénirois mes douleurs, si elles pouvoient lui arracher un soupir en ma faveur. Il fut touché des maux dont il ne put douter qu'il ne fût la cause, il commença pour les soulager à m'écrire des lettres plus tendres ; et enfin vaincu par mes empressemens et par la suite des malheurs que la jalousie rendoit tous les jours plus terribles, il consentit à me voir en secret.

1. Voir p. 16.
2. Sur le luxe que déployaient certaines femmes de magistrats, un contemporain s'exprime ainsi : « Les femmes donnent dans le faste. Chevaux gris-pommelé, carrosse magnifique, cocher à grand'barbe, plusieurs laquais ; elles regardent tout cela et ferment les yeux à la qualité du maître. » Brillon, *le Théophraste moderne*; p. 100.

Tout ce que je fis pour y réussir seroit trop long à vous dire; j'étois gardée par tout ce qui m'environnoit, et cependant j'écrivois jour et nuit, et voyois fort souvent Cléante. Voilà ce que mon père et mon mari gagnoient à être jaloux. Dieu! qu'ils eussent été vengés, s'ils eussent connu les secrets tourmens de mon âme. La reconnoissance et la pitié de mes malheurs étoient la seule chose qui faisoit agir Cléante[1]; l'amour n'avoit encore aucune part à ce qu'il faisoit pour moi, et j'eus le malheur d'éprouver pendant plus d'une année que les marques de tendresse les plus vives ne suffisent pas pour toucher un cœur, qui se rend par l'inclination naturelle.

A la fin ma persévérance et mes vivacités firent ce que mon peu de beauté et ma tendresse n'avoient pu faire[2]. Je lui fis insensiblement oublier ses premières douleurs, son cœur accoutumé à aimer se familiarisa avec un autre objet, et depuis un certain temps j'ai lieu de croire que ma passion a triomphé entièrement de ses froideurs. Je crois même pouvoir me flatter qu'il m'aime autant que je l'aime. C'en est assez pour vous faire comprendre, qu'il m'aime infiniment. J'en reçois tous les jours des lettres, et je le vois autant que la crainte où

---

1. Voir p. 12 et 21.
2. Voir p. 59.

je suis, et la jalousie de ma famille, la plus soupçonneuse et la plus féconde en espions qui fut jamais, me le peuvent permettre[1].

Le détail des aventures qui nous sont arrivées pour nous voir est infini; je vous en ai quelquefois conté, sous des noms supposés, dont vous pouvez vous souvenir, et je crois qu'elles vous feront encore plus de plaisir à présent que vous en voyez les personnages à visage découvert, et pour vous faire mieux connoître tout ce que je viens de vous dire, je vais vous confier une copie de la plus grande partie des lettres que j'ai écrites à Cléante. Il m'a si souvent assuré qu'elles étoient bien pensées, que lorsqu'il me les a rendues, ma vanité n'a pu résister à l'envie de les faire copier avant que de les brûler. Elles commencent par la déclaration que je lui fis de mon amour. Emportez-les chez vous pour les lire à loisir, et pour aujourd'hui souffrez que je vous chasse et que je prenne un moment de repos.

1. Voir p. 5.

TROISIÈME PARTIE

Zélonide avoit été si touchée du récit de Bélise, et avoit trouvé quelque chose de si singulier dans son aventure, qu'elle l'avoit conjurée de lui permettre de l'écrire. Bélise qui avoit l'esprit merveilleux pour un semblable ouvrage, non seulement y consentit, pour le plaisir qu'elle se fit de pouvoir relire souvent ce qui jusqu'alors avoit fait l'unique occupation de sa vie, mais elle voulut même avoir la principale part à l'arrangement que son amie donna à son histoire.

Quelques années après, Zélonide ne put s'empêcher de la confier à une de ses intimes amies [1], qui l'ayant fait voir à Tymandre, qu'elle savoit être particulièrement ami de Cléante, Tymandre lui dit, après l'avoir lue : « Je vois bien que Bélise n'a conté à votre amie que ce qu'il y a de moins remarquable dans ses aventures. C'est la fin qui est la

---

1. Édit. 1689 : *à un de ses amis.*

plus curieuse ; tâchez de l'apprendre de Bélise même, car pour moi, qui ai bien eu de la peine d'en arracher l'aveu de Cléante, j'ai fait serment de n'en parler de ma vie. »

L'amie de Zélonide retourna avec empressement lui demander si jamais Bélise qu'elle connoissoit, ne lui avoit point conté la fin de son histoire. Zélonide lui répondit, qu'elle étoit depuis longtemps si brouillée avec elle[1] qu'elle n'étoit pas en droit de la lui demander, et que même elle ne la voyoit plus. La réponse de Zélonide redoubla la curiosité de son amie ; elle retourna chez Tymandre, qu'elle conjura si fortement de lui apprendre comment avoit fini une aventure dont les commencemens l'avoient si fort intéressée, que Tymandre ne pouvant résister à ses prières, l'emmena dans une promenade écartée, et lui parla ainsi :

« La suite de cette bizarre aventure est un portrait si terrible de la mauvaise foi de la plupart des dames, que le respect que j'ai pour quelques-unes m'a fait souhaiter plus d'une fois qu'elle ne fût jamais arrivée, ou du moins qu'elle n'eût jamais

1. Le début de ce récit ne faisait pas prévoir cette rupture. « Zélonide et Bélise, y a-t-on lu, étoient unies depuis longtemps d'une amitié plus tendre et plus solide que celle qui est ordinairement entre les dames. » (Voir p. 161). Peut-être cette amie de Cléante, que nous voyons plus loin (p. 223) lui apprendre les indiscrétions de Bélise sur ses amours, n'était-elle autre que Zélonide elle-même, qui connaissait Cléante (p. 166).

été sue. Mais Bélise a été si imprudente, que j'ai su que, quelque honteuse que soit pour elle la suite de son histoire, elle n'a pas eu plus de discrétion pour la cacher qu'elle en avoit eu pour taire le commencement[1]. Je ne vous dirai donc, en vous l'apprenant, que ce que mille gens savent déjà, et je vous en tairai seulement certaines particularités qui rendroient Bélise trop odieuse, si elles étoient connues[2], et feroient une espèce de confusion à un sexe qu'on ne peut ni trop ménager ni trop respecter. Ce n'est pas que, si l'histoire de la matrone d'Ephèse[3] n'a pas empêché, depuis quinze cents ans

1. Voir p. 10.
2. Peut-être y a-t-il là une allusion aux rapports assez étranges qui paraissent avoir existé entre Bélise et son père (Voir p. 177, 185 et 217).
3. La Fontaine venait tout récemment (1665) de rajeunir, d'après Pétrone et Apulée, le conte de *la Matrone d'Ephèse*, dans lequel, une femme, modèle des épouses, devenue veuve, d'abord inconsolable, finit par se consoler sur le tombeau même de son mari, avec un soldat auquel elle livre le corps du défunt pour le mettre à la place de celui d'un supplicié à la garde duquel son amant avait été préposé et qui lui avait été volé pendant leur entretien.

> Elle écoute un amant, elle en fait un mari,
> Le tout au nez du mort qu'elle avoit tant chéri...
>   L'on vous a pris votre pendu?
> Les lois ne vous feront, dites-vous, nulle grâce?...
>   Mettons notre mort en la place,
>   Les passans n'y connoîtront rien.
> La dame y consentit. — O volages femelles!
> La femme est toujours femme. Il en est qui sont belles;
>   Il en est qui ne le sont pas:
>   S'il en étoit d'assez fidèles,
>   Elles auroient assez d'appas.

OEuvres de La Fontaine, Paris, Jannet, 1857, t. II, p. 337.

qu'elle est écrite[1], que tout ce qu'il y a eu d'honnêtes gens n'aient aimé les femmes estimables, je pourrois, sans crainte de leur faire tort, être moins discret, si je n'avois juré à Cléante d'ensevelir dans un éternel silence ce qu'il m'a confié du comble des indignités de Bélise.

Pour reprendre le fil de son histoire dans l'endroit où elle a cessé de la conter à son amie, je vous dirai premièrement que ce que vous m'en avez fait lire est entièrement conforme à ce que m'en a conté Cléante, si ce n'est qu'il m'a dit plusieurs fois qu'il avoit bien de la peine à ajouter foi à cette sagesse dont Bélise se paroit avant le commerce qu'elle a eu avec lui, et que la manière dont elle l'a trompé, lorsqu'elle étoit sûre de son cœur, n'étoit pas une bonne preuve qu'elle n'ait rien aimé pendant tant d'années qu'il ne l'aimoit pas. Vous en jugerez vous-même par ce que je vais vous dire ; et je ne doute pas que vous ne soyez aussi fâchée que je l'ai été, d'avoir lieu de croire que tout ce que cette femme, qui paroît être si passionnée

---

1. L'édition de 1791, porte, à tort : *cent ans*. C'eût été, en effet, beaucoup trop peu dire. Car, sans parler de Pétrone et d'Apulée, ce conte se retrouve dans le *Ludus Sapientium*, imitation d'un recueil de contes composé par l'auteur indien S'indabad, et dans la version française qui en fut donnée dans le *Roman de Dolopathos* (Édition Brunet et Montaiglon, Paris, Jannet, 1856).

dans les lettres que Zélonide vous a montrées, a fait et écrit pour Cléante, n'étoit probablement que l'effet de beaucoup d'esprit, et de la violence de son tempérament[1].

Cléante m'a donc conté que, lorsque les fureurs du père de Bélise l'obligèrent à la voir en secret, il ne fut pas longtemps à se rendre à ses empressemens, mais qu'il fut plus d'un an en commerce avec elle sans pouvoir s'accoutumer à l'aimer. La figure de Bélise[2] étoit si opposée à l'idée qui lui restoit de la plus charmante personne du monde, qu'il m'a dit cent fois que, dans le commencement de ce nouveau commerce[3], il croyoit que l'amour lui faisoit faire pénitence des plaisirs qu'il lui avoit fait connoître dans un temps plus heureux pour lui. Mais par le pouvoir que l'habitude a sur nous, il s'accoutuma insensiblement à ce qui lui avoit d'abord paru presque effroyable. Voyant les emportemens de Bélise, il se flatta d'avoir inspiré une passion obstinée dans son cœur, et il m'a avoué que, prenant peu à peu quelque part à ce qui touchoit ses sens, il l'avoit enfin véritablement aimée. Comme Cléante est de bonne foi, il crut si bien que le cœur de Bélise (après tout ce qu'elle avoit fait pour lui) étoit un bien qui ne lui échapperoit

---

1 et 2. Voir p. 61, et p. 100.
3. Édit. de 1689 : *cet embarquement*.

jamais, qu'il se persuada l'aimer et en être aimé pour le reste de sa vie, et qu'il a senti son infidélité avec la plus vive douleur que l'on puisse souffrir.

Je ne vous conterai point toutes les aventures qui lui sont arrivées pour voir Bélise. Imaginez-vous tout ce qui peut arriver de plus bizarre, quand on voit souvent une femme gardée à vue, et qu'on ne peut jamais la voir sans mystère. Je vous dirai seulement qu'après avoir épuisé toutes les inventions qu'ont ordinairement les amans pour se voir dans les promenades, dans des carrosses, et dans des appartemens loués exprès[1] pour ces sor-

---

1. Ces chambres « louées » l'étaient surtout alors par les baigneurs-étuvistes, dont la réputation à cet égard était fort suspecte. Madame de Sévigné, répondant ironiquement à son cousin Bussy-Rabutin, qui était parti assez cavalièrement de Paris, sans prendre congé en règle, et avait passé plus cavalièrement encore sa dernière nuit dans la capitale, lui écrivait le 26 juin 1655 : « Je me doutois bien que tôt ou tard vous me diriez adieu... Je m'étois déjà dit vos raisons, avant que vous me les eussiez écrites, et je suis trop raisonnable pour trouver étrange que la veille d'un départ on couche chez des baigneurs. Je suis d'une grande commodité pour la liberté publique, et pourvu que les bains ne soient pas chez moi, je suis contente, et mon zèle ne me porte pas à trouver mauvais qu'il y en ait dans la ville. » (*Lettres*, édit. Regnier, Paris, Hachette, 1862, t. I, p. 392). A cette époque, le baigneur le plus en renom était Prud'homme, qui, en 1643, était établi rue Neuve-Montmartre, et auquel succéda La Vienne. En 1692, d'après du Pradel, les « Barbiers-Baigneurs, qui tenoient des bains, des étuves et des dépilatoires pour la propreté du corps humain, étaient MM. du Pont et Mercier, rue de Richelieu ; Jordanis, rue d'Orléans ; du Bois, rue Saint-André ; de Perron,

tes de commerce ; après s'être vus dans les maisons de campagne où la famille de Bélise l'emmenoit assez souvent, ils trouvèrent qu'il étoit moins dangereux de se voir chez Bélise même, et que plus d'une chose y pouvoit contribuer. Si bien qu'il y entroit presque tous les jours, pendant les six derniers mois de leur commerce, quoique tous les domestiques de la maison fussent autant d'espions de Bélise.

Une seule femme de chambre conduisoit leur intrigue. Il y demeuroit quelquefois deux jours sans en sortir. La chambre de Bélise, qui touchoit à celle de son mari, étoit leur rendez-vous le plus ordinaire ; le père, la mère et le mari y étoient souvent pendant qu'il attendoit secrètement l'heure de son rendez-vous [1]. Un seul verrou faisoit, la nuit, toute leur sûreté contre la vigilance et la jalousie de tant de personnes, et, à travers de tant d'espions, ils se voyoient avec la même liberté que les amans les moins observés.

Il y avoit environ un an [2] que Cléante aimoit

rue du Temple ; de La Cour, rue des Marmouzets. » (*Le Livre commode des adresses de Paris*, édit. Ed. Fournier, Paris, Daffîs, 1878, t. I, p. 182.) Voir plus haut, p. 29.

1. Voir p. 68 et 142.

2. Il faudrait donc reporter, d'après la date que nous donnons à la note suivante, au mois de février 1681, le commencement de cette nouvelle phase des amours de Bélise et de Cléante.

Bélise de bonne foi, et cinq ou six mois qu'il jouissoit avec assez de tranquillité de tous les plaisirs d'un amour heureux, lorsque le roi ordonna à Cléante de l'aller servir en Italie[1]. La douleur de ces deux amans, en apprenant cette terrible nouvelle, fut égale à la passion dont ils brûloient l'un pour l'autre. Ce qu'ils eurent de momens entre l'ordre du roi et le départ de Cléante, furent marqués par des transports et des vivacités qui n'eurent jamais d'égal.

L'amour, dans ces précieux momens, sembla avoir donné un excès tout nouveau à ses plaisirs, pour leur faire plus sensiblement regretter la perte qu'ils en alloient faire. Jamais on ne s'est séparé avec tant de soupirs et tant de larmes[2], et jamais on ne s'est juré par tant de sermens une fidélité éternelle. Le désespoir où fut Bélise paroît

---

1. Comme ambassadeur près le duc de Mantoue, Charles IV de la maison de Gonzague. « Saint-Germain, 4 février, 1682. Le baron de Breteuil, lecteur ordinaire de la chambre du roi, a été nommé pour aller vers le duc de Mantoue, en qualité d'envoyé extraordinaire, à la place de l'abbé Morel. » (*Gazette de France*, du 7 février 1682, n° 14, p. 90.) — Le baron de Breteuil arriva le 3 mai 1682 à Mantoue, et dut partir de Paris vers la fin du mois de mars.

2. Surtout de la part de Bélise, si nous en croyons la lettre LXVII, p. 144. — On peut rapprocher de ces adieux ceux de Bussy-Rabutin et de la marquise de Monglas, née Elisabeth Hurault de Cheverny, dont Bussy lui-même a fait le tableau dans sa lettre, du 3 juillet 1655, à madame de Sévigné :

« Vous saurez que la veille de mon départ pour Paris fut employée aux adieux, aux protestations de s'aimer toute sa vie,

mieux dans ses lettres, dont vous verrez des copies, que je ne pourrois vous l'exprimer. Elle continua deux ans de suite à en écrire d'aussi passionnées que le premier jour de l'absence de Cléante ; elle vouloit tout abandonner pour l'aller trouver [1], et souhaitoit souvent de pouvoir donner des années de sa vie pour avancer son retour d'un moment. Cléante, qui étoit charmé de la tendresse et de l'esprit qui paroissoient dans les lettres de Bélise, et qui l'aimoit véritablement, y répondit avec une exactitude et une tendresse qu'il croyoit

et à toutes les marques les plus tendres que deux personnes qui s'aiment fort se peuvent donner de leur amour.

>   Ici je te permets, trop fidèle mémoire,
>   De cacher à mes sens le comble de ma gloire.

On se promit de s'écrire souvent, et le malheur des lettres douces qui tombaient tous les jours entre les mains du tiers et du quart ne nous faisant point de peur, on résolut de s'écrire sans chiffre toutes les choses par leur nom. On demanda seulement que les lettres fussent brûlées aussitôt qu'elles auroient été lues. Après cela, l'on recommença de se prouver par bons effets qu'on s'aimoit éperdument. Ensuite, l'amour étant un vrai recommenceur, l'on se redit les mêmes choses qu'auparavant en d'autres termes, et quelques-unes en mêmes mots. On y ajouta seulement des assurances de ne jamais rien croire au désavantage de chacun. Quelques larmes suivirent ces assurances ; elles furent encore mêlées d'un moment de plaisir, et puis on ne fit autre chose que pleurer en se quittant. » (*Mémoires de Bussy-Rabutin*, Éd. Lalanne, Paris, Charpentier, 1857, t. I, p. 417, et *Lettres de madame de Sévigné*, édit. Regnier, t. I, p. 391.)

1. Voir p. 108.

le devoir garantir du sort ordinaire des absens.

Leur commerce s'étoit soutenu avec une égale vivacité jusqu'au temps marqué pour le retour de Cléante. Dès qu'il en eut reçu la permission du roi[1], il l'écrivit à Bélise avec tous les transports de joie qu'il devoit être persuadé qu'elle en ressentiroit. Mais son étonnement fut extrême, quand il reçut, pour réponse à cette nouvelle, la première lettre de froideur qu'il eût jamais reçue de Bélise. Cette même femme qui, quinze jours auparavant, auroit, à ce que disoient ses lettres, donné sa vie pour voir son amant un jour plus tôt, apprend avec chagrin la certitude de son retour, et, après une exactitude de deux ans, elle commence, du jour qu'elle sait qu'il doit revenir, à être trois mois sans lui écrire.

Cependant, comme il étoit arrivé depuis peu des affaires fort fâcheuses dans la famille de Bélise[2], Cléante attribua le chagrin qu'elle témoignoit

---

1. Parti de Paris vers le mois de mars 1682, et arrivé à Mantoue le 3 mai, le baron de Breteuil quitta cette ville au commencement de juillet 1684. Il était de retour à Paris le 16 août. Son absence avait donc duré deux ans et demi. Mais comme il avait cessé de recevoir des lettres de Bélise trois mois avant son départ de Mantoue, l'auteur de ce récit a pu dire avec exactitude que celle-ci avait « continué deux ans de suite à écrire » à Cléante.

2. La famille de Bélise venait en effet d'être frappée comme d'un coup de tonnerre, par l'emprisonnement de son chef;

de son retour à la situation douloureuse où il trouva son cœur en arrivant. Il tâcha de se persuader que son silence n'étoit qu'un effet de l'accablement d'affaires où elle se trouvoit. Il s'imagina mille autres raisons pour l'excuser, et, jugeant par la sincérité de son cœur de celui d'une femme qui lui faisoit croire qu'elle l'avoit aimé dix ans[1] dans l'espérance d'être aimée, il rejetoit comme un crime les soupçons[2] qui lui ve-

Bellinzani, accusé de malversation, peu après la mort de Colbert, arrivée le 6 septembre 1683. Dans le courant même de cette année, Bellinzani possédait encore toute la confiance de Colbert, au nom duquel nous le voyons faire passer au savant père Mabillon, une somme de 2,500 livres pour sa mission littéraire en Allemagne (Clément, *Histoire de Colbert*, t. II, p. 286). Mais la jalousie de Louvois s'était attaquée depuis longtemps déjà à Colbert et à ses auxiliaires dans l'administration. « Trop confiant, à ce qu'il semble, dans ses agens, dont plusieurs furent poursuivis et punis après sa mort, Colbert fut lui-même dénoncé, le 14 février 1680, par Louvois à l'occasion de marchés. » (*Idem*, t. I, p. 465.) La mort du grand ministre laissa pleine carrière à ces accusations, et Bellinzani fut impliqué dans l'affaire des pièces de quatre sous, créées par l'édit du 8 avril 1674, et dont la ferme avait été prise par un sieur Lucot, avec une augmentation de 430,000 livres. Desmarets, le propre neveu de Colbert, fut accusé, mais sans que cette charge eût aucune suite contre lui. « Ce qui est hors de contestation, ajoute M. Clément, c'est qu'un agent intime, une créature de Colbert, François Bellinzani, inspecteur général des manufactures, fut impliqué dans l'affaire des pièces de quatre sous. Arrêté, enfermé au château de Vincennes, où il mourut de maladie, Bellinzani confessa qu'il avait reçu pendant cinq ans des gratifications s'élevant à 40,000 francs par an, qu'il partageait avec Desmarets. » (P. Clément, *Hist. de Colbert*, t. I, p. 390.)

1. Voir p. 26.
2. On trouve une trace de ces soupçons de Cléante, dans la

noient dans l'esprit qu'elle fût devenue infidèle.

Une lettre de Bélise acheva de le tromper. Il la reçut au bout de trois mois, dans le moment qu'il alloit partir pour son retour en France. Elle excusoit son silence sur ce qu'elle l'avoit attendu de jour en jour. Elle ajoutoit que ses occupations domestiques lui avoient donné des sentimens si tristes, qu'elles avoient dégoûté pour longtemps son cœur et son esprit de tout ce qui auroit pu lui faire plaisir. Elle l'assuroit enfin que la tendresse qu'elle conservoit pour lui, au milieu des chagrins et des malheurs qui accabloient sa famille, lui avoit fait connoître, plus que jamais, que rien ne pourroit la détacher de lui; qu'elle l'aimoit plus vivement qu'elle n'avoit fait encore; qu'il revînt promptement avec cette assurance, et qu'elle lui juroit que rien n'avoit jamais égalé ce qu'elle lui préparoit d'ardeur et de tendresse pour son retour. Cléante fait à cette lettre une réponse encore plus tendre, la suit de fort près[1], et quand il

---

lettre LXVIII, p. 145. « Sur quoi, lui écrit Bélise, fondez-vous les soupçons de jalousie qui vous occupent si fort? Est-ce sur ce prétendu amant? Cette exactitude à vous rendre compte des moindres choses, ne vous prouvoit-elle pas que je ne suis occupée que de vous. »

1. D'après du Pradel, les courriers de Parme arrivaient les vendredi à midi, ceux de Padoue, les mercredi au soir, ceux de Pignerol, les mercredi et vendredi à midi, ceux de Turin, les lundi et mercredi à minuit (*Le Livre commode*, édit. Ed. Fournier, t. II, p. 260).

arrive[1], au lieu des empressemens et de la tendresse que Bélise lui venoit de jurer, il apprend par sa confidente qu'elle ne le veut plus voir de sa vie. Il en reçoit une lettre par laquelle elle lui dit elle-même qu'elle ne l'aime plus ; et, sans se donner la peine de chercher quelque prétexte à une inconstance si surprenante, elle lui redemande toutes ses lettres et toutes les marques qu'il avoit de son amour.

Cléante, ne pouvant plus douter qu'il ne fût absolument trahi, demanda à sa confidente qui étoit l'heureux rival qui rendoit Bélise infidèle. La confidente l'assura qu'il n'y en avoit point, et qu'il ne venoit personne chez sa maîtresse capable de s'en faire aimer, et qu'elle étoit persuadée que ses malheurs seulement et la crainte de son mari, devenu plus jaloux à la nouvelle du retour de Cléante, obligeoient sa maîtresse à la conduite

---

[1]. Voici comment Dangeau mentionne le retour du baron de Breteuil, à la date du mercredi 16 août 1684 : « M. de Breteuil revint de Mantoue, où il avoit été envoyé du roi, et l'on avoit donné son emploi à Gombault, ordinaire de chez le roi. » (Dangeau, *Journal*, Paris, 1854, t. 1, p. 44.) — Le 3 septembre suivant, Breteuil datait de Versailles un mémoire dans lequel il rendait compte au roi de sa mission, et qu'il terminait ainsi : « Il ne me reste plus qu'à remercier très respectueusement Votre Majesté de la grâce qu'elle m'a faite de me confier cet emploi et de l'assurer qu'on ne peut rien ajouter au zèle inviolable et à la vénération très profonde avec lesquels je suis, sire, de Votre Majesté, le très humble, très fidèle et très obéissant serviteur et sujet. »

qu'elle tenoit. La pauvre confidente disoit tout ce qu'elle savoit, et Bélise, qui jusqu'alors n'avoit pas perdu le désir de paroître estimable, prenoit un soin particulier de la tromper.

Dès le lendemain, Cléante, pénétré de douleur et de rage, trouva le moyen d'entrer chez Bélise malgré elle, où, après les marques de la tendresse la plus sincère et du désespoir le plus mortel qu'amant ait jamais senti, il la conjura par ses soupirs et par ses larmes de ne le pas abandonner au moment qu'il l'aimoit le plus violemment; que son cœur ne savoit pas se donner pour peu de temps, et qu'il avoit compté, en se donnant à elle, de l'aimer et d'en être aimé toute sa vie. Elle répondit à ses larmes par d'autres larmes, et pour achever d'emprisonner son cœur, elle lui dit que c'étoit être trop injuste d'accuser d'inconstance la plus fidèle maîtresse qui ait jamais été; qu'elle l'aimoit, malgré ce qu'elle lui avoit écrit, plus qu'elle ne l'avoit aimé de sa vie; mais que la mort lui ayant ravi depuis peu ceux qui lui servoient d'appui dans sa famille[1], elle avoit trop

1. Emprisonné, comme nous l'avons vu, après la mort de Colbert, Bellinzani mourut, dans la prison de Vincennes, le 13 mai 1684, pendant que le roi était en Flandre. Dangeau note ainsi l'événement : « Samedi 13 mai 1684. — Le roi voulut visiter les ponts faits au-dessus de Condé pour passer la première ligne, le deuxième de ces ponts-là tomba sous les gardes qui suivoient immédiatement le roi, heureusement Sa Majesté, Monseigneur et les courtisans y avoient passé. — On sut

lieu de craindre de se voir désormais livrée à la fureur d'un mari qui ne cherchoit depuis longtemps qu'à la perdre; qu'elle étoit résolue de mener une vie si irréprochable, qu'elle pût faire taire la jalousie la plus soupçonneuse et lui acquérir une réputation de sagesse qui flattât la vanité du seul homme qu'elle avoit jamais aimé; que s'il étoit vrai qu'elle fût assez heureuse pour qu'il l'aimât encore, loin de combattre un dessein si juste, il sacrifieroit ses désirs et ses empressemens au repos et à la sûreté d'une maîtresse qui ne cessoit pas de l'aimer en cessant de le voir, et qui, par tout ce qu'elle avoit fait pour lui, pouvoit mériter qu'il eût des égards pour elle.

On est bien aisé à persuader, quand le cœur et

que Bellinzani étoit mort en prison dans le temps qu'il alloit travailler à son procès. » (*Journal de Dangeau*, t. I, p. 13). — Voir encore : P. Clément, *Correspondance de Colbert*, t. I, p. 369, et t. II, p. 560 et 640.

Quant à la mère de Bélise, son autre « appui naturel, » elle survécut à son mari jusqu'au 10 août 1710. Bélise avait aussi une sœur, Louise, mariée le 5 mars 1680 à Louis Girardin, seigneur de Vauvray, frère de l'ambassadeur à Constantinople, lequel avait lui-même épousé une sœur du président Ferrand, Elisabeth Ferrand ; et plusieurs frères, dont l'un, Joseph, avait été nommé, le 8 mars 1675, abbé de Saint-Nicolas de Ribemont (*Gazette de France*, p. 160), et dont l'autre, Pierre-François, seigneur de Sompy, est mentionné avec son fils dans le procès que soutint plus tard la présidente Ferrand. Voir le *Mémoire pour dame Anne de Bellinzani, veuve de messire Michel Ferrand, président en la 1re chambre des requêtes du Palais, défenderesse, contre la demoiselle de Vigny, demanderesse*, par Me Gueau de Reverseaux, 1736.

l'amour-propre sont du parti de ceux qui cherchent à nous tromper. Cléante avait plus peur de trouver Bélise coupable qu'elle n'en avoit de le paroître, et l'ayant assurée qu'il l'aimeroit jusqu'au dernier moment de sa vie, il lui promit en pleurant, d'entrer dans tous les ménagemens qui convenoient à son repos, pourvu qu'elle se souvînt de demeurer dans les bornes qu'elle-même venoit de se prescrire. Cependant l'aveuglement de sa passion ne l'empêcha pas de lui déclarer, qu'autant qu'il conserveroit d'égards et de tendresse pour elle, autant il auroit de fureur et d'emportement s'il découvroit jamais que sous de fausses apparences de sagesse, elle lui cachât une infidélité.

Bélise ne put souffrir de se voir soupçonner d'un sentiment si indigne. Elle accusa Cléante d'ingratitude, et après lui avoir fait mille nouveaux sermens qu'elle n'aimeroit jamais que lui, elle ajouta qu'elle lui permettoit de la déshonorer dans tout le monde[1], s'il trouvoit jamais rien dans sa conduite qui pût démentir l'estime qu'elle se flat-

---

1. La même pensée est exprimée dans la lettre IX, p. 26, où Bélise écrit à Cléante : « Garde mes lettres, et rends-les publiques, si tu trouves, quand tu daigneras t'éclaircir de ma conduite, que j'aie jamais aimé un autre que toi ; oui, je consens, si tu me trouves infidèle, d'être déshonorée par un horrible éclat. »

toit qu'il auroit toute sa vie pour elle; et lui disant adieu toute baignée de pleurs, elle le conjura de croire que, si ses afflictions et ses malheurs l'obligeoient désormais à une conduite si peu conforme à ses désirs, ils n'en seroient que plus ardens dans le fond de son cœur, et que la violence qu'elle s'étoit faite pour les lui cacher depuis quelques jours, lui avoit coûté si cher, qu'elle connoissoit bien que l'amour qu'elle avoit pour lui ne pourroit jamais finir; mais que malgré ces sentimens si vifs, les ménagemens qu'elle lui demandoit étoient absolument nécessaires pour ne se pas exposer à devenir la victime de la jalousie de son mari et des mécontentemens d'une famille, où Cléante savoit qu'elle n'étoit déjà que trop haïe.

Peu de temps après que l'artificieuse Bélise eut apaisé par ses discours la juste méfiance de Cléante, il commença à apprendre dans le monde que le secret qu'il avoit gardé si inviolablement de son commerce avec elle, n'avoit plus été un mystère pendant son absence, et que c'étoit Bélise elle-même qui en avoit parlé. L'amour qu'il avoit pour elle cherchant toujours à la justifier, il ne put la croire capable de tant d'imprudence, il la défendit dans son cœur jusqu'au temps qu'une de ses amies l'assura qu'elle lui avoit avoué elle-même la passion qu'elle avoit pour lui; qu'elle lui en avoit conté mille particularités, et qu'elle lui avoit livré une copie de la plupart de ses lettres[1]. Cette conduite qui répondoit si peu à l'estime que Bélise avoit voulu faire concevoir d'elle à Cléante, et au ménagement qu'elle exigeoit de lui pour son repos et pour sa réputation ; cette conduite, dis-je, fut la première chose qui lui fit ouvrir les yeux. Il chercha à s'informer plus particulièrement de ce qu'elle avoit fait pendant son absence. Quelqu'un lui dit confusément qu'on la soupçonnoit d'avoir une nouvelle affection depuis cinq ou six mois. Cette date avec celle de la première froideur des lettres de Bélise[2] effraya Cléante ; mais il le fut bien davantage quand il apprit que le commerce qu'on la soupçonnoit d'avoir, étoit avec une espèce de pédant[3], qui

---

1. On peut croire que cette amie, étoit Zélonide, qui, comme on l'a vu au début de ce récit, connaissait Cléante, et à qui Bélise confia les lettres de celui-ci. Voir p. 220.
2. Voir plus haut, p. 230, et la lettre LXVIII, p. 145.
3. A considérer le terme en lui-même, et abstraction faite du portrait — d'ailleurs peu flatté sans doute — que fait de ce rival l'ami de Cléante, il ne faudrait rien conclure d'absolu contre le personnage. La Bruyère nous apprend que l'on ne réservait pas exclusivement le mot pour les Vadius et les Trissotins. « Rien, dit-il, ne découvre mieux dans quelle disposition sont les hommes à l'égard des sciences et des belles-lettres, et de quelle utilité ils les croient dans la République que le prix qu'ils ont mis, et l'idée qu'ils se forment de ceux qui ont pris le parti de les cultiver. Il n'y a point d'art si mécanique et de si vile condition où les avantages ne soient plus sûrs, plus prompts et plus solides. Le comédien, couché dans son carrosse, jette de la boue au visage de Corneille, qui est à pied. Chez plu-

n'avoit ni agrément dans sa figure, ni poli-

sieurs, savant et pédant sont synonymes. » (*Caractères*, édit. Servois, t. II, p. 80.) Il existe de Cyrano de Bergerac, une comédie intitulée le *Pédant joué* (1654), dont s'est inspiré Molière dans quelques passages des *Fourberies de Scapin* (1671), et dans laquelle Granger est le type du pédant, avare, laid, sale, ridicule et amoureux. Le meilleur portrait du pédant, tel qu'on se le représentait alors, avait été tracé par Sorel dès 1622, dans son roman de *Francion*. Voici le passage où il nous le peint galant et amoureux. « L'amour triomphe aussi bien du bonnet carré des pédans que de la couronne des rois... Vaincu d'un si doux trait, Hortentius commença de rechercher les moyens de plaire à sa dame et s'habilla plus curieusement qu'il n'avoit fait ; car, au lieu qu'il n'avoit accoutumé de changer de linge que tous les mois, il en changeoit tous les quinze jours ; à chaque matin il retroussoit sa moustache avec le manche d'une petite cuillère à marmite, et le ravaudeur de notre portier fut employé deux journées à mettre des manches neuves à sa soutane et à recoudre des pièces en quelques endroits déchirés. Jamais il ne s'étoit regardé chez lui que dans un seau d'eau ; mais alors il fut bien si prodigue d'acheter un miroir de six blancs, où il ne cessoit de regarder s'il avoit bonne grâce à faire la révérence, ou quelques autres actions ordinaires... Encore qu'il fût soigneux de son corps, ce n'étoit pas qu'il se proposât de gagner la bienveillance de sa maîtresse par ce seul moyen ; les qualités de son esprit, qui lui sembloient éminentes, étoient les forces auxquelles il se fioit le plus : tous les jours il feuilletoit les livres d'amour, et en tiroit les discours qui étoient les meilleurs à son jugement pour en emplir dorénavant sa bouche. Entre ces volumes, il y en avoit un plein de métaphores et d'antithèses barbares, de figures extraordinaires et d'un galimatias continuel... Néanmoins, il appeloit l'auteur un Cicéron françois, et formoit tout son style sur le sien, excepté qu'il tiroit encore d'autres de ce temps de certaines façons de parler qui sembloient merveilleuses, parce qu'elles n'étoient pas communes, bien que ce fussent autant de fautes dont une fruitière du coin des rues l'eût repris. » — Plus loin Francion, à qui on demande s'il sait bien la définition d'un pédant, répond : *Est animal indecrotabile*; sur quoi il raconte certaine visite faite à Henri IV par le corps de l'Université, pendant laquelle la cour s'étonna beaucoup « des chaperons de ces chaffourés, » et ne rit pas moins de « la crotte qui étoit sur la

tesse dans ses mœurs, ni goût, ni connoissance que de ses livres qui l'avoient rendu presque fou [1].

L'amour et la vanité de Cléante, quoique également offensés par ce qu'il venoit d'apprendre, ne purent encore l'obliger à condamner absolument Bélise. L'estime qu'il avoit pour elle l'emporta sur ses soupçons, et il se contenta de lui écrire une lettre plus pleine de raillerie que de reproches, dans laquelle il affectoit une indifférence qu'il étoit bien éloigné de sentir.

Bélise, qui prétendoit le tromper sans qu'il cessât de l'aimer, lui répondit tout ce qui pouvoit faire croire que ce qu'on avoit dit d'elle étoit la plus injuste de toutes les médisances. Elle entra en fureur de se voir soupçonnée d'une bassesse qu'elle disoit indigne d'elle. Elle écrivit cent choses méprisantes pour celui qu'on lui faisoit l'affront de dire qu'elle aimoit. Elle disoit à Cléante qu'elle pardonnoit à tout le monde qui ne la connoissoit pas, de la traiter si indignement, mais qu'elle ne pouvoit se consoler qu'un homme, à qui son cœur devoit

---

robe des pédans comme de la broderie. » (*La Vraie Histoire comique de Francion*, par Charles Sorel, édit. E. Colombey, 1877, p. 132.)

1. Ailleurs, ce pédant est encore représenté comme « un homme qui pouvoit passer pour fol et qu'on ne recevoit pas volontiers dans les bonnes maisons. » Voir p. 254.

être si connu, pût la croire capable d'aimer un prêtre; et, poussant l'effronterie jusqu'au dernier excès, elle ajouta que s'il ne l'en croyoit pas à sa parole, il pouvoit faire voir cette lettre à l'homme dont il étoit question, qui étoit une espèce de fou, qui la divertissoit quelquefois par ses extravagances, et que la passion qu'il savoit qu'elle avoit pour les sciences étoit la seule raison qui lui avoit fait souffrir cet homme souvent chez elle, finissant sa lettre par le conjurer encore de continuer d'avoir pour elle la conduite et le ménagement qui étoient si nécessaires à son repos.

L'air de bonne foi qui paroissoit dans cette lettre, désabusa entièrement Cléante de ce qu'il n'avoit que médiocrement soupçonné. Il aimoit trop Bélise pour vouloir la trouver si criminelle. En vain l'inégalité de son procédé et son indiscrétion pendant son absence le tentoient quelquefois de la condamner; il trouvoit toujours dans son cœur des raisons pour l'excuser, et résolu de l'aimer toute sa vie, il préféroit ce repos prétendu, sous lequel elle cachoit sa perfidie, à tout l'empressement qu'il auroit eu de la voir. Mais à peine avoit-il gardé un mois cette conduite, que Bélise qui ne vouloit pas si absolument le perdre, qu'elle ne pût le retrouver à ses besoins, l'envoya chercher, et lui manda même qu'il pouvoit la venir voir publiquement chez elle, parce qu'elle étoit indisposée, et que son mari étoit absent¹.

Cléante aussi surpris que touché du plaisir de revoir ce qu'il aimoit, retrouve l'artificieuse Bélise plus tendre et plus empressée pour lui qu'il ne l'avoit jamais vue. Elle lui avoua que ce n'avoit point été la jalousie de son mari² qui avoit, depuis son retour, été la cause de la conduite qu'elle avoit tenue avec lui, qu'elle n'avoit pas encore oublié les moyens de le tromper; mais que, s'étant crue trop peu aimée d'un homme qui avoit eu la force d'être deux ans éloigné d'elle, elle avoit fait des efforts sur son cœur, pour tâcher d'en arracher une passion qu'elle croyoit qu'il ne méritoit pas; que ces efforts, bien loin de diminuer son amour, n'avoient servi qu'à la rendre plus malheureuse; qu'elle en avoit même toujours été malade depuis qu'elle ne l'avoit vu; qu'elle connoissoit qu'il avoit des droits sur son cœur, qu'elle-même ne lui pouvoit ôter; et qu'il falloit enfin qu'elle mourût ou qu'elle renouvelât commerce avec lui; qu'elle l'avoit adoré toute sa vie, et que, pour lui faire voir que c'étoit de bonne foi qu'elle revenoit à lui, elle avoit, avant

---

1. La raison de ce changement de conduite dans Bélise était moins l'éloignement de son mari, que l'absence du rival de Cléante, du pédant. Voir p. 254.
2. Comme elle l'avait d'abord prétendu. Voir p. 237.

de l'envoyer chercher, préparé un rendez-vous pour le lendemain, où il la verroit en toute liberté.

Cléante, transporté de la joie la plus vive qu'un amant qui se croit aimé ait jamais sentie, se rendit le lendemain au rendez-vous avec tout l'empressement que vous pouvez imaginer. Il n'y fut plus question ni d'éclaircissemens ni de reproches. Bélise s'abandonna aux caresses de son amant, avec toute l'ardeur et la vivacité d'un cœur véritablement touché[1], et le conjura par mille larmes de lui pardonner l'irrégularité de sa conduite. Elle l'assura que, dans les momens où elle avoit paru la plus résolue à ne plus le voir, elle l'aimoit avec plus d'emportement qu'elle n'avoit jamais fait; qu'elle avoit voulu éprouver s'il résisteroit à ses froideurs apparentes, mais qu'elle avoit payé cher l'expérience qu'elle en avoit faite par tout ce qu'elle avoit souffert en ne le voyant pas; qu'il s'abandonnât désormais en toute confiance en elle, et qu'il alloit être l'homme du monde le plus heureux, si son bonheur pouvoit dépendre de l'amour et de ses plaisirs. Elle lui apprit, en même temps, l'expédient qu'elle avoit imaginé pour le

---

1. Outre l'absence du rival de Cléante qui ajoutait à cette « vivacité, » les sentimens de Bélise pour « le pédant » étaient fort en baisse. Voir p. 253.

voir toutes les nuits sans courre,[1] de part ni d'autre aucun risque, et sans les incommodités des rendez-vous qu'ils avoient avant son absence. Elle lui en donna un autre pour le lendemain, et ce manège dura quinze jours [2], durant lesquels Bélise fit des choses inouïes pour voir Cléante chaque jour. Enfin le soir d'un rendez-vous qu'ils eurent à une maison de campagne où Bélise alla dîner tête à tête avec lui, elle tomba malade, et comme elle ne pouvoit le voir chez elle à cause des défenses de son mari, elle lui écrivit dès le lendemain qu'elle étoit au désespoir d'être obligée de se trouver sept ou huit jours sans le voir; qu'il falloit attendre le cours que prendroit sa maladie, et que, si elle étoit de quelque durée, il pouvoit s'assurer qu'elle imagineroit des moyens de le faire entrer chez elle.

Pendant cette petite absence, elle lui écrivit tous les jours dans des termes qui devoient faire croire qu'elle s'abandonnoit tout de nouveau à l'amour

---

1. Ancienne forme, pour courir. Malherbe a dit :

> De ces jeunes guerriers la flotte vagabonde
> Alloit courre fortune aux orages du monde.
> *Les larmes de Saint-Pierre*, v. 194.

Madame de Sévigné s'en sert souvent encore : « Il s'enfuit ; le cardinal fit courre après. » (*Lettres*, édit. Regnier, t. IV, p. 2.)

2. L'édition de 1691, porte, à tort : *cinq jours*. Plus loin, p. 247, la durée de cette éclaircie est également de quinze jours.

de Cléante et à sa discrétion. Enfin elle trouva un moyen de le voir, et lui manda qu'il pouvoit venir dans deux jours; que la femme de chambre, son ancienne confidente, l'introduiroit secrètement dans sa chambre pour quelques heures; l'état de sa santé ne lui permettant pas de se servir encore de l'expédient qu'elle avoit ménagé pour les nuits, et que cet expédient étoit sûr dès que sa santé seroit rétablie.

Cléante se rendit à l'heure marquée avec toute l'impatience que l'on a de revoir ce qu'on aime. Il trouva la confidente au rendez-vous; mais il fut frappé d'un étonnement bien terrible, quand cette femme de chambre, au lieu de le faire entrer, lui dit, pour la seconde fois, que sa maîtresse ne le vouloit plus voir de sa vie; qu'elle lui avoit défendu même d'avoir désormais aucun commerce avec lui, et qu'elle vouloit avoir absolument les lettres qu'elle lui avoit écrites depuis leur raccommodement; que sa maîtresse lui en apprendroit apparemment les raisons. En même temps, elle donna une lettre à Cléante, qu'il ouvrit. Il y trouva son congé par écrit, sans que Bélise lui en dît aucune raison que celle de la prétendue jalousie de son mari[1], sans se souvenir qu'elle lui avoit dit cent fois

---

1. La vraie raison était le retour du « pédant, » et les « reproches qu'il lui fit de ce qu'elle avoit vu Cléante. » Voir p. 253.

depuis quinze jours que c'étoit un faux prétexte dont elle avoit coloré son premier changement [1]. Elle ajoutoit à cette mauvaise excuse, qu'elle étoit malheureuse, mais qu'elle ne pouvoit pas s'empêcher de se soumettre à sa destinée ; qu'elle avouoit que son procédé n'étoit pas dans l'ordre, mais qu'elle croyoit Cléante trop honnête homme, pour s'en servir pour la perdre ; qu'elle lui disoit un éternel adieu, et qu'elle le prioit de l'oublier et de ne pas cesser de l'estimer. Cléante, étouffant dans son cœur le dépit et la rage où cette lettre le mit, fit sur-le-champ une réponse que j'ai lue, et qui étoit la plus soumise et la plus touchante que jamais un amant justement irrité ait écrite. Il vouloit voir jusqu'où Bélise pousseroit son impudence [2] ; il ne fut pas longtemps sans en être éclairci. La femme de chambre lui rapporta sa lettre cachetée, et lui dit qu'il devoit s'attendre que toutes celles qu'il écriroit désormais à sa maîtresse auroient un semblable sort ; qu'elle avoit fait d'inutiles efforts pour la lui faire lire, et qu'elle ne pouvoit concevoir ce qui lui avoit passé par la tête depuis deux jours.

---

[1]. Voir p. 242. « Elle lui avoua que ce n'avoit point été la jalousie de son mari qui avoit depuis son retour été la cause de la conduite qu'elle avoit tenue avec lui. »

[2]. Édition de 1691, *Imprudence* ; ce qui nous paraît être une faute matérielle évidente, l'édition originale de 1689 portant : *impudence*.

L'extravagance du procédé de Bélise parut d'abord à Cléante trop outrée pour s'en mettre en colère, et consolé, à ce qu'il crut, de n'avoir plus de commerce avec une telle folle, il résolut d'attendre, sans se mettre en peine, qu'elle courût encore après lui. Mais la jalousie ne laissa pas longtemps son cœur dans cette tranquillité. Il rêvoit, malgré lui, nuit et jour, à la bizarrerie de son aventure ; plus il y pensoit, moins il pouvoit débrouiller la confusion où elle jetoit son esprit. En vain, ce qu'on lui avoit dit, deux mois auparavant[1], du commerce de Bélise avec son pédant, lui revint en pensée ; son retour vers lui sembloit l'assurer du contraire, et lorsqu'il avoit voulu en parler à cette infidèle, pendant les quinze jours de leur raccommodement[2], elle l'avoit pris sur un ton si fier, qu'il sembloit que Cléante l'eût soupçonnée de coucher avec son laquais. Elle l'avoit même assuré qu'elle eût déjà chassé ce petit-collet[3] de sa

---

1. C'est-à-dire dans les premiers jours de son retour à Paris, le 16 août 1684. Ce nouveau changement dans les sentiments de Bélise se rapporte donc au mois d'octobre 1684.
2. Voir p. 244.
3. On appelait ainsi les ecclésiastiques, en raison du collet de leur manteau, plus petit que celui des gens du monde, vaste collet à manches, boutonné, et appelé *brandebourg*. « Les prêtres, dit M. Quicherat, sortaient en domino (sorte de mantelet à capuchon) et en soutane, le bonnet carré sur la tête. La possession du moindre bénéfice les autorisait à se dire abbés et à porter la *soutanelle*, soutane de campagne qui n'allait que

maison, si elle en avoit cru le sacrifice digne de lui; mais qu'il lui avoit paru que c'étoit faire trop d'honneur à un tel personnage de le traiter comme si on en eût été jaloux.

« Mais quoi? disoit-il en lui-même, si Bélise n'aimoit rien, passeroit-elle en un moment à des extrémités si opposées? Mais qui aime-t-elle? Ce ne peut être l'homme dont elle m'a parlé avec tant de mépris. Et si ce n'est pas lui, peut-elle, en deux jours, et malade, avoir lié avec un autre un commerce capable de détruire celui qu'elle avoit avec moi? Quoi, cette même Bélise, que j'ai vue si souvent à mes genoux animer mes froideurs par ses larmes, c'est elle qui refuse de lire les réponses que je fais à ses lettres? Cette même femme, qui dit m'avoir aimé dix ans avant de me l'avoir fait connoître; celle qui m'a forcé à l'aimer par des emportemens et des transports que jamais amant n'a eus pour une maîtresse; cette Bélise, qui s'est livrée, il y a dix jours à mon amour, qui m'a fait mille nouveaux sermens d'une éternelle tendresse, qui a... Mais, Dieu! il faut se taire, et oublier jusqu'à quel point va son indignité. »

Pendant que Cléante s'abandonnoit à ces ré-

jusqu'aux genoux. Le pardessus de mise avec la soutanelle était le manteau à petit collet. On disait déjà (1670) un *petit-collet*. » (*Histoire du costume en France*, Paris, Hachette, 1875, p. 519.)

flexions, la maladie de Bélise devint assez dangereuse, pour qu'on pût croire qu'elle en mourroit. Cléante eut tout le soin qu'il pouvoit avoir d'une personne qui ne vouloit plus entendre parler de lui. Il y envoyoit à toute heure, sous des noms supposés; il y alloit quelquefois lui-même, déguisé, pour en savoir des nouvelles. Bélise n'ignoroit rien de tout ce qu'il faisoit pour elle, et loin d'en être touchée, Cléante a su depuis qu'elle en faisoit des railleries piquantes avec le nouvel objet de son amour. Elle eut même l'impudence de répondre à une de ses amies, qui lui disoit qu'elle avoit vu Cléante touché de ses maux, qu'elle ne savoit pas de quoi il s'avisoit de prendre part à sa santé; que, pour elle, celle de Cléante lui étoit plus indifférente que celle du dernier des hommes. L'infidélité qui faisoit agir Bélise, n'étoit point encore assez connue de Cléante pour la condamner absoment; le danger où étoit sa vie lui rendoit, malgré sa raison et sa jalousie, toute la tendresse qu'il avoit jamais eue pour elle. Il oublioit tout ce qui pouvoit l'obliger à la haïr et à la mépriser, pour pleurer les maux qu'elle souffroit; et la bonté de son cœur lui faisoit regarder comme un crime affreux la pensée de l'abandonner dans l'état où elle étoit. La guérison de Bélise désabusa enfin ce trop crédule amant, et lui fit voir, dans toute son étendue, la bassesse et l'infamie d'un cœur qu'il avoit longtemps cru digne de lui.

Le hasard voulut que l'un des premiers jours que Bélise sortit de sa maison pour aller prendre l'air aux Tuileries[1], des dames, avec qui Cléante se promenoit, la joignirent[2]. Cléante lui fit un compliment sur le retour de sa santé, auquel elle répondit tant bien que mal. Elle ne laissa pas, dans la suite de la conversation, de lui faire cent agaceries, et de jeter des propos qui pouvoient lui faire croire qu'elle l'aimoit éperdument, et que la raison seule l'empêchoit de le voir. Le hasard voulut encore que le mari de Bélise[3] et son nouvel amant la trou-

1. On a vu, p. 163, note 1, combien cette promenade, qui donnait alors presque sur la campagne, était bien aérée.
2. La Bruyère a fait ainsi le tableau animé, et d'après nature, de cette promenade, où la mode attirait ce qu'on appelait alors la ville et la cour. « Dans ces lieux d'un concours général, où les femmes se rassemblent pour montrer une belle étoffe, et pour recueillir le fruit de leur toilette, on ne se promène pas avec une compagne par la nécessité de la conversation ; on se joint ensemble pour se rassurer sur le théâtre, s'apprivoiser avec le public, et se raffermir contre la critique : c'est là précisément qu'on se parle sans se rien dire, ou plutôt qu'on parle pour les passans, pour ceux même en faveur de qui l'on hausse la voix, l'on gesticule et l'on badine, l'on penche négligemment la tête, l'on passe et l'on repasse. » (Les Caractères, De la Ville, édit. Servois, t. I, p. 276.)
3. Les deux Chambres des requêtes, dont la première avait pour président, depuis 1683, M. Michel Ferrand, le mari de Bélise, tenaient leurs audiences les lundi et jeudi, depuis dix heures du matin jusqu'à midi, et les mardi et vendredi, depuis deux heures de relevée jusqu'à cinq. Les loisirs ne manquaient donc pas aux magistrats, et les jeunes les consacraient volon-

vassent se promenant avec Cléante. L'amant qui connoissoit la facilité que Bélise avoit de se raccommoder, en prit l'alarme, et lui en témoigna son chagrin dès le soir.

Bélise, résolue de guérir ses soupçons, envoya dès le lendemain la même amie de Cléante à qui elle avoit conté son histoire pendant son absence, et faisant parler la jalousie de son mari, qui n'y pensoit pas, elle conjura cette amie de prier

---

tiers aux plaisirs du monde. Les magistrats petits-maîtres étaient nombreux. Un peu plus tard, Boindin (1676-1751) les mit en scène dans sa comédie du *Petit-Maître de robe*; mais presqu'à l'époque où se passait l'aventure de Bélise, l'avocat Brillon, qui devait bien les connaître, écrivait : « La Robe auroit-elle envié à la Ville, ce que la Ville tient de l'imitation de l'ancienne Cour ? Depuis dix ans il paroît une nouvelle espèce d'hommes qu'on ne connoissoit point dans les siècles précédens. Ils ont un langage affecté, un ton arrogant, des manières libres et peu sérieuses ; portent une longue, quelquefois une courte chevelure, ont des coings d'or à leurs bas, des talons rouges, marchent impétueusement. Ils doivent s'orner d'un habit grave, et recherchent les modes cavalières : on est sûr de les trouver au Cours dans la saison, à Vincennes dans le mois de juin, aux Tuileries tous les jours. Ils s'assemblent à Besons, à Boulogne, écartent leurs valets, jouissent de la liberté de la table, projettent une mascarade et l'exécutent, entrent dans les jeux et tiennent le dé tour à tour, passent les nuits aux académies, les jours en promenades, en banquets. Exacts à se rendre aux lieux marqués, leurs intrigues se concertent à frais communs ; ils s'embrassent à tous momens, se tutoyent, jurent à propos, s'emportent, et font tout par habitude. Ces gens ne sont ni de Cour, ni d'Armée ; ils s'appellent des petits-maîtres de Robe. » (Brillon, *Le Théophraste moderne*, 1700, p. 423.) Ce n'est pas là le portrait que nous nous faisons du mari de Bélise, mais ce tableau de Brillon n'est pas inutile pour se représenter avec exactitude le monde du Palais à cette date.

Cléante de ne la pas exposer à tous les chagrins et à tous les reproches que la promenade des Tuileries lui avait fait essuyer ; qu'elle étoit perdue sans ressource dans sa famille, si jamais on voyoit Cléante lui parler ; et qu'elle l'avertissoit que si jamais il l'abordoit, elle lui feroit une incivilité publique, et qu'elle sortiroit de toutes les maisons où elle le verroit entrer.

Cléante, encore abusé jusqu'à ce moment, étoit prêt de s'accorder à tout ce que lui demandoit son amie[1], lorsqu'un de ses amis, entrant dans sa chambre, leur dit qu'il venoit de voir aux Tuileries Bélise avec un fort sot homme[2], qui lui avoit parlé tout le matin à l'écart et fort secrètement. Cléante ayant voulu en savoir le nom, il apprit que c'étoit le même pédant, dont il étoit question. Outré de se voir si indignement trompé, il reprocha à son amie de vouloir l'aider à être toujours la dupe[3] d'une friponne qui ne méritoit ni une amie ni un amant tel que lui.

Cette amie offensée du personnage que Bélise lui faisoit jouer, courut chez elle, et la menaça de la part de Cléante de toutes les fureurs dont un

---

1. Édit. de 1689 : *d'accorder tout ce que son ami* (Voir p. 221, note 1.) *lui demandoit.*
2. Édit. 1689 : *avec un sot homme.*
3. Édit. 1689 : *il demanda à son ami s'il vouloit contribuer à le rendre la dupe.*

honnête homme peut être capable, quand il se voit trahi. Mais Bélise l'abusa encore par ses artifices ordinaires, et eût peut-être abusé Cléante aussi, si malheureusement pour elle un domestique, qui avoit été son confident, et qui étoit sorti depuis quinze jours de chez elle, mal récompensé de ses peines, n'étoit venu voir Cléante et lui découvrir[1] tous les mystères de l'infamie de sa maîtresse.

Il lui apprit que si[2] Bélise avoit renoué commerce avec lui, c'étoit dans un temps que son nouvel amant étoit allé à la campagne; qu'il étoit pourtant vrai qu'elle étoit pour lors dégoûtée de ce pédant, et qu'elle lui en avoit fait la confidence, en lui faisant la proposition[3] de faire entrer Cléante toutes les nuits chez elle; que le projet en eût été exécuté si elle ne fût pas tombée malade; mais que le nouvel amant étant revenu au commencement de sa maladie, et lui ayant fait des reproches de ce qu'elle avoit vu Cléante, Bélise, qui étoit menacée par les médecins de passer l'hiver dans sa chambre, se détermina à renouer commerce avec lui[4], quoiqu'il ne lui plût guère, parce

---

1. Édit. 1689 : *et ne lui eut découvert.*
2. *Ibid.* : que *lorsque.*
3. *Ibid.* : en lui *proposant.*
4. *Ibid.* : à *renouer* avec lui.

qu'elle pouvoit le voir sans mystère[1] chez elle, au lieu que les défenses de son mari l'empêchoient de voir Cléante si commodément[2]; que c'étoit la raison de sa seconde rupture; que le mari de Bélise, s'étant lassé de voir si souvent chez sa femme un homme qui pouvoit passer pour un fou[3], et qu'on ne recevoit pas volontiers dans les bonnes maisons[4], l'avoit chassé de la sienne, il y avoit plus de trois mois; que depuis ce temps-là Bélise n'avoit passé aucun jour quoique malade[5] sans lui écrire; qu'elle le faisoit secrètement entrer dans sa maison toutes les fois que son mari étoit à la ville; qu'elle s'étoit servi pour y réussir des mêmes moyens qu'elle avoit pu auparavant imaginer et proposer[6] pour Cléante, et que l'une des nuits qu'elle avoit pensé mourir, elle avoit feint de vouloir reposer[7] pour le faire entrer déguisé, et lui parler deux ou trois heures de suite; qu'enfin son mari, informé de tout ce qui se passoit depuis ses défenses, étoit devenu si jaloux de ce petit collet, qu'il avoit défendu à sa femme d'avoir aucune sorte de commerce avec lui, et avoit chassé ceux de ses domes-

---

1. Édit. 1689 : sans *façon*.
2. *Ibid.* : si *souvent*.
3. Édit. 1691 : pour *fol*.
4. Édit. 1689 : dans les bonnes *compagnies*.
5. *Ibid.* : *quelque* malade *qu'elle fut*.
6. *Ibid.* : qu'elle avoit auparavant *imaginé* et *proposé*.
7. *Ibid.* : *de reposer*.

tiques qui se mêloient de cette intrigue, dont il étoit un ; que cependant ils se voyoient toujours secrètement, et que, depuis la guérison de Bélise, leur rendez-vous le plus ordinaire étoit aux Tuileries, quand ils ne vouloient que se parler.

L'état où se trouva Cléante à ce récit, est de ceux [1] qu'on ne peut s'imaginer sans les avoir sentis. Après avoir [2] demeuré immobile, il s'abandonna au plus affreux désespoir qu'un cœur sensible et offensé puisse jamais éprouver [3] ; et après les mouvemens de l'emportement le plus furieux [4], il écrivit à Bélise la lettre la plus outrageante que le dépit et la rage puissent jamais dicter. Il la lui envoya par ce même domestique qui avoit encore accès dans la maison ; mais elle refusa absolument de la recevoir [5], et le valet ayant assuré Cléante qu'il trouveroit tous les matins Bélise aux Tuileries, où, sous prétexte d'aller prendre l'air pour le rétablissement de sa santé, elle alloit recevoir les visites de son nouvel amant, il alla dès le lendemain l'y chercher.

Il la joignit dans le même endroit où elle avoit

1. Édit. 1689 : *du nombre de ceux.*
2. *Ibid.* : *être.*
3. Édit. 1691 : *expérimenter.*
4. Édit. 1689 : après *tous* les mouvemens *et les emportemens les* plus furieux.
5. Édit. 1691 : de la *voir.*

autrefois conté le commencement de son histoire à Zélonide[1], et où elle avoit tant parlé de sa tendresse à ce même Cléante[2], qu'elle trahissoit si indignement[3].

Comme elle ne le croyoit pas si bien instruit de sa perfidie qu'il étoit, elle répondit à ses premiers reproches avec une fierté et une arrogance, capables de la faire croire innocente à qui n'auroit pas été pleinement informé de son infidélité. Mais Cléante l'ayant convaincue par les circonstances marquées[4] qu'il avoit apprises du domestique, dont je viens de vous parler, elle n'eut plus de ressource que dans une effronterie dont elle seule étoit capable; et sans songer[5] à qui elle parloit, elle dit hardiment à Cléante, qu'il étoit surprenant que, sur la foi d'un coquin et sur de si foibles apparences, on condamnât une femme comme elle, dont la vertu suffisoit pour sa défense.

Cléante, outré d'une gloire si à contretemps[6], lui repartit en courroux, qu'une femme comme elle n'étoit plus désormais qu'une créature infâme et déshonorée; que le temps où elle le pouvoit

---

1. Dans le labyrinthe, au pied de la statue de la *Vérité*. Voir p. 163.
2. Voir p. 38, 71, 73 et 215.
3. Édit. 1689 : si *lâchement*.
4. *Ibid.* : *par les circonstances*.
5. *Ibid.* : sans *penser*.
6. *Ibid.* : d'une *vertu vantée* si à contretemps.

tromper étoit passé ; que c'étoit bien à elle à parler de vertu ; qu'elle étoit si méprisable, qu'elle n'en avoit pas même assez pour rougir de ses infamies ; que le lieu où ils étoient suffisoit pour l'en convaincre, puisque, s'il lui restoit le moindre sentiment d'honneur, elle mourroit de honte d'être assez lâche d'y venir tous les jours faire l'amour avec un prêtre, après avoir juré si souvent une fidélité éternelle à un homme tel que lui ; que s'il l'estimoit assez pour se venger d'elle, il ne voudroit que la faire souvenir du profond[1] mépris qu'elle lui en avoit fait paroître par ses lettres et de vive voix[2] ; que cependant il falloit louer sa prudence d'avoir choisi pour amant un pédant, qui ne méritoit pas la colère d'un honnête homme ; et qu'ils étoient l'un et l'autre si indignes de lui, qu'il lui promettoit de n'avoir jamais pour eux qu'une indifférence si grande, qu'elle lui feroit bientôt oublier qu'il l'eût jamais connue[3]. Il ajouta qu'il lui restoit encore assez de bonté pour elle, pour déplorer l'infâme réputation qu'elle s'alloit acquérir dans le monde.

A ces mots Bélise l'interrompit, et, plus hardie qu'elle ne l'avoit été avant d'être convaincue, elle

---

1. Édit. 1689 : de *l'indigne*.
2. *Ibid.* : en avoit *temoigné* de vive voix et par *écrit*.
3. Édit. 1691 : oublier *s'il l'avoit* jamais connue.

lui dit qu'il étoit trop charitable de la moitié[1], d'avoir tant de soin de sa réputation; qu'elle avoit appris à mépriser les chimères, et qu'elle en savoit trop pour être désormais la dupe d'une vaine gloire[2].

Ces indignes paroles achevant de pousser à bout la fureur de Cléante, il traita Bélise avec mille malignités[3], la menaça de la déshonorer dans le monde, et de faire voir à son pédant comme elle avoit couru[4] après lui, dès qu'elle l'avoit perdu de vue, afin qu'il apprît du moins à ne pas estimer ses faveurs plus qu'elles ne méritoient de l'être.

Bélise aussi peu touchée des menaces de Cléante qu'elle l'avoit été de ses reproches, lui repartit que, pour un homme qui avoit eu un si long commerce avec elle, il la connoissoit bien mal; qu'il devoit savoir qu'elle ne se soucioit pas[5] d'être estimée, ni d'aimer un homme estimable; que le parti contraire coûtoit moins cher; et que tout ce que lui et le reste du monde pourroit jamais dire contre elle, étoit la chose du monde qui lui étoit la plus indifférente.

1. Édit. 1689 : *de moitié.*
2. Langage bien différent de celui de la lettre XVIII, p. 43.
3. Édit. 1689 : *avec un horrible mépris.*
4. Édit. 1691 : *courre.*
5. Édit. 1689 : *plus.*

Cléante, épouvanté qu'une femme dont le cœur lui avoit paru autrefois si estimable, fût devenue assez perdue pour soutenir avec tant d'effronterie les preuves de son crime, et pour abandonner si hautement son honneur et sa gloire, acheva par des reproches affreux[1] que j'ai juré de taire, de.....[2] Bélise convint de tout, sans seulement rougir ; et Cléante, autant effrayé et confus de tout ce qu'il venoit d'entendre, que pénétré de douleur et de rage de l'infidélité de sa maîtresse, l'abandonna pour jamais à toute[3] l'horreur de sa mauvaise conduite.

Voilà comment finit l'histoire de cette Bélise, qui s'étoit si longtemps donnée pour une héroïne de belles passions, et qui ne parloit jamais que de la fidélité inviolable de son cœur, et du mépris et de la honte que méritoient les femmes[4] infidèles.

Pour Cléante il m'a avoué que, comme ce n'étoit point son goût naturel qui lui avoit donné de la tendresse pour Bélise, il avoit cessé de l'aimer dès qu'il avoit vu assez clair dans sa conduite pour cesser de l'estimer ; et que le mépris et l'indignation avoient pris tout à coup la place de la ten-

---

1. Édit. 1689 : par des reproches *honteux*. — Voir sur ce que pouvaient être ces reproches, p. 177, note 2.
2. *Ibid.* : *que j'ai juré de taire.*
3. *Ibid.* : *à ses debordemens* à toute.
4. *Ibid.* : les *hommes.*

dresse qu'il avoit sentie pour elle; mais que le chagrin d'être trompé en estimant si longtemps un cœur si indigne[1] de l'être, lui avoit donné une véritable affliction, et que ce n'étoit qu'avec peine que l'amour-propre avoit pardonné une faute si grossière à son discernement.

1. Édit. 1689 : *tout à fait* indigne.

POÉSIES
DE
ANTOINE FERRAND

I

CHANSON[1]

Sur l'air : *de Joconde*

(1708)

DONNÉE A MADAME LA DUCHESSE DE BOURGOGNE, AU BAL DE VERSAILLES, EN LUI PRÉSENTANT UNE POMME D'OR, SUR LAQUELLE ÉTOIT ÉCRIT :

A LA PLUS GRACIEUSE

Le berger Pâris couronna
    Jadis une immortelle;
Et la pomme qu'il lui donna,
    Étoit pour la plus belle.

---

1. Pièce inédite, tirée du *Recueil de Chansons satiriques*, t. XI, fol. 195. (Biblioth. nationale, mss.; fonds français, n° 12,626.) Elle y est attribuée à « Ferrand, conseiller au Châtelet, » et accompagnée de cette note :

« Madame la marquise de Villacerf lui en donna le dessin et elle présenta ces vers et la pomme à madame la duchesse de Bourgogne, ce qui ne réussit pas et qui fit qu'elle ne fut pas priée au bal suivant. » — Sur ces bals, voir *Saint-Simon*, t. IV, p. 79.

Un Dieu, princesse, dans ce jour
    Vous rend ce même hommage,
Et recevez-en de l'Amour
    Cette pomme pour gage.

Il vous la donne par mes mains,
    N'osant ici paroître ;
Déguisé sous des traits humains,
    Qui pourroit le connoître ?
Il vous suit pourtant en tous lieux,
    A vos pas il s'attache ;
Mais dans nos cœurs et dans vos yeux,
    Quelquefois il se cache.

La pomme d'or s'ouvroit et dedans étoit un bandeau de mousseline plié en plusieurs doubles, et renoué d'un ruban, avec deux petites ailes de plumes blanches et couleur de feu, attachées sur un pareil ruban, avec ces mots et les vers qui suivent.

A la plus glorieuse, la plus gracieuse et la plus aimable princesse de l'univers.

Je suis dieu des Amours, des Grâces et des Ris,
Et sur tant de beautés qu'on voit ici paroître
    C'est moi qui vous donne le prix :
    Le dieu d'Amour s'y doit connoître.
J'ai quitté mon bandeau, pour pouvoir désormais
Chaque instant admirer tant de grâces nouvelles ;
    Et pour ne vous quitter jamais,
    J'ai moi-même coupé mes ailes.

II

AU CHEVALIER DE SIMIANE[1]

(1708)

Pour une méchante chanson,
De Gordes se croit un Virgile;
Ainsi qu'il se croit un Achille,
Pour une blessure au talon.

RÉPONSE DU CHEVALIER DE SIMIANE.

Pour une blessure au talon,
Tu me fais ressembler au vainqueur de l'Asie;
Mais on pourroit bien mieux avec un bon baston
    Te rendre semblable à Sosie.

RÉPONSE.

Pour te rendre à l'instant injure pour injure,
Le Sosie pourroit bien devenir un Mercure.

1. Vers inédits, tirés du *Recueil de Chansons satiriques* (Biblioth. nat., fonds franç., n° 12,626) où ils sont inscrits avec cette note : « Par Ferrand, fils de la Belisani ». — Probablement François de Simiane, dit le chevalier de Simiane, fils de Charles, marquis d'Esparron, et de Madeleine Hay, et frère du gendre de la célèbre marquise de Grignan (Françoise-Marguerite de Sévigné), né le 28 octobre 1674, blessé en 1706 à Ramillies, premier gentilhomme de la chambre du Régent en 1718, brigadier en 1719, mort en Champagne le 1er décembre 1734. Le titre de marquis de Gordes, appartenait à la branche aînée, éteinte en 1677.

III

ÉPIGRAMME[1]

Un maltôtier gourmandoit des manœuvres,
Qu'il avoit fait travailler à son fief,
Pour élever poteaux et hautes œuvres,
Croyant par là se donner du relief.
« Par saint Mathieu, pareille masse pierre,
S'écria-t-il, ne durera vingt ans. »
— « Ah ! Monseigneur, lui repart Maître Pierre,
C'en sera là pour vous et vos enfants. »

IV

Dans un festin donné par la Jeunesse
Aux deux amans que Vulcain surprit nus,
Pour servir Mars, pour servir sa maîtresse,
Amours badins furent tous retenus :
Si devoient-ils, par Hébé soutenus,
Ne célébrer que la fille de l'onde ;
Mais les fripons, laissant dame Vénus,
Chantèrent... qui ? Chantèrent Rupelmonde.

---

1. *Pièces libres de M. Ferrand et poésies de quelques auteurs sur divers sujets.* A Londres, 1762, in-12, de 162 pages. C'est du même recueil que sont tirées les huit pièces suivantes.

V

Quand Apollon, avec le dieu de l'onde[1],
Vint autrefois habiter ces bas lieux,
L'un sut si bien cacher sa tresse blonde,
L'autre ses traits, qu'on méconnut les dieux :
Mais c'est en vain qu'abandonnant les cieux,
Vénus, comme eux, veut se cacher au monde,
On la connoît au pouvoir de ses yeux,
Lorsque l'on voit paroître Rupelmonde[2].

VI

Astrée un jour s'enquit du médecin,
Quel temps étoit à l'amour plus propice :
« L'ébat, dit-il, au matin est plus sain,
Mais vers le soir il a plus de délice. »
Oracle sûr ! Savante faculté !

---

1. Cette pièce a été aussi attribuée à Voltaire, dans les œuvres duquel elle figure.
2. Marie-Marguerite d'Alègre, fille du maréchal d'Alègre, mort en 1733, et sœur de la marquise de Barbesieux et de la maréchale de Maillebois, mariée le 4 janvier 1705, à Maximilien-Philippe-Joseph de Boulogne-Lens de Licques, comte de Rupelmonde, dont elle devint veuve en 1710. Elle mourut à Bercy, le 31 mai 1752, âgée de soixante-quatre ans. Elle avait été très liée avec Voltaire, qui, en 1722, lui adressa, sous le nom d'Uranie, son épître *le Pour et le Contre*, une de ses premières hardiesses philosophiques.

Bien répondu ! Depuis ce temps, Astrée
Chaque matin le fait pour sa santé,
Pour le plaisir le fait chaque soirée.

VII

Thémire, au gré de mes désirs,
J'ai cru vous voir abandonnée ;
J'ai cru m'enivrer des plaisirs
De la nuit qui suit l'hyménée :
Mais à mon réveil j'ai connu
Que je m'étois entretenu
D'illusions et de mensonges.
Que j'aurai de félicité,
S'il est vrai ce qu'on dit des songes,
Qu'ils promettent la vérité !

VIII

Il n'en est plus, Thémire, de ces cœurs
Tendres, constans, incapables de feindre,
Qui d'une ingrate épuisant les rigueurs
Vivoient contens et mouroient sans se plaindre.
Les feux d'amour alors étoient à craindre ;
Mais aujourd'hui les feux les plus constans
Sont ceux qu'un jour voit naître et voit éteindre :
Hélas ! pourquoi suis-je encor du vieux temps.

IX

CONTE

En l'âge d'or que l'on nous vante tant,
Où l'on aimoit sans lois et sans contrainte,
On croit qu'Amour eut un règne éclatant.
C'est une erreur; il fut si peu content,
Qu'à Jupiter il porta cette plainte :
« J'ai des sujets, mais ils sont trop soumis,
Dit-il; je règne, et je n'ai point de gloire;
J'aimerois mieux dompter des ennemis :
Je ne veux plus d'empire sans victoire. »
A ce discours, Jupin rêve, et produit
L'austère Honneur, l'épouvantail des belles,
Rival d'Amour, et chef de ces rebelles
Qui font beaucoup avec fort peu de bruit.
L'enfant mutin le considère en face,
De près, de loin, et puis faisant un saut :
« Père des dieux, dit-il, je te rends grâce,
Tu m'as fait là l'ennemi qu'il me faut. »

X

Trois siècles différens ont produit à la fois
    Martial, Horace et Pindare;
    Quel siècle, ami, seroit plus rare,
    S'ils étoient rassemblés tous trois!

Rousseau, nul autre, ce me semble,
Au nôtre ne peut être égal,
Puisque dans toi seul il rassemble
Pindare, Horace et Martial.

XI

Pour quelque temps Apollon voudrois être ;
Non par désir d'éclairer l'univers,
Non pour tirer flèches, ni pour connoître
Simples cachés et leurs effets divers ;
Non que je veuille, ô puissant Dieu des vers,
Régler les rangs qu'à ton gré tu décernes ;
Mais nettoyant le Pinde et ses cavernes,
Je ne voudrois qu'en chasser un monceau,
Un vil essaim de poètes modernes,
Pour n'y laisser que La Mothe et Rousseau.

XII

D'amour et de mélancolie
Célemnus enfin consumé,
En fontaine fut transformé ;
Et qui boit de ses eaux oublie
Jusqu'au nom de l'objet aimé.
Pour mieux oublier Égérie,
J'y courus hier vainement ;

A force de changer d'amant,
L'infidèle l'avoit tarie [1].

XIII

MADRIGAL [2]

Il est un dieu, maître de l'univers,
Dont tous les dieux reconnoissent l'empire,
C'est un enfant : mais chargé de ses fers,
Quand il lui plaît, le plus sage soupire ;
Il change tout ; le prince qu'il inspire
Devient berger, le berger devient roi :
Ce dieu pourtant ne peut rien sur Thémire,
Et ne pourroit, sans elle, rien sur moi.

XIV

Être l'Amour quelquefois je désire,
Non pour régner sur la terre et les cieux ;
Car je ne veux régner que sur Thémire ;
Seule elle vaut les mortels et les dieux :
Non pour avoir le bandeau sur les yeux ;
Car de tout point Thémire m'est fidèle :

---

1. Voltaire. *Siècle de Louis XIV*, t. I, p. 129, article Ferrand.
2. *Élite de poésies fugitives*, Londres, 1764, t. III, p. 312.
On y lit en note : « Ce madrigal ne se trouve nulle part. »

Non pour jouir d'une gloire immortelle ;
Car à ses jours survivre je ne veux :
Mais seulement pour épuiser sur elle
Du dieu d'amour et les traits et les feux [1].

XV

MADRIGAL [2]

Ce n'est qu'aux champs qu'Amour est sans feintise ;
Toujours enfant, il n'y paroît que nu ;
Mais à la cour toujours il se déguise,
Changeant sa voix et son air ingénu ;
Ce sont deux dieux. L'un discret, retenu,
Fidèle ; il craint de se faire connoître.
L'autre volage et charmé de paroître,
Aux yeux de tous fait briller son flambeau.
Qui le voudra suivre ce dernier maître !
Je veux servir l'autre jusqu'au tombeau.

---

1. Voltaire qui cite ces jolis vers (*Mélanges littéraires*, OEuvres, t. XXXIX, p. 214) les accompagne de ces réflexions : « On a distingué les madrigaux des épigrammes ; les premiers consistent dans l'expression délicate d'un sentiment ; les secondes, dans une plaisanterie. Par exemple, on appelle madrigal ces vers charmants de M. Ferrand.

2. *Élite de poésies fugitives*, Londres, 1764, in-12, t. III, p. 208. On y lit en note : « Ce madrigal est rare ».

ÉPITRE[1]

DE M. DE GÉNONVILLE[2]

A M. LE COMTE DE P***, A METZ

Vous qu'Amour n'embrasa jamais
Que d'une ardeur folle et légère,
Qui, de sa faveur passagère,
Vous fit trop payer les attraits.
Au pays de la Synagogue
Vous avez bien changé de ton,
Vous parlez comme Céladon,
Et votre lettre est une églogue,
Digne des rives du Lignon.
Déjà ce nouveau zèle éclate;
As-tu cru que le désespoir
Me fit échapper à l'ingrate.
Ah! n'est-ce rien que de la voir?
Quoi! de mon printemps qui commence
Perdrai-je ainsi le plus beau jour,

---

1. *Élite de poésies fugitives.* Londres, 1764, t. III, p. 188.
— Nous croyons que cette épître est adressée au comte de Plelo, cousin-germain de Génonville. La pièce est signée : « Génonville, conseiller au Parlement. »

2. Nicolas-Anne Le Fèvre de la Faluère, cousin d'Antoine Ferrand. Voir p. 300, note 2.

A gémir des maux de l'absence,
A soupirer pour le retour.
Laisse-moi, Sagesse sévère ;
Loin de moi porte ta lumière
Qu'épand ton lugubre flambeau ;
Pour mieux nous cacher nos disgrâces,
Le dieu dont j'ai suivi la trace
Couvre les yeux de son bandeau ;
Qu'il règle encor mes destinées,
Qu'il m'inspire encor des chansons,
Pour mes dernières années
Vous aurez d'utiles leçons.

Ovide banni d'Italie
Par le maître de l'univers,
Mais toujours amant de Julie,
Soupire les plus tendres airs ;
Et, sans qu'il arme son courage
Contre le sort et ses rigueurs,
Pour lui, dans ce climat sauvage,
L'Amour qu'il a chanté fera naître des fleurs.

Arbitre de délicatesse,
Maître habile en l'art des plaisirs,
Pétrone, au tyran qui le presse,
Accordera-t-il un soupir ?
Non, comme au sein de la mollesse,
Il semble goûter le repos.

Héros que forma la Sagesse,
Sûtes-vous mieux braver les maux ?
Comme eux, auprès d'une maîtresse,

Brave le sort moins irrité;
De cette coupe enchanteresse,
Goûte à longs traits la volupté.
Et tant que durera l'ivresse,
Laisse ignorer à ta jeunesse
Si c'est erreur ou vérité.
Heureux si la coquetterie,
Les soupçons, du repos enfants séditieux,
De cette chaîne qui vous lie,
Ne viennent point rompre les nœuds.
Puisse à jamais la jalousie
S'éloigner de vos tendres jeux;
Que sa beauté toujours fleurie,
Fasse le plaisir de tes yeux,
Et ton amour, le bonheur de sa vie.

LETTRE

DE

M. DE GÉNONVILLE

A VOLTAIRE [1]

(1719)

Ami très cher, si l'humeur noire,
Que dans l'esprit jettent les maux,
N'a point obscurci ma mémoire,
En vers faciles et nouveaux
Tu nous avois promis l'histoire
De ton voyage, et quatre mots
Du coche et des maigres chevaux
Qui t'ont conduit aux bords de Loire [2].
Je t'y crois en un plein repos,
Entre ton duc [3] et ton héros [4].

---

1. *Pièces inédites de Voltaire.* Paris, 1820, in-8, p. 157.
2. Au château de Sully-sur-Loire.
3. Maximilien-Henri de Béthune, quatrième duc de Sully, né en juillet 1669, mestre de camp en 1693, brigadier en 1702, mort le 5 février 1729, à soixante et un ans, sans laisser d'enfant de Jeanne-Marie Guyon, fille de la célèbre mystique, et veuve de Louis-Nicolas Fouquet, marquis de Belle-Isle, qu'il avait épousée le 14 février 1719. Voir *Saint-Simon*, t. XI, p. 393.
4. Henri IV, héros de la *Henriade*, ou peut-être Sully, qui avait d'abord dans ce poème la place qu'y occupe Mornay.

Là tu vas acquérir la gloire
Que nous disputoient nos rivaux.
Ranime tes premiers travaux,
Réveille ton heureux génie,
Ne souffre plus que l'Italie,
Étalant l'orgueil de ses sons,
Nous fasse admirer sa folie,
Et nous permette la saillie
Du madrigal et des chansons.
Quitte Anacréon pour Virgile,
Laisse là ce voluptueux :
Il fit le portrait de Bathyle ;
Mais jamais son pinceau facile
N'eût su peindre nos demi-dieux.

 Que Hénault[1], sur sa musette,
 Chante les Jeux, les Amours ;
 Qu'il dérobe la houlette
 Au petit berger La Tour ;
 Que toujours tendre, infidèle,
Hypocrite du sentiment,
 Il amuse chaque belle
 Du récit de son tourment ;
Chacun exerce son talent.
 Pour toi, volant à tire d'aile,
Tu suis la Muse qui t'appelle.

---

1. Le président Hénault (1685-1770), qui n'avait pas encore publié son grave *Abrégé chronologique de l'Histoire de France* (1744), et qui fréquentait beaucoup la société du duc de Sully, dont il a dit : « M. de Sully se ressentoit d'avoir vécu avec des gens d'esprit, comme un flacon retient longtemps l'odeur d'un parfum qu'on a versé. » (*Mémoires*. Paris, 1855, p. 86.)

> Dans les momens les plus doux
> Si tu nous peins Gabrielle[1],
> Je vois Mars à ses genoux.

La fièvre qui m'a dicté ces vers vient, heureusement pour vous, les interrompre. Vous ne serez pas surpris que je vous écrive avant votre départ; vous qui faites l'éloge funèbre de l'abbé de Chaulieu avant sa mort[2]; quoique muni d'épitaphe et de sacrement, il vit encore, et n'est pas sans espérance. Adieu, je suis au lit et ne sais point de nouvelles; faites ma cour à notre duc et lui cachez mes extravagances.

> Bientôt aux rives chéries,
> Où vous passez d'heureux jours,
> A vos utiles discours
> J'irai mêler mes rêveries :
> Nous parlerons de bons mots et d'amour,
> De prose et vers, de raison même,
> De tout enfin, hors du Système.

Faites-moi réponse et brûlez ma lettre; je devois le faire moi-même, et je vous avoue que je ne croyois pas vous écrire en vers : brûlez vite et ne vous moquez guère de moi.

---

1. Gabrielle d'Estrées, voir la *Henriade*, chant IX.
2. Il mourut peu après le 27 juin 1720.

APPENDICE

I

LES FERRAND

1618, 10 mai. — Antoine Ferrand fut reçu lieutenant particulier au Châtelet, sans examen, attendu qu'il étoit notoirement plaidant depuis plus de vingt ans (*Registres du Parlement*, cités par M. Desmaze, *Le Châtelet de Paris*, Paris, 1870, p. 100).

1623. — *De la maladie d'Amour ou mélancholie érotique*, discours curieux, qui enseigne à cognoitre l'essence, les causes, les signes et les remèdes de ce mal fantastique, par Jacque Ferrand, Agenois, docteur en la Faculté de médecine. A Paris, chez Denis Moreau, rue Saint-Jacques, à la Salamandre, 1623. — Dans la dédicace : « A MM. les étudians en médecine à Paris, » on lit : « Bien que je me puisse vanter d'être hors du ressort de l'Amour et dire hautement avec le poète :

Nescio quid sit Amor, nec amo, nec amor, nec amavi;

si est-ce toutefois qu'à la vue de ce petit discours de l'Amour qui m'est tombé en main par l'adresse d'un mien ami, je me suis laissé insensiblement porter d'amour et d'affection à le publier[1]. »

1630. — M. Ferrand, bibliothécaire du cardinal de Richelieu, curé d'Uz, dans le grand vicariat de Pontoise, amy de l'abbé de Saint-Cyran[2]. (Cabinet des titres.)

1653. — Jacque-Philippe Ferrand peintre, reçu valet de chambre de Louis XIV en 1684, de l'Académie en 1690, mort le 5 juin 1732, à 78 ans, inhumé dans l'église de Saint-Jean en Grève, laisse un fils, Antoine, peintre; il était fils de Louis Ferrand, médecin de Louis XIII.

Né à Joigny en Bourgogne, le 26 juillet 1653. (Biblioth. nationale : *Pièces originales*, vol. 6863.)

1697. — Michel Ferrand, conseiller du roi en ses conseils, président des Requêtes du Palais. D'azur à trois épées d'argent posées en pal, les gardes et poignées d'or, tournées deux en chef et une en pointe, et une fasce en divise[3] d'or brochante sur le tout. — Ambroise Ferrand, conseiller au Parlement, en la quatrième Chambre des Enquêtes; mêmes armes[4]. — Antoine-François Ferrand, maître des Requêtes, et intendant de Bourgogne, et Anne-Geneviève Martineau, son épouse ; mêmes armes. — Antoine-Nicolas Ferrand, chevalier, conseiller du roi en ses conseils et grand maistre enquesteur et

---

1. Sur ce livre, qui ne doit pas être confondu avec celui ayant pour titre : *Des causes et remèdes de l'Amour considéré comme maladie*, par J. F., médecin anglais, 1773, et dont parle Grimm (*Corresp. littér.*, édit. Tourneux, t. X, p. 309), voir un article du Dr Desbarreaux-Bernard, dans le *Bulletin du Bibliophile*, sept. 1869.

2. Et de Lancelot. Voir sur ce Ferrand, grand janséniste, Sainte-Beuve, *Port-Royal*, t. I, p. 419-423.

3. « La fasce en divise, c'est le tiers de la fasce. » Jouffroy d'Eschavannes, *Traité du blason*, Paris, 1880.

4. Nous voyons dans les Almanachs royaux de 1705 à 1710, que le président Ferrand et son frère le conseiller demeuraient tous les deux rue Serpente, dans l'hôtel Ferrand.

général réformateur des Eaux et Forêts de France, département de Normandie, et Marie de Mastin de Nuaillé, sa femme. D'azur à trois épées d'argent, accolé d'argent à une cotice de gueules accompagnée de 6 testes de fleur de lys d'azur. (Bibl. nat. *Armorial de France, Paris.*)

1605-1738. — Antoine Ferrand, seigneur de Villemillan, lieutenant particulier au Châtelet de Paris, né en 1605, mort le 5 avril 1689, *æt.* 84, inhumé le 16, à Saint-Séverin; épousa Élisabeth le Gauffre, « sœur du célèbre et pieux M. le Gauffre, maître des comptes, » morte le 31 mars 1684, inhumée à Saint-Séverin. D'où : 1º Françoise, femme la Faluère, veuve, 1708. — 2º M. [Ambroise] Ferrand, doyen, né en 1648, mort en 1731, sans enfants, *æt.* 83. — 3º Élisabeth, comtesse de Canillac, partage 1731. La marquise du Pont-du-Château, nièce du doyen, partage 1731. — 4º Michel, président, qui suit. — 5º M. [Antoine-François] Ferrand, né en 1654, conseiller d'État ordinaire, 1719, mort en 1731, *æt.* 77 ans. Père de madame du Pont-du-Château, apparemment le conseiller d'État, dont hérite mademoiselle de Vigny, 1738[1]. (Bibl. nat., Cabinet des titres, *dossier Ferrand.*)

LE PRÉSIDENT MICHEL FERRAND.

Michel Ferrand, Président de la première des Requêtes, vend 1712, mort 1723 [31 août]. Épousa, 1676,

---

1. Le mss. intitulé : *Maîtres des Requêtes* (Bibl. nat., fonds franç., nº 14018, fol. 326 et 382) donne la postérité d'Antoine Ferrand dans cet ordre différent : Antoine-François, l'intendant; Michel; Ambroise; Françoise, et Élisabeth. Il mentionne en plus un quatrième frère, Philippe, « prieur de Rieux et de la Vayolle, docteur de Sorbonne en 1676. » Le *Dictionnaire*

Anne de Bellinzani, sœur de la marquise de Vauvray. Séparée le 29 mars 1686, morte 1740, æt. 82, au couvent du Cherche-Midy, à Paris, fille de François Bellinzani, résident du duc de Mantoue, puis intendant du commerce, mort 1684, et de Louise Chevreau, morte 1710. Dont : 1° N. femme de M. Combes, lieutenant général à Riom, morte sans enfants, avant son père. — 2° [Antoine] conseiller des aydes [en 1702] mort sans alliance [6 nov. 1719]. — 3° N. religieuse à Sainte-Marie, rue du Bac. — 4° Michelle, née 28 oct. 1686, élevée sous les noms de Baillé, Batilly, de Vigny, supprimée par son père, désavouée par sa mère 1735, reconnue par arrêt du 24 mars 1738[1]. — 5° La dame de Bruyx voulut profiter de son aventure, mais elle en fut déchue[2]. (Bibl. nat., Cabinet des titres, *dossier Ferrand*.)

1695. — N. Ferrand, fille de Michel, président en la première des Requêtes du palais, mariée en janvier 1678 à Gabriel-Michel de Combes, seigneur du Puy, lieutenant général de Riom, mourut en couches à Riom, sans postérité le 16 mars 1699, âgée de 21 ans[3]. (Bibl. nat., Cabinet des titres, *dossier Ferrand*.)

---

de La Chesnaye des Bois ne parle pas de ce Philippe, et énumère ainsi la postérité d'Antoine : Michel, Ambroise, Antoine-François, Élisabeth et Françoise.

1. D'après La Chesnaye des Bois, elle serait morte le 13 octobre 1763.
2. Cette dame de Bruyx ne saurait être une fille de la présidente Ferrand, qui, dans son interrogatoire du 12 août 1735, déclare n'avoir eu que quatre enfants.
3. Probablement le même inscrit ainsi, en 1698, dans l'*Armorial général* : « Généralité de Riom. — Gabriel-Michel de Combes, écuyer, conseiller du roi, lieutenant général en la sénéchaussée d'Auvergne, et président au présidial de Riom. D'azur à un vol d'argent, et un chef cousu de gueules, chargé de 3 étoiles d'or. » (*Armorial de France*, Auvergne, fol. 1.)

AMBROISE FERRAND, LE CONSEILLER[1].

1702. — Ambroise Ferrand, conseiller au Parlement, marié à Saint-Cosme, en mai 1702, avec Marie Bethaut[2], avec laquelle il demeuroit depuis longtemps et passoit pour marié et veuve de Mathias Poncet de la Rivière. (Bibl. nat., Cabinet des titres, *dossier Ferrand*.)

1715, 12 septembre. — Figure parmi les conseillers de la grand'chambre à la fameuse séance du lit de justice. (*Journal de Buvat*, t. I, p. 61.)

1715, 20 septembre, à Vincennes. — Le conseil des affaires du dedans du royaume est composé du duc d'Antin, président; de M. le Premier, du marquis de Brancas; de MM. de Fieubet et Roujault, maîtres des Requêtes, et MM. Ferrand, abbé Menguy, et Goislard, conseillers du Parlement, et pour secrétaire La Roque. (*Journal de Dangeau*, t. XVI, p. 195.)

1716, 17 mai, à Paris. — MM. de Richelieu et de Gacé furent interrogés le matin à la Bastille par M. Ferrand, nommé leur commissaire par le Parlement; il ne paraît point encore de témoins contre eux. (*Journal de Dangeau*, t. XVI, p. 38.)

1717, juillet 27. — M. le président (?) Ferrand, M. l'abbé Pucelle et M. l'abbé Menguy, conseillers au Parlement,

---

1. Né en 1648, mort le 3 mai 1731. Il avait été reçu, le 21 août 1677, conseiller à la quatrième Chambre des Enquêtes dont son beau-frère, René Le Fèvre de la Faluère, était président depuis le 18 août 1656, et à laquelle appartenait Hugues Bertault (reçu le 25 mai 1678) peut-être parent de sa femme, et l'abbé de Châteauneuf, le futur protecteur de Voltaire.

2. Elle était sœur de Louise Bethaut, femme du président Louis Molé, petit-fils du célèbre premier président, et fille de Louis Bethaut, président de la Chambre des Comptes.

estimés pour leur capacité et pour leur probité, furent alors exclus du conseil de la régence pour s'être opposés à l'édit du mois de mai, touchant les monnaies dont il s'agissait. » (*Journal de Buvat.* t. I, p. 280.)

1717, lundi 6 décembre. — « M. le maréchal de Villeroy et M. de Noailles allèrent chez M. le comte de Toulouse, où étoient M. le maréchal d'Estrées, M. de Coëtlogon et M. Ferrand ; on y régla beaucoup de choses sur les affaires du commerce. » (*Journal de Dangeau*, t. XVII, p. 206.)

1718, vendredi 24 juin. — « M. le duc d'Orléans a ôté l'abbé Pucelle du conseil de conscience et MM. l'abbé Menguy et Ferrand du conseil du dedans du royaume. Les autres gens du Parlement qui sont dans les conseils ne s'étoient point trouvés au Parlement ; ce sont le président Dodun et Goislard. » (*Ibid.* t. XVII, p. 330.)

1721, 21 février. — « Le Parlement nomme M. Pâris et un autre conseiller de la grand'Chambre (*Ferrand*), pour examiner cette affaire (*celle du duc de La Force*) et pour en faire leur rapport. » (*Journal de Buvat*, t. II, p. 214.)

1721, 10 mars. — MM. Pâris et Ferrand vont quérir le duc à son hôtel pour être interrogé. (*Ibid.* p. 219.)

1723. — « Dame Marie Bethaut, épouse de M. Ferrand, conseiller en la grand'Chambre, mourut le 11 février. Elle avoit épousé en premières noces messire Mathias Poncet de la Rivière[1], chevalier, comte d'Ablys, maître des Requêtes, président au grand Conseil, mort

---

1. Fils de Pierre Poncet, conseiller d'État, et de Catherine de Lattaignant, successivement conseiller au Parlement, maître des requêtes, intendant en Alsace, à Metz, à Bourges, à Limoges, et président au grand Conseil depuis 1676 ; mort le 20 août 1693, âgé de cinquante-sept ans. Il demeurait rue des Francs-Bourgeois.

en 1693, après avoir servi le roi pendant plusieurs années avec beaucoup d'honneur et de réputation, en qualité d'intendant des provinces d'Alsace, de Berry et de Limousin. De ce premier mariage elle avoit eu trois enfants, savoir : feue dame Catherine Poncet de la Rivière, recommandable par sa vertu, épouse de M. François Bouton, comte de Chamilly, neveu du maréchal de France, ci-devant ambassadeur extraordinaire en Danemarck, lieutenant général des armées du roi, commandant pour S. M. dans les provinces de Poitou, de Saintonge, et dans le pays d'Aunis ; M. Pierre Poncet de la Rivière, comte d'Ablys, président au Parlement, magistrat aussi intègre qu'éclairé, et M. Michel Poncet de la Rivière, évêque d'Angers, si connu par son esprit, son érudition, son éloquence, sa piété, son zèle. » (*Mercure*, février 1723, p. 394.)

1731. — Ambroise Ferrand, doyen du Parlement, mort en sa maison du quai des Balcons, île Saint-Louis, le 3 mai 1731, âgé de 83 ans ; porté, le 4, de Saint-Louis à Saint-Séverin. (Cabinet des titres.)

FRANÇOIS-ANTOINE FERRAND, CONSEILLER D'ÉTAT[1].

1694, 20 janvier. — Ferrand, maître des Requêtes, fut nommé à l'intendance de Bourgogne, à la place

---

[1]. Né en 1654, conseiller au nouveau Châtelet en 1677, dont son beau-frère, Girardin, était lieutenant civil ; lieutenant particulier à l'ancien Châtelet, le 14 mars 1683, en remplacement de son frère Michel, maître des requêtes en 1690, successivement intendant de Bourgogne (1694), de Bretagne (1705-1716), conseiller d'État de semestre (1719), mort le 3 janvier 1731. Il avait épousé Anne-Geneviève Martineau, morte le 15 septembre 1711, fille de Bernard Martineau, sieur du Pont, héraut des ordres du roi. Dont : Marie-Françoise-

de d'Argouges; cette intendance vaut mieux que toutes les autres du royaume; elle vaut 24,000 livres de rente [1]. (*Journal de Dangeau*, t. IV, p. 440.)

1705, 4 juin, à Trianon. — « M. de Nointel, qui étoit intendant de Bourgogne, pressoit depuis quelque temps pour être rappelé de cet emploi. Le premier président de cette province et lui étoient fort mal ensemble, et cela faisoit des divisions dans les États; on lui a accordé sa demande : il jouira ici de sa place de conseiller d'État et sera en repos; on envoie à sa place M. Ferrand, qui étoit intendant de Bourgogne. » (*Journal de Dangeau*, t. X. p. 341.) — Le 12 Dangeau ajoutait : « M. le Prince auroit fort souhaité que M. Ferrand, dont il est très content, n'eût pas quitté l'intendance de Bourgogne, et avoit prié le roi d'en faire écrire à M. Ferrand, pour lui en laisser l'option. Le roi a bien voulu avoir cette complaisance pour M. le Prince. M. de Chamillard a écrit à M. Ferrand qui a pris le parti de suivre la dernière destination du roi. » (*Idem.* p. 346.)

1711. — Anne-Geneviève Martineau, épouse de François Ferrand, seigneur de Villemillan, maître des Requêtes et intendant en Bretagne, mourut le 15 septembre 1711, âgée de 45 ans, laissant une fille unique [2].

Geneviève, mariée à Denis-Michel de Beaufort de Montboissier, marquis du Pont-du-Château, colonel du régiment de l'Ile de France, puis sous-lieutenant de la 2ᵉ compagnie des Mousquetaires, brigadier de cavalerie.

1. Il y resta jusqu'au mois de juin 1705, où il passa à l'Intendance de Bretagne. La Bibliothèque nationale, département des Mss., possède de lui un *Mémoire sur la Bourgogne*, de 1699 (Supp. Franç., n° 2141), et des *Lettres* (*Idem*, n° 2231). Voir encore Boislisle, *Correspondance des contrôleurs généraux avec les intendants*, t. I.

2. Marie-Françoise-Geneviève, marquise du Pont-du-Château, en 1714. Voir p. 283, note 1.

(*Mercure de France*, 1711, septembre, IIe partie, p. 47.)

1714, mardi, 10 juillet, à Marly. — « M. de Canillac, des mousquetaires, vint ici pour demander au roi l'agrément du mariage qu'il veut faire de son neveu, fils du marquis du Pont-du-Château, avec mademoiselle Ferrand [Marie-Françoise-Geneviève], qui est nièce de madame de Canillac; et ainsi tout le bien du mari et de la femme, qui n'ont point d'enfants, reviendra aux enfants qui naîtront de ce mariage. Mademoiselle Ferrand est fille de l'intendant de Bretagne, et aura plus d'un million de bien, et le marquis du Pont-du-Château aura plus de 60,000 livres de rentes en fonds de terres et de belles terres. » (*Journal de Dangeau*, t. XV, p. 190.)

1715, 9 octobre, à Vincennes. — L'intendance de Bretagne qu'avoit M. Ferrand, du conseil de la marine, a été donnée à M. de Brou, intendant d'Alençon. » (*Journal de Dangeau*, t. XVI, p. 206.)

1715, 20 octobre, à Vincennes. — Il n'y eût point de conseil de régence. Dans le dernier conseil de marine, il y avoit dispute pour les rangs entre M. de Bonrepaux, de Champigny, Ferrand et Vauvré ; M. le comte de Toulouse ordonna que ces quatre messieurs prendroient leurs places sans distinction, comme ils arriveroient. » (*Idem*. t. XVI, p. 214.)

1715, 10 décembre, à Vincennes. — « Le bureau de M. de Caumartin sera composé de MM. Rouillé du Coudray et Fagon, conseillers d'État; de MM. le Fèvre d'Ormesson et Fieubet, maîtres des Requêtes. Le bureau pour les billets de la marine, de MM. Amelot, conseiller d'État; Ferrand et Amelot de Chaillou, maîtres des Requêtes ; Dodun, président des Enquêtes ; Champigny, chef d'escadre ; Vauvré, intendant de la marine, et Cartigny, commissaire ordonnateur. » (*Idem*. t. XVI, page 260.)

1716, 6 janvier, à Paris. — « Le conseil de commerce de terre et de mer, dont le roi avoit ordonné l'établissement dès le 14 du mois dernier, s'assemblera au moins tous les jeudis dans une des salles du Louvre, et sera composé du maréchal de Villeroy, chef du conseil des Finances; du duc de Noailles, du maréchal d'Estrées, de MM. d'Aguesseau, Amelot, Nointel, de Rouillé, du Coudray, de M. d'Argenson, conseillers d'État; des sieurs Ferrand, Machault, et Roujault maîtres des Requêtes. » (*Journal de Dangeau*, t. XVI, p. 293.)

1719, 6 août. — « M. Ferrand, qui a été intendant de Bretagne et depuis dans le conseil de marine, a parole de M. le duc d'Orléans pour la première place vacante dans le Conseil. Il n'a point de brevet d'expectative comme l'avoit M. de Châteauneuf; mais la promesse que lui a faite M. le duc d'Orléans suffit; il lui a permis même de le dire et il en reçoit les compliments. » (*Idem.* t. XVIII, p. 98.)

1719, 14 novembre. — « M. Ferrand, maître des Requêtes et du conseil de marine, ayant été nommé conseiller d'État, auroit bien souhaité conserver sa place dans le conseil de la marine, qui lui produisoit 10,000 francs d'appointement. M. le comte de Toulouse, amiral de France, le désirant extrêmement, et M. le duc d'Orléans, régent, ayant marqué qu'il le désiroit; mais M. Le Pelletier, doyen du conseil, m'étant venu voir pour me dire que MM. les conseillers d'État étoient résolus de faire des remontrances à M. le Régent, et que M. Ferrand sera regardé de mauvais œil par le conseil s'il ne renonce au conseil de marine, où il faudroit qu'il prît séance après M. de Coëtlogon, je me suis chargé de voir M. Ferrand et de lui faire connoître les dispositions de MM. ses confrères. Ce qu'ayant fait, il m'a dit qu'il iroit trouver M. le comte de Toulouse, et le prieroit de satisfaire MM. ses confrères et de se mettre en état de vivre agréablement avec eux : c'est ce qu'il a exécuté. » (*Mémoires de Foucault*, page 390.)

1719, 23 novembre. — « Ferrand, conseiller d'État, est nommé l'un des commissaires pour examiner les titres des engagistes domaniaux. » (*Journal de Buvat*, t. II, p. 35.)

MICHEL FERRAND[1], LE DOYEN, ET LA MARQUISE DE SAINT-GERMAIN-BEAUPRÉ.

1649. — Vous estes priez d'assister au conuoy, et Seruice de deffuncte Dame Anne du Tixier, viuante femme de Messire Michel Ferrand, Conseiller du Roy en ses Conseils d'Estat et Priué, et en la grande Chambre de son Parlement, décédée en sa maison ruë des Rats : Qui se fera le Dimanche dix-huitième iour de juillet 1649, à dix heures du matin, en l'Église Saint-Étienne-du-Mont, sa Paroisse : Où les Dames se trouueront, s'il leur plaist.

Et au second service qui se dira le lendemain Lundy

---

1. Michel Ferrand, seigneur de Janvry, de Vaucelles et de Beaufort, reçu conseiller au Parlement le 13 juillet 1607, conseiller d'État le 30 février 1642, mort doyen du Parlement le 1er avril 1666, âgé de 80 ans. Il avait épousé, le 21 mai 1613, Anne du Tixier, fille de M. du Tixier, seigneur de Maisons, et de Françoise Huraut. Dont : 1º Pierre Ferrand, seigneur de Janvry, conseiller au Parlement, massacré le 4 juillet 1652, âgé de 40 ans, qui épousa, en 1643, Hélène Gillot, fille de Germain, secrétaire du roi, et d'Hélène du Hamel ; — 2º Jean, seigneur de Vaucelles, conseiller au Parlement, mort le 3 mai 1662, âgé de 30 ans, inhumé à Sainte-Élisabeth du Temple, sépulture de sa famille ; — 3º N. religieuse à Sainte-Élisabeth ; — 4º Marie-Angélique, morte le 19 septembre 1643, à 16 ans.

dix-neuvième dudit mois, à pareille heure du matin, en l'Église des Religieuses Sainte-Élisabeth deuant le Temple; lieu de sa sépulture : Où Messieurs et Dames se trouueront s'il leur plaist.

1652, 4 juillet.— « Cette canaille tua d'abord à coups d'espées, pistollets, bayonnettes, et de bastons que quelques-uns avoient pour toutes armes, le sieur de Janvry, conseiller au Parlement[1], fils de M. Ferrand de la grand'Chambre, capitaine de son quartier, ainsi qu'un nommé Froissand, marchand de fil de la place Maubert. » (Relation publiée par M. Cousin, dans *Madame de Longueville et la Fronde*, p. 420.) — « Dans ce tumulte furent tués entre autres M. Miron, maître de comptes, fort bon frondeur, M. Janvry, conseiller, autre frondeur, tous deux fort attachés au parti, etc. » (Relation de M. de Marigny. Cousin, *Madame de Longueville et la Fronde*, p. 447, et 162.) — « L'on tira dans les fenêtres de l'Hôtel-de-Ville; l'on mit le feu aux portes, l'on entra dedans l'épée à la main, l'on massacra M. le Gras, maître des Requêtes, M. Janvry, conseiller au Parlement, M. Miron, maître des comptes, un des plus grands hommes de bien et des plus accrédités dans le peuple qui fussent à Paris. Vingt-cinq ou trente bourgeois y périrent aussi. » (*Mémoires de Retz*, édit. Feillet et Gourdault, Hachette, 1876, t. IV, p. 283). Voir encore sur cette journée et sur cette mort : Moreau, *Choix de Mazarinades*, t. II, p. 383, *Mémoires de Conrart*, p. 567 à 579; *de La Rochefoucauld*, p. 416-418; *de Mademoiselle de Montpensier*, t. II, p. 128.)

1660. — « Ferrand[2], a de l'esprit, tendant toujours à ses fins, seur et en qui on peut se fier; intéressé, gouverné par sa dame-jeanne, par Gayet, cy-devant

---

1. Il habitait place Maubert.
2. Michel Ferrand, le doyen.

procureur, par Champy, en considération des gages qu'il pourra recevoir de la marine. Se charge de toutes sortes d'affaires; a pour opposé à la grand'chambre M. Provost[1]. Aimé Jean a pouvoir sur luy. » (Depping, *Correspondance administrative*, t. II, p. 35.)

1660. — Ferrand, conseiller à la quatrième des Enquêtes[2], raisonnablement pourvu de sens, mais peu appliqué, aimant ses plaisirs avec gens de peu : son père doyen de la grand'chambre. » (*Ibid.* p. 58.)

1661. — Elle (*la comtesse de Vertus, morte le 10 mai 1670*) voulut donner, en haine de ses enfants, 50,000 livres à madame de Montausier, la voyant en faveur... Elle a fait depuis de fort impertinentes donations entre vifs, comme au doyen du Parlement, Ferrand, 20,000 livres, afin qu'il sollicitât pour elle, et à d'autres ; ils devinrent suspects, et de plus ils n'en ont pu rien toucher. (Tallemant, *Historiettes*, édit. Paris, 1855, t. IV, p. 455.)

1666. — Michel Ferrand, seigneur de Janvry[3], Vaucelles[4], doyen du Parlement de Paris, mort, paroisse de Saint-Paul, et inhumé aux Filles de Sainte-Élisabeth, le 3 avril 1666. (Cabinet des titres, *dossier Ferrand*, n°s 37-54.)

1677, décembre. — « Voici les mariages : Mademoiselle de Janvry[5], mariée à M. de Saint-Germain-

---

1. Ce Provost était un conseiller-clerc, que les mêmes notes disent : « Très habile, très fier, foible quand il est contredit, aimant ses intérêts, témoin la trésorerie de Paris. »
2. Second fils du Doyen, frère de Pierre, tué en 1652.
3. Il existe deux communes de ce nom, l'une dans la Marne, arrondissement de Reims, canton de Ville en Tardenois; l'autre dans Seine-et-Oise, arrondissement de Rambouillet, canton de Limours.
4. Aisne, arrondissement de Laon.
5. Hélène Ferrand, fille de Pierre, tué en 1652. Ce mariage eut lieu le 20 décembre 1677. Il en naquit : 1° Armand-Louis-

Beaupré, etc. (*Lettres de Mme de Sévigné*, t. V, p. 396.)

Avant ce mariage les chansons suivantes avaient couru sur le marquis de Saint-Germain-Beaupré et sur sa mère :

(1666).

Si Saint-Germain [1] f... en c.,
Il imite son père [2] ;
Mais si le drôle est f...,
C'est qu'il imite en vertu,
Sa mère [3].

(Biblioth. Nation. *Recueil de chansons satiriques*, n° 12617, fol. 521.)

François, né le 20 septembre 1679, mort le 14 mai 1752, marié à Anne-Bonne Doublet de Persan, morte le 26 septembre 1754, dont : Anne-Françoise, née en août 1718, qui épousa, le 9 juin 1739, Alexandre-Auguste de Grivel, marquis d'Ourouer, brigadier ; — 2° Armand-Louis-Joseph, chevalier de Malte, né le 6 septembre 1686, grand-prieur d'Aquitaine, mort le 13 octobre 1767 ; — 3° Armand-Louis-Joseph, né le 28 septembre 1681, mort le 11 décembre 1705. — Saint-Simon a dit du marquis de Saint-Germain-Beaupré : « Saint-Germain-Beaupré, ennuyeux et plat important, qui n'avoit jamais été de rien, mourut chez lui. Il avoit cédé son petit gouvernement à son fils, homme fort obscur, en le mariant à la fille de Doublet de Persan, conseiller au Parlement, qui trouva le moyen de percer partout et d'être du plus grand monde.. » (*Mém.*, t. XI, p. 81.)

1. Louis Foucault, marquis de Saint-Germain-Beaupré, comte de Dun-le-Palleteau, enseigne des gardes du corps en 1667, mestre de camp de cavalerie en 1674, brigadier en 1688, mort le 23 janvier 1719.

2. Henri Foucault, marquis de Saint-Germain-Beaupré, gouverneur de la Marche, mort le 11 septembre 1678. Il était frère de Louis Foucault, comte du Daugon (1616-59), maréchal de France en 1653.

3. Agnès de Bailleul (A. N.).

CHANSON

(1666)

Sur l'air : *Valençay par son vieil éclat.*

Sur Agnès de Bailleul[1], veuve de Henri Foucault, marquis de Saint-Germain-Beaupré, gouverneur de la Haute et Basse-Marche.

> Nous voici loin de mon rival[2],
> Saint-Germain, viens que je te trousse,
> Ne crains point que ce jeune Irval[3]
> Apprenne que tu te trémousse.
>   Elle répond à cet homme :
>   « Toute ma vie je serai
>   Agnès de Bailleul tout comme
>   Je l'ai de tout temps été[4]. »
> (*Idem*, n° 12618, fol. 57.)

1. Fille de Nicolas Bailleul, surintendant des finances (1647-1648), mort en 1652, et d'Élisabeth-Marie Mallier, mariée au marquis de Saint-Germain-Beaupré, le 16 mars 1644, veuve en 1678, morte le 21 novembre 1706. Elle était sœur de Louis, marquis de Château-Gontier, président à mortier, au Parlement de Paris (1652-83), et de la marquise d'Uxelles, femme en premières noces du marquis de Nangis, et également de réputation fort galante. (*Mém. de Saint-Simon*, t. VI, p. 294).
2. L'auteur introduit en cet endroit un des amans de la marquise de Saint-Germain-Beaupré, qui lui parle. Mais il est difficile de démêler lequel c'est, car elle en avoit alors trois, sans compter M. d'Irval, dont il va être parlé à l'article suivant. Ces trois amans étoient : Henry de Daillon, comte du Lude, chevalier des ordres du roi, premier gentilhomme de la Chambre; François d'Aubusson de la Feuillade, duc de Roannez, et Paul d'Escoubleau de Sourdis, marquis d'Alluye, gouverneur d'Orléanois. (A. N.).
3. Antoine de Mesmes d'Irval, maître des Requêtes.
4. Pour comprendre ce que ceci veut dire, il faut savoir que la marquise de Saint-Germain avoit fort peu d'esprit, et qu'elle écrivoit fort mal. Elle oublioit presque dans toutes ses lettres de finir par une civilité. Elle se contentoit de les terminer par

1689, 21 février. — « Nous soupâmes hier chez le *Civil* (Le Camus, lieutenant civil), la duchesse du Lude, madame de Coulanges, madame de Saint-Germain, le chevalier de Grignan, Monsieur de Troyes, Corbinelli : nous fûmes assez gaillards. » (*Lettres de Mme de Sévigné*, t. VIII, p. 480.)

1690, 13 décembre. — La marquise d'Uxelles écrivait de Paris au comte de la Garde : « Madame de Lévy est allée à la mer, la rage s'est mise dans les chiens de sa maison ; c'est la mode d'en avoir beaucoup, mais ce ne sera jamais la mienne, à cause de ce mal. Madame de Saint-Germain, ne me ressemble point car elle est une espèce de madame de Béthune sur les bêtes. Elle nous a donné d'un grand embarras en ce quartier, ayant figuré avec M. de Pontchartrain, par une entorse qu'elle a eue, et qui l'a tenue un mois sur un canapé. » (*Lettres de Mme de Sévigné*, t. IX, p. 604.)

1695, 4 mars. — M. de Coulanges, écrivant de Paris à madame de Sévigné, raconte ainsi un dîner du mercredi chez le duc de Chaulnes : « Mais faut-il que la compagnie qui s'y trouve soit quelquefois aussi mêlée ? Jugez-en par l'échantillon de mercredi dernier : les *Divines* (madame de Frontenac et mademoiselle d'Outrelaise), toujours d'un fort bon commerce, mais madame de la Salle et sa fille de Roussillon, madame de Saint-Germain, madame du Bois de la Roche, qui rit plus haut que jamais, et le bon abbé d'Effiat... Je mangeai comme un diable, je bus comme un trou, et je fis convenir madame de la Salle, sa fille, madame de Saint-Germain, et madame du Bois de la Roche, qu'il n'étoit rien tel qu'une bonne com-

---

y mettre qu'elle étoit comme elle avoit toujours été, et puis elle signoit : Agnès de Bailleul. C'est de cette manière d'écrire dont se moque l'auteur de la chanson. (A. N.).

pagnie, d'un même pays, qui parloit la même langue, et qui étoit fort aise de se voir rassemblée ; je dis qu'il falloit convenir encore que la moindre personne qui seroit survenue à notre dîner nous auroit troublé infiniment : en sorte qu'elles opinèrent que les maîtres de la maison seroient exacts à ne donner entrée à l'heure de leur dîner qu'à de certaines gens, et que rien n'étoit si capable de mortifier une bonne compagnie que de la mêler avec une mauvaise. Sur cela madame de la Salle dit cent jolies choses plus délicates et plus françoises les unes que les autres. Madame de Saint-Germain y applaudit avec son air de confiance ordinaire, et madame de la Roche en rit plus haut que jamais, les cuillers sales redoublèrent dans les plats en même temps, pour servir l'un, et pour servir l'autre ; et ayant par malheur souhaité une vive, madame de Saint-Germain m'en mit une toute des plus belles sur une assiette pour me l'envoyer ; mais j'eus beau dire que je ne voulois pas de sauce, la propre dame, en assurant que la sauce valoit encore mieux que le poisson, l'arrosa à diverses reprises avec sa cuiller, qui sortoit toute fraîche de sa belle bouche. Madame de la Salle ne servit jamais qu'avec ses dix doigts ; en un mot je ne vis jamais plus de saleté. (*Lettres de M*^{me} *de Sévigné*, t. X, p. 249.)

1695, 22 juin. — Coulanges à madame de Sévigné, Paris : « Je me propose d'aller dîner avec lui (*le duc de Chaulnes*) pour lui dire adieu, et voir un peu comme se porte cette grande duchesse, qui a pour garde, par préférence à toute autre, madame de Saint-Germain avec une quenouille à son côté et le fuseau à la main. » (*Lettres de M*^{mo} *de Sévigné*, t. X, p. 284.)

1697. — Hélène Gillot, dame de Janvry veuve de Ferrand, seigneur dudit lieu, conseiller au Parlement. (*Armorial général*, Paris.)

1708, 16 mai. — Déclaration de Hélène Gillot, veuve de messire Pierre Ferrand, chevalier, seigneur de Janvry, demeurant place Royale, âgée de 80 ans, pour constater sa faiblesse de tête. (*Cabinet des titres.*)

1710. — Hélène Gillot, veuve de Pierre Ferrand, seigneur de Janvry, conseiller au Parlement, mourut le 23 octobre 1710, âgée de 83 ans. Elle était mère d'Hélène Ferrand, qui épousa, en 1677, Louis Foucault, marquis de Saint-Germain-Beaupré, gouverneur et lieutenant général de la province de la Marche. » (*Mercure galant*, 1710, sept. et octobre, p. 306.)

II

LES LE FÈVRE DE LA FALUÈRE

Cette famille parlementaire, qui s'allia deux fois aux Ferrand, par le mariage de René Le Fèvre de la Faluère avec Françoise Ferrand, et par celui de Françoise-Lucie Le Fèvre avec Ignace Ferrand de Méré, descendait, d'après le *Mercure de France*[1], d'un officier de la cour de François II, dernier duc de Bretagne, père de la duchesse Anne, femme du roi Charles VIII, et d'après le dossier du Cabinet des titres, de N. Le Fèvre, seigneur de la Faluère, grènetier à Laval, originaire de Blois, dont le fils Claude fut trésorier de France à Tours. Ce Claude fut père de : — A : Alexandre seigneur de la Faluère, trésorier de France à Tours, marié à Marie de Pâris, fille de François de Pâris, sei-

---

1. *Mercure*, de sept. 1688, p. 79. Voir, sur divers membres de cette famille, les volumes de : 1696, février, p. 261; 1703, janvier, p. 174, et février, p. 56; 1708, mai, p. 214; 1722, mai, t. Ier, p. 194, et 1746, janvier, p. 199.

gneur du Perise, juge prévôt de la police de Tours, et de Madeleine Forget.— B : Pierre, abbé de Saint-Martin de Tours, conseiller au Grand Conseil en 1647, mort en 1688.— C : René, qui fut premier président du Parlement de Bretagne, mari de Françoise Ferrand. — D : N., conseiller au Parlement de Bretagne en 1688, mort en avril 1707, marié à N. de La Barre, de Tours. Il eut pour fils : 1º Nicolas-François, seigneur de Noizé, conseiller au Châtelet, en 1674, conseiller à la Cour des Aides en 1689, « mort de crapule en février 1696. » — 2º Claude, seigneur de la Jallande, reçu au Grand Conseil le 27 juin 1682, mort doyen le 1er mai 1741, à 87 ans, marié à Périne Janvier, morte en 1708, dont : a : Claude, conseiller au Parlement de Bretagne le 13 janvier 1708 ; b : Nicolas, marié le 27 septembre 1737 à Marie-Constance de la Grange-Chancel. — 3º Alexandre-François, reçu conseiller au Parlement de Paris le 15 juillet 1705 ; E : Marie, femme de Guillaume Lasnier, seigneur de La Fretière, conseiller au Grand Conseil.

1661. — Monsieur Le Fèvre de la Faluère, conseiller à la IIe Chambre des Enquêtes[1]. Doux, gracieux, honnête homme, s'appliquant entièrement au métier ; est de

---

1. René Le Fèvre de la Faluère, fils de Claude, trésorier de France à Tours, et de Marie Barbault de Boylèvre, reçu le 18 août 1656, président de la quatrième Chambre des Enquêtes, premier président de Bretagne en 1687, charge dont il se démit en janvier 1703, mort le 21 mars 1708. Il avait épousé Françoise Ferrand, née en 1638, sœur du président Michel Ferrand, et morte le 17 mars 1720. D'après le Cabinet des titres et le *Mercure*, il eut pour postérité : 1º Antoine-René, président à mortier au Parlement de Bretagne, en 1693, puis conseiller à la quatrième Chambre des Enquêtes, à celui de Paris (1698), et marié avec Louise-Renée du Plessier de Génonville ; — 2º Catherine, qui épousa, le 23 sept. 1694, Jean-François-René de Bréhant, comte de Mauron, conseiller au Parlement de Bretagne ; — 3º N., Prieur de la Madeleine.

Tours; a un frère conseiller au Grand Conseil [1]. Est gendre de monsieur Ferrand, lieutenant particulier. Est amy de messieurs du Vaux, Vallentine, receveurs généraux de Tours (Depping, *Correspondance administrative*, t. II, p. 49).

1687, fin d'avril. — Monsieur Le Fèvre de la Faluère, président aux Enquêtes, est fait premier président du Parlement [2] de Bretagne (*Journal de Dangeau*, t. II, p. 38).

1. Pierre, conseiller au Grand Conseil en 1647, mort en 1688.
2. Il y succédait à Pontchartrain (Louis-Phelypeaux), plus tard contrôleur général (1689), et chancelier (1699). D'après l'*État de la France* de 1680, la quatrième Chambre des Enquêtes était ainsi composée : Présidents, René Le Fèvre, sieur de la Faluère (1656, 18 août), et François Gourreau, sieur de la Proustière (1663, 18 mai). Conseillers-clercs : MM. Louis-Marie de Maulnourry (1671, 19 février), André Mengeot (1674, 17 mai), Pierre-Antoine de Castagnière, sieur de Châteauneuf (1675, 10 mai), Alexandre Cadeau (1675, 28 août), François du Monceau, docteur en théologie (1679, 6 août). Conseillers laïcs : MM. René Catinat, sieur de Saint-Gratien (1655, 29 mai), André Baron (1658, 28 juin), Claude Le Doux de Melleville (1659, 4 septembre), Paul Portail (1661, 2 septembre), Nicolas de Brilhac (1662, 30 avril), Jérôme Merault, sieur de Boinville, chancelier de l'ordre de Saint-Lazare, ci-devant conseiller au Châtelet (1665, 26 juin), François Berthauld, sieur de Frauville (1666, 4 janvier), Alexandre Tarteron (1667, 1er avril), Jacques de la Garde (1668, 16 mars), Louis Chauvelin, ci-devant conseiller au Châtelet (1669, 9 septembre), Robert Bigot, sieur de Montville (1669, 28 novembre), François-Joseph Ernothon, ci-devant conseiller au Châtelet (1671, 6 mars), François de Verthamon, sieur de la Ville-aux-Cerfs (1672, 8 juillet), Théodore de Beringhen (1672, 19 août), Louis Jassaut (1673, 5 mai), Guillaume Bénard de Rèze (1674, 19 janvier), Daniel-François Voisin, sieur de la Norays (1674, 20 avril), Julien Coignet (1674, 17 mai), François Brunet, sieur de Montforan (1676, 1er février), Bénigne Le Ragois de Bretonvilliers (1677, 21 mai), Antoine Ferrand (1677, 21 août), Hugues Bethault (1678, 25 mai), Roullier (1679, 28 juillet).

1689, 30 juillet. — Monsieur de la Faluère [1] me fit des honnêtetés au delà de ce que je puis dire ; il me regardoit, et ne me parloit qu'avec des exclamations : « Quoi ? c'est là madame de Sévigné ! quoi ? c'est elle-même ! » Hier, vendredi, il nous donna à dîner en poisson ; mais nous vîmes ce que la terre et la mer savoient faire : c'est ici le pays des festins. Je causai avec ce premier président ; il me dit tout naïvement qu'il improuvoit infiniment la requête civile, parce qu'ayant su par monsieur Ferrand, son beau-frère, comme l'affaire avoit été gagnée tout d'une voix, il étoit convaincu que la justice et la raison étoient de votre côté. Je lui dis un mot de notre bataille du Grand Conseil : il admira notre bonheur et détesta cet excès de chicane. Je discourus un peu sur les manières de madame de Bury... Monsieur de la Faluère m'écoutoit avec attention et sans ennui, je vous en réponds. Sa femme est à Paris [2]. Ensuite on dîna, on fit briller le vin de Saint-Laurent, et en basse note, entre

1. Le Parlement de Bretagne était exilé à Vannes, depuis 1675.
2. Dans une autre lettre, du 26 juin 1689, madame de Sévigné écrivait : « Dites-moi si le coadjuteur (d'*Arles*) aura l'honneur de la requête civile. Je l'avertis que madame de la Faluère est à Paris, c'est à lui à la gouverner et à l'empêcher de servir sa sotte amie. » (*Ibid.*, t. IX, p. 96.) Cette amie était la comtesse de Bury (Anne-Marie d'Aiguebonne, femme de François Rostaing, comte de Bury, chambellan de Gaston d'Orléans, morte le 19 octobre 1724, à 91 ans), qui s'employait beaucoup, dans le procès de son frère, le comte d'Aiguebonne, contre les Grignan. Le 10 juillet, madame de Sévigné écrivait encore : « M. d'Arles ne manque pas d'affaires, les ennemis qu'il est obligé de combattre sont : madame Talon... madame de la Faluère : au cas que, transporté de l'amour de madame de Bury, elle se relâchât, en faveur de son amie, du personnage qu'elle doit faire, ce prélat démêlera bien tout cela. » (*Ibid.*, p. 111.)

monsieur et madame de Chaulnes, l'évêque de Vannes et moi, votre santé fut bue, et celle de monsieur de Grignan, gouverneur de ce nectar admirable. Enfin, ma fille, il est question de vous à l'autre bout du monde. (*Lettres de* M*me* *de Sévigné*, d'Auray, 30 juillet 1689, t. IX, p. 141).

1689, 31 août, aux Rochers. — Nous eûmes lundi monsieur de la Faluère, et sa femme, et sa fille, et son fils; ils soupèrent et couchèrent ici, et furent contents de nos allées (*Ibid.*, t. IX, p. 185).

1689, 25 septembre, aux Rochers. — « Voyez ce que sont devenus tous ceux (*les premiers présidents*) qu'on a donnés à cette province, messieurs d'Argouges, Pontchartrain, Boucherat. Je nommerai aussi la Faluère, dont tout le monde est content au dernier point. » (*Ibid.*, p. 229.)

1689, 22 octobre, aux Rochers. — « Nos États furent ouverts samedi 22 courant : ce fut une foule, une presse, une confusion; mais enfin le maréchal (*d'Estrées*) parla fort bien, mieux qu'on ne pensoit; le premier président, *de communi martyrum.* » (*Ibid.*, p. 279.)

1689. — Dans la 4e édition de ses *Caractères*, qui est de 1689, La Bruyère trace le portrait suivant d'un petit-maître de robe, dans lequel l'auteur de la clef marginale de l'exemplaire N° 2810, 7, de la *Réserve*, à la Bibliothèque nationale, reconnaît « monsieur de la Faluère, conseiller au Châtelet [1]. » « Il y a un cer-

---

1. Il s'agit probablement de Nicolas-François, substitut du procureur général au Parlement et bailli de Saint-Germain des Prés, conseiller (1674) au nouveau Châtelet, où Girardin, le beau-frère de son oncle, était lieutenant civil, et où siégeait, comme conseiller, l'allié de celui-ci, F.-Antoine Ferrand. D'après le dossier du Cabinet des titres, il était, en effet, le neveu du premier président au Parlement de Bretagne, et de Françoise Ferrand, son épouse. Conseiller à la Cour des aides en 1689, il serait mort en février 1696.

tain nombre de jeunes magistrats que les grands biens et les plaisirs ont associés à quelques-uns de ceux qu'on nomme à la cour des *petits-maîtres* : ils les imitent, ils se tiennent fort au-dessus de la gravité de la robe, et se croient dispensés par leur âge et par leur fortune d'être sages et modérés. Ils prennent de la cour ce qu'elle a de pire : ils s'approprient la vanité, la mollesse, l'intempérance, le libertinage, comme si tous ces vices leur étoient dus, et affectant ainsi un caractère éloigné de celui qu'ils ont à soutenir, ils deviennent enfin, selon leurs souhaits, des copies fidèles de très méchants originaux. » (*La Bruyère*, édit. Servois, t. Ier, p. 280 et 512).

1695, 4 mars, Paris. — M. de Coulanges à madame de Sévigné : « Je m'en vais de ce pas dîner encore avec la duchesse de Chaulnes, mais demain le triomphe est réservé au premier président de Bretagne (*Le Fèvre de la Faluère*), à son fils, à sa belle-fille, à madame de Girardin [1], à l'évêque de Vannes, à sa sœur, madame de Creil, et autres. » (*Lettres de Mme de Sévigné*, t. X, p. 250).

1719, 5 septembre. — M. Ferrand [2], fils du trésorier et grand maître des eaux et forêts, épousa mademoiselle de la Faluère, fille du président [3] (*Journal de Buvat*, t. II, p. 427).

1. On lit dans une note de cette édition : « Rien ne dit qu'il s'agisse ici de la veuve de Girardin, l'ambassadeur de France à Constantinople. » La parenté du premier président, qui avait épousé la sœur de cette dernière, prouve assez que c'est bien d'elle qu'il est ici question.
2. Michel-Antoine-Ignace Ferrand, chevalier, seigneur de Meré, fils d'Antoine-Nicolas, grand maître des eaux et forêts de Normandie, et de Marie de Mastin de Nuaillé. (Voir p. 279.)
3. Françoise-Lucie Le Fèvre de la Faluère, fille d'Antoine-René, président à mortier au Parlement de Bretagne, et de Louise-René du Plessier de Génonville. Elle était petite-nièce

1720. — Extrait du registre des convois de l'église paroissiale de Saint-Sulpice, à Paris. — Le dix-neuf mars mil-sept-cent-vingt, a été fait le convoy et enterrement de dame Françoise Ferrand, âgée de quatre-vingt-deux ans, veuve de messire René Le Fèvre de la Faluère, chevalier, conseiller du roi en ses conseils, premier président du Parlement de Bretagne, morte hier en sa maison, rue de Seine, et y ont assisté : messire Antoine-René Le Fèvre de la Faluère, cy-devant président à mortier au Parlement de Bretagne, fils ; messire Louis-Robert-Hippolyte de Bréhant, comte de Plélo [1], sous-lieutenant des gendarmes de Flandre, petit-fils ; messire Nicolas-Anne Le Fèvre de la Faluère de Génonville, aussi petit-fils de la défunte, qui ont signé (Bibliothèque nationale, *Pièces originales*, n° 1141, fol. 33. — Voir aussi le *Mercure*, mars 1720, p. 167).

1723, septembre. — M. de la Faluère de Génonville [2], depuis peu conseiller au Parlement de Paris,

---

d'Élisabeth Ferrand, comtesse de Canillac, et des trois Ferrand, le président, le conseiller et le conseiller d'État, et devint veuve en 1739.

1. Fils de Jean-René-François-Almaric de Bréhant, comte de Mauron, conseiller au Parlement de Bretagne, mort le 5 mai 1738, et de Catherine-Françoise Le Fèvre de la Faluère, fille du premier président, morte le 21 déc. 1713 ; né le 28 mars 1699, à Rennes, célèbre par sa mort héroïque, devant Dantzig, le 27 mai 1734. Sa tante paternelle, Jeanne de Bréhant, avait épousé Charles de Sévigné, le fils de la célèbre marquise. Il avait épousé, le 21 mai 1722, Louise-Françoise Phelypeaux de la Vrillière, âgée de 14 ans, fille de Louis, marquis de la Vrillière, et de Françoise de Mailly, morte le 3 mars 1737, laissant une fille unique, Louise-Félicité, laquelle devint, en 1740, la femme du célèbre duc d'Aiguillon, et mourut le 23 juin 1796, à Rueil. Voir Rathery, *le Comte de Plélo*, Paris, 1876.

2. Nicolas-Anne, fils d'Antoine-René, président au Parlement de Bretagne, et de Louise-Renée du Plessier de Génon-

est mort de la petite vérole, âgé de 23 ans (*Mercure*, sept. 1723, p. 619).

1746, janvier. — Marguerite-Françoise Le Fèvre de la Faluère, épouse, en janvier 1746, Alexandre-François Jérôme d'Argouges, lieutenant civil au Châtelet, conseiller d'État en 1766, fils de Jérôme, lieutenant civil, et de Marie-Françoise-Adélaïde de Creil de Bournezeau (*Mercure*, p. 199, et *Dictionnaire* de La Chesnaye des Bois).

III

LES GIRARDIN

La famille Girardin se rattache à notre sujet par le mariage des deux frères, Pierre Girardin, seigneur de Vaudreuil, et Jean Girardin, seigneur de Vauvré, dont le premier épousa, en février 1673, Élisabeth Ferrand, sœur du président Ferrand, et le second Louise Bellinzani (3 mars 1680), sœur cadette de la présidente Ferrand, née Bellinzani.

Bien que le *Mercure* (sept. 1745, p. 216) appelle les Girardin une des plus anciennes maisons d'Auvergne, leur filiation suivie ne remonte qu'au financier, au

ville. Il était petit-fils du premier Président, et frère de madame de Meré. C'est l'ami de Voltaire, son rival heureux auprès de mademoiselle de Livry, celui dont la mort, inspira au poète une de ses plus belles pièces de vers : *Aux Mânes de Génonville*. M. Desnoiresterres, rectifiant l'erreur des éditeurs de Voltaire, a eu le mérite de donner, d'après les archives de l'état civil de Paris (*Registre des convois de l'église paroissiale de Saint-Sulpice*), qui existaient encore, la date précise de la mort de Génonville, décédé le 9 septembre 1723 (*la Jeunesse de Voltaire*, Paris, 1871, p. 276).

« partisan, » comme on disait alors, Pierre Girardin, qui vivait sous Louis XIII.

Pierre Girardin [1], écuyer, conseiller secrétaire du roi, maison et couronne de France et de ses finances, avait épousé Anne de Villers, fille de Nicolas de Villers [2], marchand de soie, rue au Fer, à Paris, puis secrétaire du roi, et d'Anne Bordier, qui se remaria, le 15 mai 1660, avec Louis Girard, seigneur de la Cour-du-Bois, maître des requêtes, en 1654 [3], morte le 14 mars 1710, âgée de 86 ans, et inhumée le 16 à Saint-Gervais. De ce mariage naquirent trois enfants. — A : Jean-Louis, seigneur de Vauvré [né en 1642], conseiller d'État et au Conseil royal de la marine, ancien intendant général de la marine, mort le 30 septembre 1724, lequel épousa, le 5 mars 1680, étant intendant de la marine du Levant, Louise de Bellinzani, fille de François, premier commis de monsieur Colbert, ministre d'État, seigneur de Sompy, et de Louise Chevreau, dont : 1° Alexandre-Louis, capitaine au régiment des gardes françaises en 1711, quitta (cassé pour duel) en 1716, brigadier des armées du roi le 1er avril 1719, chevalier de l'ordre de Saint-Louis, mort le 19 août 1745, âgé de 60 ans, sans avoir été marié; 2° Louis-Alexandre de Vauvré, né le 9 décembre 1699, conseiller aux Requêtes du Parlement le 5 septembre 1719, maître des Requêtes le 24 avril 1724. — B : Pierre, lieutenant civil en 1675, nommé ambassadeur à Constantinople en 1685, où il mourut la nuit du 14 au 15 janvier 1689, sans enfants d'Élisabeth Ferrand, remariée, en 1697, à Jean de Montboissier, comte de Canil-

---

1. Le même document l'appelle ailleurs « partisan, homme d'affaires de finances ».
2. Elle fut taxée à 6 millions.
3. Mort le 14 avril 1718.

lac, mort le 10 avril 1729, et elle le 19 mars 1739. — C :
Claude-François de Léry, maréchal de camp, nommé
lieutenant général pour l'expédition du roi Jacques,
mort le 20 novembre 1699, âgé de 55 ans, sans laisser
d'enfants de N. de Mitry, demoiselle de Lorraine, avec
laquelle il avoit été marié en 1683. — D : l'abbé Girardin, aussi ivrogne que son frère aîné, suivit son cadet
à Constantinople, en ramena le corps (Bibliothèque
nat., Cabinet des titres, *Dossier Girardin, passim*).

M. Girardin, homme riche, bourgeois de Paris.
Étoit ami soi-disant de Barbezières [1] qui alloit souvent
dîner chez lui. Ce Barbezières étoit un des émissaires
du grand Condé, qui pendant qu'il étoit réfugié en
Flandres restoient à Paris, et en enlevoient ceux qu'ils
trouvoient à l'écart pour en tirer rançon. Barbezières
eut la perfidie de mener promener Girardin hors des
portes de Paris [2], et le conduisit en Flandres, où il se
déclara hautement partisan de M. le Prince. Cette horrible action fut blâmée de tout le monde, aussi ayant
été pris au secours de Cambray, il eut la tête tranchée par arrêt du Parlement (1657), sans que M. le
Prince prétendît user de représailles (Bibliothèque
nationale, Cabinet des titres).

N. Girardin [3], seigneur de Léry, colonel d'un régi-

---

1. Frère de François de Barbezières, tué à Nordlingen (1645),
et de mademoiselle de Chemerault.
2. Près de Bagnolet, en mai 1657. Voir sur cette aventure,
la *Muze historique* de Loret, édit. Livet, 1877, t. II, p. 336, et
les *Historiettes* de Tallemant des Réaux, édit. Paris, t. IV,
p. 441, et t. V, p. 120 et 406. Ce dernier parle encore d'une
affaire que s'attira ce Girardin avec Marigny-Malenoue au sujet
« d'une fillette assez jolie que celui-ci avoit mise en chambre »
(t. VII, p. 239).
3. Claude-François Girardin, dit le comte ou le marquis de
Léry-Girardin, après avoir débuté dans les dragons, avait eu
un régiment de cavalerie en 1675. Brigadier et inspecteur
général de cavalerie en 1688, maréchal de camp en 1696,

ment de cavalerie de son nom en 1675, incorporé dans Saint-Louis à la paix de Nimègue, remis sur pied en 1683. Inspecteur en Franche-Comté et brigadier de cavalerie en 1688, servit à la bataille de la Boyne en Irlande en 1690; fut blessé en Allemagne dans un parti en 1694, fut fait maréchal de camp et servit en Allemagne en 1696 et 1697 (Bibl. nationale, Cabinet des titres).

Le marquis de Girardin, envoyé du roi à Cologne, grand ivrogne, y but la botte pour prendre congé du magistrat qui fit pendre cette botte sur la cheminée de l'hôtel de ville. Il étoit saoul quand il épousa la veuve du marquis de Léry, fille de condition de Lorraine, belle, mais peu riche. Il fut étonné en se réveillant de trouver dans son lit une belle femme à son côté. Il luy demanda ce qu'elle y faisoit : Mon devoir, répondit-elle. Il l'aimoit. Il en agit avec elle comme s'il eût cru être marié, il en fut convaincu par tous les parents de la dame qui le lui confirmèrent, et il vécut bien avec elle jusqu'à sa mort (Ibid.).

1678, décembre. — Girardin, fils de Girardin et de N. Sanson[1], qui a épousé en secondes noces la Cour-du-Bois, maître des Requêtes, et frère de Girardin, abbé de Beaubec, et de Girardin-Vauvré, intendant de Toulon,

---

mort en décembre 1699, âgé de cinquante-cinq ans. Saint-Simon dit de lui, à propos d'un combat livré par Mélac, près de Landau, en septembre 1694, et où il fut blessé au ventre : « C'étoit un très bon officier... Il avoit servi de lieutenant général en Irlande et y avoit commandé l'armée après la mort de Saint-Rhue, qui y avoit été tué; mais il avoit déplu à M. de Louvois, qui l'avoit donné au Roi pour un ivrogne (il en étoit bien un peu quelque chose), et il en étoit demeuré là. » (*Mémoires*, édit. Boislisle, Paris, Hachette, 1879, t. II, p. 168. — Voir aussi De Lort-Serignan, *Guillaume III*, 1880, p. 364).

1. Plus haut, p. 302, nous avons vu qu'elle s'appelait Villers.

a épousé la fille de Ferrand, lieutenant particulier du Châtelet. — Décembre 1678 [1], le roi le fait lieutenant civil au nouveau Châtelet. Quand le roi réunit les deux Châtelets [2], cette charge fut supprimée; 3 juin 1685, ambassadeur à Constantinople (Biblioth. nationale, mss., *Dictionnaire des bienfaits du roi*, n° 7056).

1681, mai. — Étienne Girardin, abbé de Beaubec. — 19 mai 1681, le roi le nomme à l'abbaye de Beaubec, par la démission d'Atto Melani qui n'avoit pu en obtenir les bulles en commande et qui se réserva une pension de 3000 livres qui avoit été créée en sa faveur en 1669, avant qu'il en fût abbé. Il étoit religieux de Sainte Croix de la Bretonnerie (Bibliothèque nationale, mss., *Dictionnaire des bienfaits du roi*, n° 7656).

1697. — Jean Girardin, abbé. D'argent à trois têtes de corbeaux arrachées de sable. — Claude-François Girardin, maréchal de camp et lieutenant général des armées du roi d'Angleterre. Mêmes armes (*Armorial général*, Paris).

1719. — L'abbé Girardin, chanoine régulier de l'abbaye royale de Saint-Victor de Paris, chanoine et archidiacre de l'église de Pamiers, grand vicaire du prince Eugène, et abbé de la Cluse en Piémont, mourut le 31 juin 1719, à Pamiers, *mois affecté aux gradués de rigueur*. M. l'abbé Girardin étoit frère de feu M. Girardin, ci-devant lieutenant civil (*Mercure*, 1719, août, p. 137).

GIRARDIN, L'AMBASSADEUR.

1684, 4 septembre. — Le roi réunit les deux Châtelets; on ôta la charge à M. Girardin, et on le récom-

---

1. *L'État de la France*, dit en 1675.
2. Cette réunion eut lieu le 7 septembre 1684. Le nouveau Châtelet avait été créé le 1er mars 1674.

pensa : il étoit lieutenant civil du nouveau [1], et M. le Camus demeura seul lieutenant civil, et on ôta M. de Rians, procureur du roi, et M. Robert demeura seul (*Journal de Dangeau*, t. I, p. 51).

1685, juin. — « En ce temps-là le roi nomma M. de Girardin, ci-devant lieutenant civil de Paris, pour son ambassadeur à Constantinople, où il avoit déjà été autrefois pour son plaisir, et il eut celui d'être préféré à un grand nombre de concurrents, le marquis de Frontenac [2], le marquis de Bréauté, le marquis de Saint-Thierry, le baron de Breteuil et plusieurs autres [3]. » (*Mém. du marquis de Sourche*, 1836, t. I, p. 127).

1. Voici, d'après l'*État de la France,* quelle était en 1680, la composition du nouveau Châtelet : Prévôt : Achille de Harlay (1674). Lieutenant civil : Pierre Girardin, ci-devant conseiller au Parlement (1675). Lieutenant de police : G.-N. de la Reynie (1674). Lieutenant criminel : Antoine le Féron (1674). Lieutenant particulier : Louis de Vienne (1675). Les 35 conseillers étaient : MM. Ph. Morin, doyen, Claude le Fèvre, Toussaint Milet, Hugue Racine, P.-F. du Tronchay, Étienne Petit-Pas, F. Gassion, Christophe Boyelet, Ant. Rachin, René-Chrysanthe le Clerc, sieur de Sauteray, M. Lenglois, tous de 1674; A.-J. Henin, J.-G. Sanguinières, sieur de Charensac, R. Choppin, sieur d'Arnouville, G.-A. le Clerc de Lesseville, de 1675; N.-Emm. de Villers, E.-Jos. Cherré, sieur de Loreau, Ch.-Jos. Prevot, sieur de Saint-Cyr, P.-A. de la Mouche, sieur de Beauregard, Th. Perrot, sieur du Vernay, G. Portail, sieur du Freneau, P. Roger, Ch.-Denys le Cointe, sieur de Barentin, Roland Gruyn, C. Bernard, sieur du Menil-Garnier, Max. Titon, J. Thomas, P. Pécot, de 1676; Antoine Ferrand, P. Chevalier, J.-B. Doe, P. Danès, sieur de Chavenay, de 1677; A. de Rosset, N. Coudray, de 1679; Rouillé (1680). Gens du roi : MM. Jacques Brochard, avocat du roi, Claude Robert, procureur du roi, Nicolas Morault, avocat du roi, tous de 1674.

2. Louis de Buade, comte de Frontenac et de Palluau, gouverneur du Canada le 6 avril 1672.

3. Il était de retour d'Italie depuis le mois d'août 1684.

1685, 3 juin, à Versailles. — M. Girardin, qui avoit été lieutenant civil du nouveau Châtelet, et qui n'étoit sorti de sa charge que quand on avoit réuni les deux Châtelets, fut nommé à l'ambassade de Constantinople. On lui fait espérer que quand il y aura été quelques années, on le fera conseiller d'État (*Journal de Dangeau*, t. I, p. 183).

1685, 14 juin. — M. Girardin a 45,000 livres pour son ameublement et pour les présents qu'il doit faire au Grand Seigneur. Le roi lui donna, outre cela, 18,000 l. de gratification [1] (*Idem*, p. 191).

1689, 26 mars. — On a eu des nouvelles que M. Girardin, notre ambassadeur à Constantinople, y est mort d'apoplexie [le 15 janvier]. Guilleragues [2] y étoit mort dans le même emploi et de la même maladie (*Journal de Dangeau*, t. II, p. 361).

1689. — Girardin, ambassadeur à Constantinople « y mourut de chagrin de se voir cocu par un de ses pages. » Épousa Élisabeth Ferrand. Elle revint de Constantinople avec l'abbé Girardin, son beau-frère, en [1689]. C'étoit une ribaude, qui aimoit le mâle, mais elle fut séduite par un morceau de tabac que le comte de Canillac portoit en long dans la partie de sa culotte. Se remaria en 1697 à Jean de Montboissier, comte de Canillac, âgé de trente-quatre ans. Il n'étoit pourtant pas avantageusement pourvu de la nature, de quoy la dame parut fort étonnée, mais le mari, sans se déconcerter luy repartit, en luy montrant

---

1. D'après Dangeau, il arriva à Constantinople le 11 janvier 1685. Le 8 novembre 1687, il assista à la déposition du sultan Mahomet IV.

2. Gabriel-Joseph de Lavergne, comte de Guilleragues, d'abord président de la Cour des Aides de Bordeaux; mort le 5 mars 1685, à Constantinople, où il était ambassadeur depuis 1678.

cecy et son bout de tabac : Oh! madame, c'est avec cecy que je les attrape, et avec cela que je les f..... Il fallut bien qu'elle s'en contentât. (Bibliothèque nationale, Cabinet des titres.)

1695, 4 mars, Paris. — « Je m'en vais de ce pas dîner encore avec la duchesse de Chaulnes, car le duc n'arrivera pas ce soir de Versailles ; mais demain le triomphe est destiné au premier président de Bretagne (*la Faluère*), à son fils, à sa belle-fille, à madame Girardin, à l'évêque de Vannes (*Franç. d'Argouges*), à sa sœur, madame de Creil et autres. » (Coulanges à madame de Sévigné, *Lettres*, t. X, p. 250.)

1697, 5 février, Versailles. — Le roi signa le contrat de mariage de M. de Canillac, officier des mousquetaires, avec madame de Girardin, veuve de Girardin, qui étoit notre ambassadeur à la Porte ; elle a 200,000 écus de bien et elle n'a point d'enfants ; elle a fait ce mariage-là sans la participation de sa famille. (*Journal de Dangeau*, t. VI, p. 69). Ce mariage donna lieu à la chanson suivante :

> Canillac jure, dit-on,
> De ne jamais faire en front[1],
> Ce n'est qu'une médisance ;
> Après quinze ans d'abstinence,
> Le malheureux s'est jetté
> Dans le plus grand trou de France[2] :
> C'est la pure vérité.

1. Jean de Beaufort de Montboissier, comte de Canillac, fils de Guillaume, marquis de Pont-du-Château, et de Martiale de Ribeyre, enseigne de la 2e Compagnie des mousquetaires du roi, mort le 10 avril 1729, âgé de 66 ans. Voir *Saint-Simon*, t. VIII, p. 339, et IX, p. 397.

2. Il étoit grand sodomiste, et devait la plus grande partie de sa fortune à Philippe de France, duc d'Orléans, de qui il avoit tiré des sommes considérables, par l'amitié que ce prince lui portoit. (A. N.)

Ah ! quelle concavité !
Dit-il tout épouvanté,
Ce n'étoit point médisance [1].
A moins que Votre Excellence
Ne tourne l'autre côté [2],
Je ne puis entrer en danse
C'est la pure vérité.

(*Bibl. nat.*, mss. *Chansons satiriques*, t. VII, f. 213).

1721, 15 mai. — Le 15 de ce mois, l'ambassadeur turc étant allé rendre visite à M. le marquis de Canillac, commandant la compagnie des mousquetaires noirs, madame de Canillac, qui avoit épousé en premières noces feu M. de Girardin, ambassadeur de France à la Porte ottomane, reçut cet ambassadeur à la manière des Turcs; en entrant dans la salle on lui jeta un voile de mousseline sur la tête, puis on le parfuma d'odeurs très agréables, ensuite on lui servit une superbe collation à la mode de Turquie, ce qui l'étonna beaucoup pour l'attention singulière que cette dame avoit eue à son égard, et en fit de grands éloges. » (*Journal de Buvat*, t. II, p. 248.)

1739. — Le 25 mars, D. Élisabeth Ferrand, veuve en secondes noces, depuis le 10 avril 1729, de Jean de Montboissier-Beaufort, comte de Canillac, seigneur de Brucil et de Montpensier, chevalier des ordres du roi, lieutenant-général de ses armées, capitaine lieutenant de la seconde compagnie des mousquetaires de la

---

1. Il venoit d'épouser, le 5 février 1697, Élisabeth Ferrand, veuve de Pierre Girardin, mort ambassadeur de France à Constantinople, l'an 1689. Cette veuve n'avoit point d'enfant, et étoit riche de plus de 18,000 liv. de rente, et encore assez agréable. (A. N.)
2. L'auteur prétend qu'elle avoit le c.. grand et qu'elle en avoit depuis longtemps la réputation. (A. N.)

garde à cheval de Sa Majesté, gouverneur et grand bailli des ville et citadelle d'Amiens et de Corbie, avec lequel elle avoit été mariée le 5 février 1697. Elle avoit été mariée en premières noces, au mois de février 1673, avec Pierre Girardin, seigneur de Vaudreuil, conseiller au Parlement de Paris, puis lieutenant civil au Châtelet, et enfin ambassadeur du roi à Constantinople, où il mourut le 15 janvier 1689. La défunte étoit fille d'Antoine Ferrand, seigneur de Villemillan, lieutenant particulier, assesseur civil et criminel au Châtelet de Paris, mort âgé de quatre-vingt-six ans, le 5 avril 1689, et d'Élisabeth le Gauffre, morte le 31 mars 1684. Elle a fait par son testament et codicille, ses légataires universels, chacun pour moitié, Réné-Antoine Le Fèvre, seigneur de la Faluère, conseiller honoraire, et ci-devant président du Parlement de Bretagne, son neveu, fils de feue Françoise Ferrand, sa sœur, et Marie-Françoise-Geneviève Ferrand, sa nièce, épouse de Denis-Michel de Montboissier-Beaufort Canillac, marquis du Pont-du-Château, ci-devant second sous-lieutenant de la deuxième compagnie des mousquetaires du roi, l'un et l'autre à la charge de substitution en faveur des enfants du seigneur de la Faluère, son neveu. » (*Mercure*, mars, 1739, p. 617.)

GIRARDIN DE VAUVRÉ.

Jean-Louis, né en 1642, marié le 5 mars 1680, à Louise de Bellinzani, sœur de la présidente Ferrand, commissaire général de la marine en 1676, intendant de Toulon (1684), mort en 1724. De son mariage il eut, d'après le Cabinet des titres : 1° Louis-Alexandre, seigneur de Vauvré, maître des requêtes (1723), exilé à Valogne en

1737, puis à Château-Thierry, vint à Montmirail à Pâques, 1738. — 2º Le chevalier de Girardin, tué en duel par M. Ferrand, son allié. — 3º L'abbé Girardin eut un procès à soutenir contre des faussaires qui l'avoient accusé d'avoir corrompu des témoins pour avoir le bénéfice de M. Maucarte et les fit condamner au grand conseil à la corde et à la rame, 1739.

Vauvré l'intendant fit bâtir le bel hôtel de Vauvré, faubourg Saint-Victor, attenant au jardin du Roy, faisoit belle dépense. Épousa, en 1680, Louise de Bellinzani, femme d'esprit et de science, qui fit des embellissemens à son hôtel, d'où elle communiquoit au jardin du Roy, morte en 1752, active, libérale, généreuse, eut pour neveu M. Ferrand. (*Bibl. Nat.* Cabinet des titres.)

1676. — Girardin Vauvré. Août 1676, le roi le fait commissaire général de la marine. Juillet 1684, le roi lui donne l'intendance de Toulon. (L'abbé Dangeau, *Dictionnaire des bienfaits du roi*, Bibl. Nat. mss. nº 7658.)

1692. — A propos de la bataille de La Hogue, livrée par Tourville, les 2 et 3 juillet, Foucault, l'intendant de Caen, qui fut témoin du désastre, dit : « Pour prévenir le mal et pour y remédier, si M. de Vauvré avoit été chargé des soins qui ont été remis à M. de Bonrepaus[1], on prétend que tout auroit été autrement. Tous

1. François d'Usson, marquis de Bonrepaus, alors intendant général de la marine, et qui avait préparé d'abord le plan de campagne navale, modifié, il est vrai, par Pontchartrain et Louis XIV, mort le 12 août 1719, sans avoir été marié. Il eut pour héritier son neveu, Jean-Louis d'Usson, marquis de Bonnac, marié, le 23 déc. 1715, à la fille du duc de Biron, et mort le 1ᵉʳ septembre 1738, âgé de soixante-cinq ans. Voir la savante monographie, *M. de Bonrepaus, la marine et le désastre de la Hougue*, par A. de Boislisle (*Annuaire bulletin de la Société de l'histoire de France*, Paris, 1877), et les *Mémoires de Saint-Simon*, édit. Boislisle, Paris, Hachette, 1879, t. 1, p. 528.

les marins généralement disent des biens infinis de lui ; et ce sentiment universel est ordinairement la voix de la vérité. » (*Mémoires de Foucault*, p. 292.)

1697. — Jean-Louis Girardin intendant de la marine à Toulon, et Louise Bellinzani, son épouse. D'azur à trois têtes de corbeaux de sable arrachées de gueules, accolées de gueules, avec casque tavé de front d'argent, grillé et accolé d'or, et un chef d'azur chargé de trois croissants mal ordonnés. (Bibl. Nat. *Armorial de France*, registre de Paris.)

(1707).

Sans Vauvré et sans Langeron[1],
  Toute l'armée navale
N'eut rien fait au port de Toulon,
  Mais l'habile cabale
A fait noyer notre canon,
La faridondaine, la faridondon,
Ces deux amis nous ont servi
  A la façon de Barbari
    Mon ami.

Ils ont coulé bas nos vaisseaux,
  Renvoyé nos galères,

---

1. Joseph Andrault, comte de Langeron, fils de Philippe, gouverneur de Nivernais, premier gentilhomme de la chambre du prince de Condé, maréchal de camp, 1er comte de Langeron (1650), mort le 21 mai 1675, et de Claude de Faye d'Espesses, lieutenant général des armées navales, mort le 28 mai 1711.
Saint-Simon (t. VI, p. 99), l'appelle un « fort bon marin », et madame de Sévigné, parlant du combat du 18 juin 1694, dans lequel furent repoussés les Anglais, qui avaient fait une descente à Cameret, près Brest, dit que M. de Langeron « fit des merveilles en cette occasion ». (*Lettres*, édit. Regnier, t. X, p. 163.) Il avait épousé Jeanne du Gourai de la Coste.

>   Et démoli les frères,
>   Du port ils ont comblé le fond,
>   La faridondaine, la faridondon,
>   Les ennemis [1] ont-ils fait pis
>   A la façon de Barbari
>   Mon ami.
>
>   Ils ont démeublé leur maison,
>   Mis le parc au pillage,
>   Jetté l'épouvante à Toulon,
>   Le désordre et la rage,
>   Mené leurs filles en Avignon
>   La faridondaine, la faridondon,
>   Le roi en doit un grand merci,
>   A la façon de Barbari
>   Mon ami.

(Biblioth. nationale, Mss., *Recueil de chansons satiriques*, n° 12 626, fol. 69).

---

1. L'armée coalisée de Victor-Amédée, duc de Savoie, et du prince Eugène, qui, après avoir franchi le Var, le 11 juillet 1707, avaient, le 26, mis le siège devant Toulon, qu'ils durent abandonner le 22 août, grâce à l'habile et énergique défense du maréchal de Tessé. Le port renfermait 55 vaisseaux, dont comptaient bien s'emparer les Anglais, postés aux îles d'Hyères avec 56 vaisseaux et de nombreux transports. Mais cette défense avait coûté des sacrifices, qui occasionnèrent cette chanson. « La marine, qui fit merveille de la main et de la tête, désarma tous les bâtiments, en enfonça à l'entrée du port pour le boucher ; mais, prévoyant qu'il n'étoit pas possible de garantir les navires d'être brûlés, on en mit dix-sept sous l'eau, qui, bien que relevés dans la suite, furent une grande perte. » (*Mém. de Saint-Simon*, t. IV, p. 42.)

CHANSON

(1709)

Sur l'air *des Ennuyeux.*

Madame de Maulevrier, fille du maréchal de Tessé [1].

Tous les ministres, mes parents,
Et le vieux maréchal, mon père,
Un tas d'amis, un tas d'amans,

---

1. Marthe-Henriette de Froulay, fille de René, comte de Tessé, maréchal de France en 1703, et de Marie-Françoise Aubert, mariée, le 25 janvier 1698, à François-Édouard Colbert, marquis de Maulevrier et de Cholet, neveu de Colbert, le célèbre ministre, brigadier des armées du roi, mort le 2 avril 1706, et connu par sa passion pour la duchesse de Bourgogne et par sa fin tragique.

Saint-Simon fait ainsi son portrait : « Elle étoit jolie, avec fort peu d'esprit, tracassière, et, sous un extérieur de vierge, méchante au dernier point. Peu à peu elle fut admise, comme fille de Tessé, à monter dans les carrosses, à manger, à aller à Marly, à être de tout chez madame la duchesse de Bourgogne, qui se piquoit de reconnoissance pour Tessé, qui avoit négocié la paix de Savoie, et son mariage, dont le roi lui savoit fort bon gré. » A propos de la mort de son mari et de la correspondance avec la duchesse de Bourgogne, que celui-ci, disait-on, avait laissée, le même chroniqueur ajoute : « La douleur de la veuve ne lui ôta aucune liberté d'esprit ; on ne douta pas qu'elle ne se fût saisie de tous les papiers avant de se jeter dans le couvent, où elle passa sa première année, elle y reçut une lettre de la duchesse de Bou gogne, dont elle se para fort, et la visite des dames les plus avant auprès de cette princesse. » (*Mém. de Saint-Simon*, 1872, t. III, p. 117 et 263.) La marquise de Maulevrier mourut le 5 juillet 1751.

De son mariage étaient issus deux fils, Louis-René-Édouard, né le 14 décembre 1699, mort le 31 janvier 1748, et René-Édouard, né le 5 février 1706, héritier du titre de marquis de Maulevrier, marié en mars 1751 à Caroline de Fienne, et en secondes noces à Charlotte-Jacqueline-Françoise de Manneville.

Le gendre du Bouchu, mon frère [1],
Me laissent à la fleur de mes ans
Hélas! réduite à cinq cents francs.

J'ai vendu mon dernier cheval,
Et j'ai fait fondre ma vaisselle,
Je m'en allois à l'hôpital,
Pour y travailler en dentelle,
Mais le du Puy pendant six ans
Me nourrira pour cinq cents francs.

Adieu d'Autel [2], adieu Rondé,
Adieu, Sehut, adieu la Belle,
Adieu Beaufranc [3], adieu Vauvré,
Je te serai toujours fidelle.
Mais me voilà pendant six ans,
Enfin réduite à cinq cents francs [4].

(*Idem*, n° 12626, t. XI, fol. 367.)

1. René-Mans de Froulay, comte de Tessé, lieutenant général, fils du maréchal, et frère de la marquise de Maulevrier, avait épousé, le 13 avril 1706, Marie-Élisabeth-Claude-Pétronille Bouchu, fille unique d'Étienne-Jean Bouchu, marquis de Lessart, baron de Loisy et de Pontevelle, intendant de Dauphiné, mort le 5 décembre 1715, et d'Élisabeth Rouillé de Meslay.
2. Probablement le comte d'Autel, gouverneur du Luxembourg. On trouve aussi dans Dangeau un Seheult, orfèvre, et un Rondé, maître du chagrin de Turquie (*Journal*, t. VII, p. 44, et XVII, p. 411).
3. Peut-être Boisfranc (A. N.) — Maître des Requêtes.
4. Nous trouvons dans le même recueil (vol. 12626, fol. 229.) cette autre chanson sur elle :

> Une jeune veuve en ces lieux
> Vint pour renouer un bransle :
> D'un air touchant et précieux,
> Je dansois, dit-elle, des mieux,
> Je menerai le bransle.
> Il suffit d'un trait de mes yeux
> Pour mettre tout en bransle.

1711, 20 janvier. — Girardin, lieutenant aux gardes, fils de Vauvré, maître d'hôtel ordinaire du roi, n'ayant pas eu l'agrément du régiment de Bueil[1], dont le marché étoit fait à 94,000 livres, a acheté une compagnie aux gardes qui sont fixées à 80,000 livres, c'est Villepeaux, lieutenant du roi de Hesdin qui la vend. (*Journal de Dangeau*, t. XIII, p. 325.)

1717, 2 janvier. — Bernard Girardin[2], père du maître des Requêtes, est taxé, sur le huitième rôle, à 6,000 livres (*Vie privée de Louis XV*, Londres, 1781, t. I, page 168). Avec cette annotation : « Père du maître des Requêtes, Girardin de Vouvray, qui a eu ordre de se défaire de sa charge. »

1715, 8 août. — Saint-Eugène, neveu de Rancy, fermier général, a acheté la charge de maître d'hôtel ordinaire du roi qu'avoit Vauvré, intendant de la marine, et dont le fils avoit la survivance, il a donné 330,000 livres. (*Journal de Dangeau*, t. XIV, p. 459.)

(1721).

Caumont[3] dit sans se déférer,
Messieurs, il vous faut déclarer.

---

1. Ce régiment appartenait à Pierre de Bueil, frère de Honorat, marquis de Bueil, brigadier, mort glorieusement à Malplaquet, le 11 septembre 1709.
2. Nous devons faire remarquer que si ce Girardin, est bien l'intendant de Toulon, il y a au moins erreur dans le prénom qui lui est donné sur cette liste. L'intendant s'appelait en effet Jean-Louis Girardin. (Voir p. 302 et 317.)
3. Henri-Jacques-Nompar de Caumont, duc de La Force, né le 5 mars 1675, membre de l'Académie française (1715), vice-président du conseil des finances en 1716, membre du conseil de régence, mort le 20 juillet 1726. Poursuivi pour accaparement par le Parlement, le 13 février 1721, il fut blâmé par arrêt du 12 juillet. Voir le *Journal de Barbier*, t. I, p. 111 et 137.

Que si vous punissez le crime
Vous pendrez plus d'une victime.
Plusieurs confrères[1] que je vois
En ont usé comme moi.

(Bibl. nat., mss., *Recueil de chansons satiriques*, n° 12630.)

1724. — Jean-Louis Girardin, chevalier seigneur de Vauvré, conseiller d'État au conseil de marine, est mort à Paris, âgé de 82 ans. (*Mercure*, octobre 1724, p. 2261.)

1737, novembre. — M. de Vauvray, maître des Requêtes, Girardin de son nom, a eu une très mauvaise affaire au Conseil pour malversation dans plusieurs procès dont il étoit rapporteur, jusque-là qu'il y avoit eu une espèce de députation de plusieurs maîtres des Requêtes au chancelier pour lui porter leurs plaintes et lui demander l'exclusion d'un pareil confrère. La chose examinée, après quelque temps, le chancelier avoit fait dire à M. de Vauvray de ne point paroître au Conseil. Mais il a résisté; il a importuné le chancelier, et à la fin il a reçu une lettre de cachet qui l'exile à Château-Thierry, en sorte que voilà un homme perdu. C'est dommage! On convient que c'est un des

---

1. M. le duc d'Antin, et MM. de Vauvré, de Saint-Aubin, maîtres des Requêtes qui étoient de part avec lui pour envoyer des hommes et des femmes pour peupler les concessions du Mississipi. (A. N.) — Louis-Antoine de Pardaillan, marquis de Montespan, duc d'Antin, fils de la célèbre marquise de Montespan (Françoise-Athénaïs de Rochechouart-Mortemart), né en 1665, membre du conseil de régence, mort le 2 novembre 1736. Il s'enrichit beaucoup dans le système. — Ce Saint-Aubin avait été membre de la commission, nommée le 6 oct. 1719, pour aller juger, à Nantes, les auteurs de la sédition de Bretagne, et qui condamna à mort MM. de Pont-Calec, de Mont-Louis, de Talhouët et du Couëdic. Voir le *Journal de Buvat*, t. I, p. 144.

plus habiles et des plus grands travailleurs du Conseil, mais il n'est pas bien riche; il est assez débauché de lui-même. On veut faire de la dépense, et quand le fond de probité manque, on n'est pas à l'abri de l'intérêt. Il a une fort jolie femme, fille de M. Hatte, fermier général, et qui passe pour aussi rusée en galanterie que le mari en affaires. C'est à son occasion que la F....., fameuse maq......., a été enfermée. On dit qu'elle alloit chez elle faire des parties, d'autres disoient que c'étoit le mari qui l'y avoit menée par gentillesse. Le mari étoit depuis longtemps ami de cette fille; quoi qu'il en soit, cela fait toujours de très vilaines histoires et qui se terminent mal par une aventure qui attaque la probité. » (Barbier, *Journal*, t. III, p. 114.)

1737. — Hatte[1] étoit un des quatre greffiers du Conseil lorsqu'il fut nommé fermier général sous M. le Pelletier de Sousy en 1726. Il passe pour être assez entendu dans les fermes générales. Il est assez bon homme et ne vit point avec sa femme[2], qui a été maîtresse du marquis d'Oise-Brancas et de plusieurs autres. Il a soin de se venger de cette infidélité. En 1732 ce fut chez Hatte et sur sa femme et la femme de chacun, que se passa la fameuse joute, orgie ou priapée du comte de l'Aigle et de ses fauteurs; ce qui occasionna un procès criminel d'éclat contre ces jeunes fous, qui ne servit qu'à déshonorer de plus en plus ledit Hatte[3]. Il a laissé une fortune immense : il a deux filles dont

1. René Hatte.
2. Anne-Catherine Miotte.
3. Cette affaire (juin 1733) qui fit beaucoup de bruit, se passa bien chez Hatte, mais après avoir commencé chez M. et madame de Saint-Supply, et la victime était une femme de chambre (Marie Viart, femme Boiron) de madame Hatte. Elle donna lieu, devant la chambre de la Tournelle, à une instruction

l'une est mariée au sieur de Girardin de Vauvray, maître des Requêtes; et l'autre au marquis de Vieux-Maisons. Cette dame a un fils naturel du marquis d'Oise [1], né en mariage, nommé Maison-Rouge, fait capitaine dans le régiment d'Aunis, du temps que le marquis de Brancas-Villeneuve en étoit colonel. Il est chevalier de Saint-Louis, et en 1764 et 1765, il a intenté un procès d'éclat pour se faire reconnoître légitime, conjointement avec la vieille Hatte, sa mère. Il a été baptisé sous le nom de Rivière, il a perdu son procès. (*Vie privée de Louis XV*, t. I, p. 213.)

1739. — Le chevalier de Girardin, brigadier, a un procès contre les héritiers de madame de Bailleul, de 1,500,000 livres, 1739; le perd en 1740. (Biblioth. nat., mss., *Pièces originales*.)

1745. — Le 19 août, Alexandre-Louis Girardin, brigadier des armées du roi du 1er février 1719, chevalier de l'ordre militaire de Saint-Louis, ancien capitaine dans le régiment des gardes françoises depuis 1711 jusqu'en 1716, mourut à Paris, âgé de soixante ans, sans avoir été marié. Il étoit frère aîné de Louis-

---

pour viol, dans laquelle celle-ci se rétracta. (Voir le *Journal* de M. Marais, t. IV, p. 504, et le *Journal de Barbier*, t. II, p. 412, A côté du marquis de l'Aigle avait été impliqué dans cette affaire le chevalier de Breves (probablement des Savary, marquis de Breves et de Jarzé):

1. Marie-Joseph de Brancas, marquis d'Oyse, deuxième fils de Louis, IIIe duc de Villars-Brancas et de Marie de Brancas-Céreste, frère du duc de Villars, et oncle du 1er duc de Lauraguais, né le 18 oct. 1687, brigadier le 1er février 1719, maréchal de camp le 1er août 1734, mort le 3 mars 1783. En mai 1720, un projet de mariage avoit été passé entre lui et la fille d'André, le fameux Mississipien, qui, outre un don actuel de 100,000 écus au fiancé, et une pension de 20,000 livres jusqu'au mariage, faisoit encore de grands avantages au duc de Villars. La ruine d'André empêcha ce mariage. Voir le *Journal de Dangeau*, t. XVIII, p. 285.

Alexandre Girardin de Vauvré, maître des Requêtes ordinaires de l'Hôtel du roi depuis le 24 février 1724, et fils de Louis Girardin, seigneur de Vauvré, conseiller d'État et au conseil royal de la marine, ancien intendant général de la marine, mort le 30 septembre 1724, et de dame Louise de Bellinzani, avec laquelle il avoit été marié le 5 mars 1680, et petit-fils de Pierre Girardin, écuyer, conseiller, secrétaire du roi, et de dame Anne de Villers, remariée le 15 mai 1660 avec Louis Girard, seigneur de la Cour-du-Bois, maître des Requêtes ordinaires de l'Hôtel du roi, et morte le 14 mars 1710. Il étoit neveu de Pierre Girardin, conseiller du roi en ses conseils, lieutenant civil de la prévôté de Paris en 1675, nommé en 1685, ambassadeur à Constantinople, où il mourut la nuit du 14 au 15 janvier 1689, sans laisser d'enfant de son mariage avec dame Élisabeth Ferrand, remariée depuis en 1697 avec Jean de Beaufort-Canillac-Montboissier, mort le 10 avril 1729, et elle le 15 mars 1739; et de Claude-François Girardin de Léry, maréchal de camp, lieutenant général, mort le 20 novembre 1699, à cinquante-cinq ans, sans laisser d'enfant de dame de Mitry, demoiselle de Lorraine avec qui il avoit été marié en 1683. (*Mercure*, 1745, septembre, p. 216.)

1750, 3 août. — « M. de Vauvré, maître des Requêtes, a été déclaré chef du conseil de M. et madame la princesse de Conti; c'est un étrange choix : jugé, pris la main dans le sac, chassé du conseil autant qu'il a été au pouvoir de M. le chancelier, et obligé de se défaire de sa charge, ce qui se seroit exécuté sans le crédit de l'hôtel de Conti. Madame la princesse de Conti[1] aime

---

1. La douairière, Louise-Élisabeth de Bourbon-Condé, fille de Louis III, petit-fils du grand Condé, et de Louise-Françoise, légitimée de France, dite *Mademoiselle de Nantes*, née le

à avoir à elle des gens à tout faire. M. le prince de Conti[1] a aimé la femme de ce Vauvré, et voilà l'outil de la tolérance qu'on a pour lui. J'ai été bien persécuté de mon temps pour avancer un tel homme dans les affaires politiques. » (*Journal du marquis d'Argenson*, 1854, t. VI, p. 241.)

1752. — Louise Bellinzani, veuve de messire Girardin de Vauvré, conseiller d'État et au conseil royal de la marine, et intendant de la marine du Levant, mourut à Paris, le 27 avril, âgée de quatre-vingt-sept ans. (*Mercure*, août, p. 201.)

IV

LES BRETEUIL

Louis-Nicolas le Tonnelier de Breteuil, baron de Preuilly, premier baron de Touraine, seigneur d'Azay-le-Féron, de Fouverais et du Puy-sur-Azay, de Fonbaudy, de Clesse de Ris, de la Vallée-Brulain et de Brulain, né le septième masle de suite, le 19, et ondoyé le 15 septembre 1648, en la paroisse de Saint-Firmin

---

22 nov. 1693, mariée le 4 juillet 1713, à Louis-Armand, prince de Conti, dont elle devint veuve le 4 mai 1727. Elle était sœur du premier ministre de Louis XV, du duc de Charolais, du comte de Clermont, de mesdemoiselles de Charolais, de Clermont et de Vermandois, et mourut le 27 mai 1775.

1. Louis-François de Bourbon, prince de Conti, fils de Louis-Armand, connu surtout par son rôle dans le *Système*, né le 13 août 1717, mort le 2 août 1776. Célèbre d'abord par sa brillante victoire de Coni en 1744, et un moment chef de la correspondance secrète de Louis XV, il se signala dans la seconde partie de sa vie par la part qu'il prit à l'opposition des parlements. Grand maître du Temple, il y tenait une cour des plus aimables, où brillait la comtesse de Boufflers.

de Montpellier, et baptisé le 13 avril 1660, étoit lecteur ordinaire de la chambre du roi en 1677, envoyé extraordinaire vers le prince de Mantoue et autres princes d'Italie, le 4 février 1682, et enfin introducteur des ambassadeurs et princes étrangers près Sa Majesté, le 29 novembre 1698. Il épousa, 1º le 3 août 1679, Marie-Anne le Fèvre de Mormand, alors âgée de vingt-six ans, et morte le 9 dudit mois et an, fille de Louis le Fèvre de Caumartin, seigneur de Mormand, conseiller au Parlement et de Denise Gamin; 2º le 16 avril 1697, Anne de Froulay, fille puînée du comte de Froulay, grand maréchal des logis de la maison du roi et chevalier de ses ordres, et d'Angélique de Beaudéan. Il eut du premier lit, Anne-Louise le Tonnelier, née le 27 octobre 1675, baptisée le même jour et reconnue en 1679, morte le 22 décembre 1695, inhumée le 24 à Saint-Jean en Grève, dans la chapelle de la Communion, sépulture de sa famille. (Bibl. nat., Cabinet des titres.)

CHANSON

(1675)

Faite par mademoiselle de Périgny, fille, femme de chambre de la reine Marie-Thérèse, sur Nicolas le Tonnelier, seigneur de Breteuil, lecteur de la chambre du roi, et sur Louis, marquis d'Estrades, gouverneur des villes, forteresse de Dunkerque, et maire perpétuel de Bordeaux, en survivance de Godefroy, comte d'Estrades, maréchal de France, son père.

Je prends mon habit de deuil,
Et suis malade,
Quand je vois entrer Breteuil
Avec Estrades,
Avec Estrades[1].

(*Chansons satiriques*, nº 12619, t. IV, fol. 205.)

---

1. Ils étoient tous les deux fort ennuyeux. Nota : M. le comte

1677. — Louis-Nicolas, baron de Breteuil. Février 1677, le roi le fait lecteur de la chambre et du cabinet [1]. L'acheta 113,000 livres du président de Mesme [2]. Janvier 1682, le roi le nomma envoyé extraordinaire à Mantoue. (L'abbé de Dangeau, *Dictionnaire des bienfaits du roi*, Bibl. nat., mss., fonds français, n° 7655.)

de Marsin, entrant un jour chez mademoiselle de Périgny, où étoient le marquis d'Estrades et le baron de Breteuil, ils lui quittèrent bientôt la place l'un et l'autre, et M. de Marsin, lui demandant un moment après pourquoy elle étoit en deuil, et d'où luy venoit l'air malade qu'elle avoit, elle fit ce couplet de chanson. Ils couchoient tous trois avec elle (A. N.). — Cette demoiselle de Périgny est la même qui fut renvoyée par la reine à cause de ses dérèglements et sur laquelle nous trouvons à la même date cette autre chanson :

> Vous êtes garce fort maligne,
> Garce de cœur,
> Garce d'honneur,
> Garce de mine,
> Garce à la cour tant avérée
> Que vous en êtes honteusement chassée,
> Et vous vous vantez partout que vos appas
> M'ont réduit au trépas.

1. Les lecteurs de la chambre et du cabinet du roi, qui étoient placés dans les attributions du grand chambellan, charge qui appartenoit, depuis 1658, à Godefroy-Frédéric-Maurice de La Tour d'Auvergne, duc de Bouillon, étoient au nombre de deux, l'abbé de Dangeau, abbé de Fontaine-Daniel et camérier d'honneur du Saint-Père, et M. le Tonnelier de Breteuil. Les appointemens étoient de 600 livres. (*L'Etat de la France*, pour 1680, Paris, Jacques le Gras. 2 vol. in-18.)

2. Jean-Antoine de Mesme, petit-neveu du comte d'Avaux, le négociateur de Munster, président à mortier, puis premier président en 1712, mort en 1723.

PARODIE

(1684)

Du 1ᵉʳ couplet de la scène IVᵉ de l'acte IV, de l'opéra de *Roland*.

Sur le mariage de mademoiselle de Calonne de Courtebonne, avec François le Tonnelier de Breteuil[1], maître des Requêtes et intendant des finances, le [16 décembre] 1684.

> Courtebonne est riche et fut belle :
> Ses nouveaux biens[2], ses vieux appas[3]
> L'ont rendue beaucoup moins cruelle[4] ;
>   Elle ne trouve pas
>   Breteuil indigne d'elle[5].

(Bibl. nat. Mss, *Chansons satiriques*, t. V.)

On lit à son sujet dans les notices sur les maîtres des Requêtes : « En juin 1701 le roi supprimant sa commission d'intendant des finances lui donna 150,000

---

1. Frère aîné du baron de Breteuil. Voir, sur son mariage avec mademoiselle de Courtebonne, fille du lieutenant du roi de Calais, le *Journal de Dangeau*, t. I, p. 80.

2. Mademoiselle de Courtebonne étoit née sans bien, mais sa grand'mère maternelle, appelée madame de Chaulnes, bourgeoise de Paris, ayant hérité de son frère, donna cent mille écus à cette sienne petite-fille, et la maria avec M. de Breteuil. Voilà pourquoi ses biens étoient nouveaux. (A. N.)

3. Elle avoit encore de la beauté, mais elle étoit passée. (A. N.)

4. L'auteur prétend qu'elle n'avoit jamais été bien cruelle. Lisez sur cela la chanson suivante. (A. N.)

5. Elle étoit glorieuse et avant que cette succession qu'elle prévoyoit, fût venue, elle déclaroit que lorsqu'elle seroit riche, elle se marieroit noblement, et c'étoit ce qui lui avoit attaché le comte de Marsin, Poissy, desquels il est parlé dans la chanson précédente, et plusieurs autres amans de considération. Mais on fut bien étonné lorsqu'on vit qu'elle épousoit M. de Breteuil, homme de robe et de très petite étoffe ; car la famille le Tonnelier, vient d'un Jean le Tonnelier, lieutenant au bailliage du comté de Dunois en l'année 1473. (A. N.)

livres. Il mourut le 10 mai 1705, âgé de soixante-six ans et huit mois, et son corps fut transporté en sa terre de Fontenay-Trésigny, en Brie, où il fut inhumé le 13 du même mois. (Bibl. nat. Mss., *Maîtres des Requêtes*, fonds français, n° 14018, fol. 299.)

(1683)

Bologne, ce digne prélat [1],
N'a pas besoin de chocolat,
  Car, mieux qu'un mousquetaire,
    Eh bien!
  Il se pique de faire...
    Vous m'entendez bien.
    (*Chansons satiriques*, t. V, fol. 411.)

PARODIE

(1684)

Du 1er couplet de la scène Ire de l'acte V de l'opéra d'*Alceste*.

Sur le même sujet.

Breteuil est vainqueur de Poissy [2],
Marsin [3] n'avoit cédé qu'à luy;

1. Claude le Tonnelier de Breteuil, évêque de Boulogne, prélat assez gaillard, voire paillard (A. N.). — Frère du baron de Breteuil. Il occupait ce siège depuis le 2 février 1682.
2. [Claude] de Longueil, seigneur de Poissy, conseiller au Parlement de Paris, fils aîné de Jean de Longueil, seigneur de Maisons, président à mortier dans le même Parlement. Il avoit été amoureux de madame de Breteuil du temps qu'elle avoit été mademoiselle de Courtebonne, et espéroit toujours l'épouser quand elle seroit riche; mais lorsque madame de Chaulnes, sa grand'mère maternelle, lui eut donné les cent mille écus qu'elle lui avoit promis de la succession de son père, elle luy préféra M. de Breteuil (A. N.). — Nous voyons par une autre chanson que madame de Chaulnes, chez laquelle habitait mademoiselle de Courtebonne, demeurait rue des Tournelles, derrière la place Royale.
3. [Ferdinand], comte de Marsin, capitaine-lieutenant des

> Quel bonheur d'avoir une infante
> De qui l'on chante :
> Breteuil est vainqueur de Poissy,
> Marsin n'avoit cédé qu'à luy.
>
> (*Ibid.*)

1685. — Louis, le Tonnelier de Breteuil[1], seigneur de Boissette et de Ruville, conseiller au Parlement de Bretagne, puis de celui de Paris le 14 décembre 1637, maître des Requêtes, pourvu le 16 janvier 1644, reçu le 23 dudit mois, résigna en 1658, intendant de Languedoc, de Cerdagne, de Roussillon, et de Paris, contrôleur général des finances pendant neuf ans. En 1657, on lui fit et au sieur Hervart un remboursement de 150,000 livres pour la charge de contrôleur général des finances, qui fut supprimée et la commission donnée à M. Colbert. Il fut nommé conseiller d'État de semestre en 1666, ordinaire en décembre 1680, commissaire de la chambre de Saint-Lazare en 1673. Il mourut le 18 janvier 1685, âgé de soixante-seize ans, et fut inhumé le 20 à Saint-Jean en Grève. (Biblioth. nat., Mss., *Maîtres des Requêtes*, n° 14018, fol. 227.)

Il avoit toujours vécu avec beaucoup d'honnêteté, et pendant qu'il avoit été contrôleur général des finances, et depuis qu'il avoit été réduit à n'être que conseiller d'État. » (*Mém. du marquis de Sourches*, 1836, t. Ier, p. 9.)

1696, septembre. — Le bruit courut à Versailles que le marquis de Pomponne avoit été tué en Piémont : c'étoit une méprise. Le roi envoya le baron de Bre-

gendarmes flamands. Il avoit été amoureux de madame de Breteuil, du temps qu'elle étoit mademoiselle de Courtebonne, dans le même dessein que M. de Poissy, et ce même Poissy l'avoit débusqué (A. N.). — Le même qui fut fait maréchal de France en 1703, et fut tué devant Turin, le 7 septembre 1706.

1. Père du baron de Breteuil.

teuil à M. de Pomponne à Paris, lui dire qu'il ne s'alarmât point, que son fils se portoit bien. (*Lettres de Mme de Sévigné*, t. IX, p. 579.)

NOEL
(1696)

L'introducteur habile
De nos ambassadeurs,
De toute la famille
Vint faire les honneurs :
« Pour augmenter mon bien
Vous savez mes menées,
Seigneur, je vous réponds,
 Don, don,
D'envahir tout l'État
 La, la,
Si je vis vingt années. »

(Biblioth. nat. Mss., *Chansons satiriques*, t. IX, f. 197.)

NOEL
(1696)

Breteuil[1] vint à paroître,
Le Baron[2], et Froullé[3],

1. Marie-Thérèse de Froulay, née en 1660, mariée, en 1693, à Claude le Tonnelier de Breteuil, baron d'Escouché, frère cadet du contrôleur général, conseiller en la grand'-Chambre du Parlement, veuf de Madeleine Roger de Neuilly, mort le 16 avril 1698, âgé de soixante-quinze ans. Elle mourut le 19 juin 1740. Ce Claude de Breteuil eut de son premier mariage, Nicolas-Claude, maître de la garde-robe du duc d'Orléans, mort le 8 août 1703, âgé de trente ans ; et du second, Charles, mort le 2 décembre 1719, le dernier de sa branche.

2. Le baron de Breteuil qui épousa en secondes noces, le 15 avril 1697, Gabrielle-Anne de Froulay, née en 1670. De ce mariage naquirent : René-Alexandre, le 7 avril 1698 ; Charles-Auguste, le 27 novembre 1701, et Gabrielle-Emilie (*la divine Emilie de Voltaire*), le 17 décembre 1706.

3. Ceci est dit sur le mariage qui se déclara alors du baron

Disant au divin maître,
D'un visage troublé :
« Mariez-la, seigneur, de peur qu'elle nous reste. »
— « Non, non, dit le Poupon,
Don, don.
Il ne veux pas de cela,
La la,
Ce seroit un inceste. »

(Bibl. nat. Mss., *Chansons satiriques*, t. VII, f. 173).

CHANSON

Sur l'air : *Creusons tous le tombeau.*

Sur [Nicolas-Guillaume] de Bautru de Vaubrun[1], abbé de Cormery, lequel fut reçu en la charge de lecteur du roi, en janvier 1696.

De ce nouveau lecteur
Tout le monde murmure,
De son prédécesseur[2],
Il a la tête meure[3],

de Breteuil avec mademoiselle de Froulay. Il y avoit longtemps que le baron étoit amoureux de madame de Breteuil, femme de son oncle et qu'il en étoit aimé. Celle-ci prit avec elle mademoiselle de Froulay, sa sœur. Le baron en devint amoureux, et cacha si bien son jeu à madame de Breteuil, qu'elle ne découvrit cette nouvelle passion que lorsque le baron et sa sœur lui déclarèrent qu'ils se vouloient marier, et que sa sœur la quitta pour se retirer dans un couvent et y attendre le jour de ses noces (A. N.).

1. Né vers 1663, mort le 15 nov. 1746. Il vendit cette charge en avril 1720, et moyennant 80 000 l., un fort pot-de-vin et 4 000 fr. de pension, à Pont de Veyle (*Dangeau*, t. XVIII, p. 265), qui, le 6 déc. 1736, la revendit au président de Villemare, moyennant 60 000 l. et 3 000 l. de pot-de-vin.

2. Le Tonnelier, baron de Breteuil, de qui l'abbé de Vaubrun avoit acheté cette charge 100,000 francs (A. N.).

3. Le baron de Breteuil étoit fort étourdi, grand bavard et grand menteur ; mais n'en déplaise à l'auteur, l'abbé de Vaubrun, quoique fort vif, avoit bien plus de sens, et l'esprit bien plus réglé (A. N.).

Et de son protecteur [1]
L'esprit et la figure.
(*Idem*, t. VIII, f. 3.)

1698, 29 novembre. — Le baron de Breteuil est nommé à la place d'introducteur des ambassadeurs.

1715, 12 octobre. — Le baron de Breteuil se démet volontairement de sa charge d'introducteur des ambassadeurs. — Il vendit 250,000 livres au fils de Foucault (seigneur de Magny), sa charge d'introducteur. (*Mém. de Foucault*, p. XXXIII, et 386).

V

LES CAUMARTIN DE MORMANT

CHANSON

(1669)

Sur l'air : *Du branle de Metz.*

Sur Mademoiselle du Chemin.

Du Chemin croit être belle
Puisque Monsieur de Nanteuil [2]
Soupire pour son bel œil.
Lui seroit-elle cruelle ?

---

1. C'étoit Louis-Auguste de Bourbon, légitimé de France, duc du Maine (A. N).
2. François-Annibal d'Estrées, comte de Nanteuil, fils aîné de François-Annibal d'Estrées, marquis de Cœuvres, depuis duc d'Estrées, pair de France (A. N.).

— Non, car il est bien plus beau
Que le bourgeois Tambonneau [1].

(*Recueil de chansons*, n° 12618, fol. 267.)

CHANSON
(1670)

Sur l'air : *Vous nous dites Marie.*

Sur Mademoiselle du Chemin.

Du Chemin, je vous prie,
Parlez-nous franchement,
N'avez-vous point envie
De faire un autre amant ?
— Il faut bien que j'en fasse,
J'ai perdu Tambonneau [2],
Mormant [3] prendra sa place,
Je le trouve plus beau.

(Biblioth. nat., *Chansons satiriques*, n° 12618, fol. 309.)

NOEL
(1696)

On cria place, place,
Quand vint la Pontchartrain [4].
Joseph, qui d'une grâce

---

1. Antoine Tambonneau, bourgeois de Paris, qui avoit été aimé de mademoiselle du Chemin (A. N.).
2. Antoine Tambonneau (A. N.). — Il était fils du président de la Chambre des comptes de Paris, et on l'appelait par plaisanterie le marquis Michaut, « parce qu'il portoit l'épée et faisoit l'homme de cour, quoique bourgeois et fils d'un homme de robe. » (*Chansons satiriques*, n° 12617, fol. 531.)
3. François le Fèvre de Caumartin, seigneur de Mormant, escuyer de la reine Marie-Thérèse d'Autriche (A. N.). — Frère de Marie-Anne, dite mademoiselle de Mormant, femme du baron de Breteuil.
4. N. de Maupeou, femme de Louis Phélypeau, comte de Pontchartrain, contrôleur général des finances (A. N.).

>   Vouloit de Caumartin[1],
>   La fit solliciter
>   Par l'enfant et la mère;
>   Mais elle sans façon
>   Don, don,
>   Un prix demanda
>   La la
>   Pour faire leur affaire[2].
>   (*Ibid.*, IX, fol. 107.)

1697. — Feu Antoine de Belloy, seigneur de Francière, capitaine des gardes du corps du roi, Élisabeth le Fèvre de Caumartin, sa veuve. Porte de gueules à cinq bandes d'argent, accolé d'azur à cinq faces d'argent, coupé de gueules, à une face parée d'argent, mouvante des flancs de l'écu, et surmonté d'un écusson d'azur, bordé d'or, chargé d'une fleur de lis de même. (*Armorial général*, Paris.)

1. Urbain-François-Louis le Fèvre de Caumartin, intendant des finances, cousin-germain par sa femme de madame de Pontchartrain (A. N.). — Il appartenait à une autre branche que celle des seigneurs de Mormant, celle des Caumartin proprement dite.
2. L'auteur prétend que madame de Pontchartrain sollicitoit pour de l'argent des affaires auprès de son mari (A. N.).

FIN DE L'APPENDICE.

INDEX

Alluye (P. d'Escoubleau de Sourdis, comte d'), 281.
Anne d'Autriche, 180.
Argouges (d'), 298, 301.
Autel (le comte d'), 315.

Baigneurs-étuvistes (les), 226.
Baillé (mademoiselle), 280.
Barbezières, 303.
Batilly, LXXX, 280.
Beaufranc ou Boisfranc, 315.
Beaumavielle,
Bellinzani (François de), II, IV, VII, XI, XIII, XIV, XVI, XXI, 2, ses mœurs, 177, 230, 231, 234, 280, 302.
— (Louis Chevreau, dame de), IV, XIX, XXVIII, 177, 235, 280, 302.
— (Pierre-François), LXXX, 235.
— (M.-A. Servien, dame de), LXXX.
— (Joseph), XX, LXXVIII, 235.
— (Jules-Armand), X.
— (Louise Séveranes, dame de), X.
— (Anne), 2. Voir Ferrand (la présidente).
— (Louise), 2. Voir Vauvré.
— (Louise-Renée), LXXXI.
Belloy (Antoine de), 199.

— (madame de), 199.
Berthault (Franc.), sieur de Frauville, 296.
Biancour (M. de), XV.
Boileau, cité, 152.
Bonrepaus (F. d'Usson, marquis de), 311.
Boucher (l'abbé), 127.
Bouchu (L.-E.), marquis de Lessart, 315.
Bourdaloue, 81, 93, 172.
Bourgogne (M.-A. de Savoie, duchesse de), 261, 314.
Breteuil (Louis de), contrôleur général, 175, 205, 208, 326.
Breteuil (le marquis de), 115, 175, 208, 324, 325.
— (H. de Calonne de Courtebonne, marquise de), 175, 324, 325.
— (Claude de), évêque de Boulogne, 325.
— (Claude de), conseiller, 327.
— (M.-Thérèse de Froulay, dame de), 327.
Breteuil (le baron de), XXX, XXXIII, LXII, LXIII, LXX, LXXXVI, 16-26, 44, 59, 89, 92, 97; son arrivée à Mantoue, 102, 103, 148, 149; 228, 230; son portrait, 114,

INDEX

150, 166 ; 175, 204, 208, 231 ; son retour, 233, 321 s., 327.
Breteuil (Marie-Anne le Fèvre de Mormant, baronne de), 89, 90, 175, 199, chansonnée, 190, 202 ; 204, 205, 322.
— (Anne-Louise), fille des précédents, 204, 205, 216.
— (Gabrielle-Anne de Froulay, baronne de), 216, 322.
Brillon, cité, 251.
Bruyx (madame), 280.
Bury (A.-M. d'Aiguebonne, comtesse de), 297.
Bussy-Rabutin (le comte de), 228.

Cambert, 7.
Canillac (J. de Montboissier, comte de), 285, 302, 307, 308, 309, 320.
— (Élisabeth Ferrand, comtesse de). Voir Girardin.
Canossa (Louis, comte de), 102.
— (le marquis de), II.
Chamillard (l'abbé), 127.
Chamilly (le marquis de), 89.
Châtelet (le), XXXIX, 306.
Combes (Gabriel-Michel de), 280.
— (N. Ferrand, dame de), 280.
Condé (hôtel de), 74.
Conti (L.-F. de Bourbon, prince de), LXXXVI, 320, 321.
Corneille, 7, 100, 143, 167.
Cour de France (la), 89, 93, 170, 171, 179, 185, 195.
Cours la Reine (le), 123, 161.
Courtin (l'abbé), LXXXII.

Daillon (Henri de), comte du Lude, 291.
Déclaration de 1682 (la), 127.
Descartes (Claude Ferrand, dame), XLIII.
Deshoulières (madame), LXII.
Du Chemin (mademoiselle), 329, 330.

Eglises (les), XXIX, 80, 81.
Estrades (Louis, marquis d'), 392.

Ferrand (Antoine), lieutenant au Châtelet, 277.
— (Alexandre), XXXV.
— (le docteur Jacques), 277.
— Bibliothécaire de Richelieu, 278.
— (le docteur Louis), 278.
— (Jacques-Philippe), peintre, 278.
— (Antoine), peintre, 278.
Ferrand (Michel), le doyen, 185, 287, 288, 289.
— (Anne du Texier, dame), 187.
— (Jean), seigneur de Vaucelles, 287.
— (Pierre), seigneur de Janvry, 287, 288.
— (Hélène Gillot, dame), 287, 293, 294.
— (Hélène). Voir Saint-Germain-Beaupré.
Ferrand (Antoine), seigneur de Villemilan, 189, 279, 310.
— (Élisabeth Le Gauffre, dame), 189, 279, 310.
Ferrand (le président Michel), LXV, LXXIV, 20, 35, 71, 126, 185, 237, 242, 250, 278, 279, 297.
Ferrand (Anne de Bellinzani, présidente), IV, XIX, XXVII, XLII, LXV, LXX, LXXIII, LXXIV, 2, 20, 26, 29, 44, 59, 62, 68, 77 ; sa figure, 100, 119 ; 108, 126, 141, 145 ; ses rendez-vous, 142, 161, 166, 226 ; aime les sciences, 169, 170, 241 ; son genre de piété, 172 ; son mariage, 185, 188, 228, 230, 231 ; le pédant, 238, 240, 245, 253 ; 263, 280.
Ferrand (Michelle), LXVIII, LXX, 216.
— (N.), dame de Combes, 280.
— (Antoine), LXXXIII, 261, 263.
— (Ambroise), conseiller au Parlement, 278, 279, 281-283.
— (Marie Bethaut, dame), 281, 282.
— (Philippe), prieur de Rieux, 279.
— (Antoine-François), intendant, XXXVII, 278, 279, 283-287, 296, 298.

— (Anne-Geneviève Martineau, dame), 278, 283, 284.
— (Antoine-Nicolas), grand maître des eaux et forêts, 279.
— (Marie de Mastin de Nuaillé, dame), 279.
— (Etienne), LXXV, LXXVII.
— (Michel) de Périgny, XXXVI.
Ferrand (hôtel), XLI.
Le Fèvre de Caumartin (N.-P.-Louis), 209, 331.
Le Fèvre de la Faluère (le P. Président), 186, 295 s., 308.
— (Françoise Ferrand, dame), XLIII, XLIV, 186, 279, 295, 297, 300.
— (R.-Antoine), 310.
— (F.-Lucie), dame de Méré, 299, 301.
— (Nicolas-François), conseiller au Châtelet, 298.
— (Marg.-Françoise), 301.
Le Fèvre de Mormant (François), 209, 330.
— (Marie-Anne). Voir Breteuil.
— (Élisabeth), 199.
Feuillants (église des), 81.
Filles-Saint-Thomas (cul-de-sac des), 71.
Fontainebleau, 179.
Fontaines (la comtesse de), LXXXV.

Génonville (L.-Renée du Plessier de), 295, 299, 308.
Génonville (Nicolas-Anne le Fèvre de la Faluère de), XLIV, 271, 300.
Gesvres (hôtel de), XV.
Girard (Louis), seigneur de la Cour du Bois, 302, 304, 320.
Girardin (Pierre), ambassadeur à Constantinople, 186, 302, 305, 320.
— (Élisabeth Ferrand, dame), LII, 186, 279, 299, 301, 302, 307, 308, 309, 320, 321.
— (C.-F., marquis de), 303, 304, 320.
— (N. de Mitry, marquise de), L, 303, 320.
— (Étienne), abbé de Beaubec, 305.

— (J.-Louis). Voir Vauvré.
Grange-Chancel (Marie de la), 295.
Guillonnes (les), 115.

Hatte (René), 318.
Henault (le président), 275.
Humblot (l'abbé), 127.

La Belle, 315.
La Bruyère, cité, 128, 135, 162, 170, 250.
La Force (H.-J., duc de), 316.
Langeron (J. Andrault, comte de), 312.
Le Brun, 49.
Le Laboureur, 48.
Le Rochois (Marthe), 8.
Lionne (madame de), XXXIII.
Livry (mademoiselle de), 301.
Longueil (Claude de), seigneur de Poissy, 325.
Louis XIV, 48, 89, 93, 171, 195, 234.
Luxembourg (le jardin du), 73.
Lys (abbaye du), 177, 179.

Machines (la salle des), 167, 168.
Maison-Rouge (M. de), 319.
Maladie d'amour ou mélancholie érotique (de la), 277.
Mantoue (Charles IV de Gonzague, duc de), 92, 100, 103, 148, 149, 228.
Marsin (F., comte de), 324, 325.
Matrone d'Éphèse (la), 223, 224.
Maulevrier (M.-H. de Froulay, marquise de), 314, 315.
Mauron (F.-R. de Bréhant, comte de), 295, 300.
— (Catherine le Fèvre de la Faluère, comtesse de), XLV, 295, 298, 300.
Maupin (mademoiselle), 8.
Mazarin (Hortense Mancini, duchesse de), 177.
Melun (B.-J., vicomte de), LXXXI.
— (L.-B. de Bellinzani, vicomtesse de), LXXXI.
Mesmes (Antoine de), 291, 323.
Minimes (église des), 81.

Modène (le duc de), 103.
Monglas (madame de), 228.
Monticourt (M. de), xxii.
Moreau (mademoiselle), 8.
Motteville (madame de), 180.

Nanteuil (F.-An. d'Estrées, comte de), 329.
Nerli (le marquis de), iv, v.

Oise (M.-J. de Brancas, marquis d'), 318, 319.
Opéra (l'), 6, 167.
Ovide, 100, 143.

Paris, 124.
Parme (le duc de), 103.
Pastor fido (le), 172.
Paucelier (l'abbé), 127.
Pédant (le), 238, 240, 253.
Périgny (mademoiselle de), 322.
Petit collet (un), 247.
Plélo (le comte de), xliv, 271, 300.
Poncet de la Rivière (Mathias), 282.
Pontchartrain (N. de Maupeou, comtesse de), 330.
Pont de Veyle, 328.
Pont-du-Château (M. Françoise Ferrand, marquise de), xlvii, 279, 283, 284, 310.
— (Denis-Michel, marquis de), 284, 310.
Psyché, opéra, 167.
Puy (du), 315.

Quiétisme (le), 172.

Rambouillet (Nicolas de), 74.
Rambouillet (le jardin de), 74.
Roannez (F. d'Aubusson de la Feuillade, duc de), 281.
Robe (les femmes de), 218.
— (les petits-maîtres de), lviii, 251.
Rochefoucault (la), cité, 135.
Rondé, 315.
Rousseau (J.-B.), lxii.
Rupelmonde (Marie d'Alègre, comtesse de), 264, 265.

Sablé (L.-F. Servien, marquis de). lxxviii.
Saint-Bernard (le quai), 162.
Saint-Germain-Beaupré (Henri, marquis de), 290, 291.
— (Agnès de Bailleul, marquise de), 290.
— (Louis, marquis de), 290.
— (Hélène Ferrand, marquise de), xlvii, 185, 289, 292, 294.
Saint-Germain (le château de), 3 48, 80, 93.
Saint-Eugène (M. de), 316.
Scudéry (mademoiselle de), 48.
Sehut, 315.
Sévigné (Jeanne de Bréhant, marquise de), xliv, 300.
Simiane (le chevalier de), 263.
Sompy, xiv.
Staal-Delaunay (madame de), lv.
Strasbourg, 89.
Sully (le duc de), 274.

Tambonneau (Ant.), 330.
Tessé (R. de Froulay, comte de), 315.
Tuileries (les), 71, 161, 162, 163, 250.

Vaubrun (N.-G. de Bautru de), abbé de Cormery, 328.
Vauvré (L. Girardin de), 285, 310, 320.
Vauvré (Louise de Bellinzani, dame Girardin de), iii, lv, 100, 235, 301, 310, 320.
— (L.-A. Girardin de), maître des Requêtes, 317, 320.
— (N. Hatte, dame de), 38, 321.
— (A.-L. Girardin de), brigadier, lxxv, 319.
Venise, 148, 149.
Vigny (mademoiselle de), 280.
Villacerf (madame de), 261.
Villefranche, statuaire, 164.
Villemilan (seigneurie de), 4.
Villers (Anne de), 302, 320.
Vincennes (la promenade de), 123, 162.
Voltaire, lxxxiii, 301.

ERRATA

Page 92, note 1. — Au lieu de 1680, *lire :* 1681.

Page 185, note 2.— Au lieu de: *Pierre Ferrand, seigneur de Janvry... venait de mourir le 7 août 1666, laissant une fille unique*, lire : Michel Ferrand, seigneur de Janvry... venait de mourir le 1ᵉʳ avril 1666, laissant pour unique héritière, Hélène Ferrand, sa petite-fille.

Page 188, note 1. — Au lieu de : *âgée d'environ dix-sept ans*, lire : âgée d'environ dix-neuf ans.

Même page, même note.— Au lieu de *quatre-vingt-six*, lire : quatre-vingt-quatre.

Page 235, note *in fine*. — Ajoutez : Voir cependant, p. xx, note 2, et x, note 1.

TABLE

Notice sur la présidente Ferrand............ 1
Au lecteur.. 1
Lettres de la présidente Ferrand au baron de Breteuil. 3
Histoire des Amours de Cléante et de Bélise.......... 159
Poésies d'Antoine Ferrand............................. 261
Épitre et Lettre en vers de M. de Génonville....... 271
Appendice... 277
   — I. Les Ferrand...................... 277
      Le Président Michel Ferrand.......... 279
      Ambroise Ferrand, le conseiller........ 281
      François-Antoine Ferrand, conseiller d'État..................... 283
      Michel Ferrand, le doyen, et la marquise de Saint-Germain-Beaupré........ 287
   — II. Les Le Fèvre de la Faluère............. 294
   — III. Les Girardin....................... 301
      Girardin, l'ambassadeur............ 305
      Girardin de Vauvré................ 310
   — IV. Les Breteuil........................ 321
   — V. Les Caumartin de Mormant............ 329
Index.. 333

Paris. — Imp. E. Capiomont et V. Renault, rue des Poitevins, 6.

www.ingramcontent.com/pod-product-compliance
Lightning Source LLC
Chambersburg PA
CBHW050917230426
43666CB00010B/2212